シブヤ遺産　もくじ

デザイン　ＡＳＹＬ（佐藤直樹＋中澤耕平＋谷陽子）

シブヤ遺産

村松伸
＋
東京大学生産技術研究所村松研究室

basilico

三章　シブヤのひとに聞く　聞き手・村松伸　写真・野村佐紀子

＊図版の掲載について連絡がとれなかった方がいます。お気づきの際は編集部までご一報ください。

一章　東京《メガシティ》の縮景《ミクロスケープ》としてのシブヤ遺産

村松伸

渋谷からシブヤへ

ぼくにとって初めての東京体験が渋谷だった。そして、そこは殺伐として、ヒトを拒絶する広大な荒「海」のようだった。いつも渋谷の駅のＪＲから井の頭線に向かう、ホールのような大きな寒々しい空間から、外に広がるその「海」をぼくは見ていた。18歳で静岡の里村から東京にやってきた。１９７３年のことだった。祐天寺の便所・キッチン共同の3畳一間に住みつき、東横線で渋谷まで出て駅の中を通って井の頭線に乗り継ぐ。薄汚れた大学の校舎のなかで、友達もできないままひとり、何もわからない難解な授業を聞く。そんな、夢遊病者のような生活を何年も繰り返していた。都会という外界は、渋谷駅のガラス窓の向こう側にしかない。だが、その「海」には、高架の銀座線、高速道路が街を横切り、コンクリートで固められたどぶ川とせせこましい公園、早足で歩く無表情な人々の群れ。ぼくの見知っている生き物はいない。育った里村とは対極の、死の人工空間であった。

かといって、その死の「海」にどんどんと入っていき、死に生命を吹き込んだり、都市の楽しみを発見できたりするほど、18歳のぼくに甲斐性があったわけでもない。時たま、意を決して、その「海」におそるおそるもぐった。ハチ公があって、ＮＨＫがあって、代々木体育館があった。それらの「孤島」にやっとの思いでたどり着くことはできても、そこで何をするわけでもない。

到達したことを記す旗を立てて、すぐさま「陸」に戻ってくる。あるいは、巨大な大盛堂の本屋では、そこに繰り広げられている情報や知の饗宴に圧倒され、息絶え絶えで帰るのであった。パルコに向かう公園通りの、ゆったりとした坂道の路上店で、生まれて初めて自分でズボンを買った。鮮やかな黄色いズボンだった。ぼくにも都市という「海」を縦横に泳ぎまわる泳力がついた。そううきうきとしてその黄色いズボンをはき大学に行ったら、わずかにできた都市の友人たちに冷笑された。渋谷という「海」はとても冷たく、その記憶は、ぼくの都市に対する感情のいちばんの奥底のどこかに、黄色いズボンの映像とともにいまでもまだわだかまっているのだろうか。

やがて、ぼくは渋谷から離れた。住まいも祐天寺から、野方、三鷹、吉祥寺、国立へとあちらこちらに移動した。その間に、北京やソウルやボストンで少なくない時間を過ごした。ハノイやバンコクやジャカルタで、都市の遺産について調査をした。黄色いズボンはとうの昔に二度とはかれることもなく、どこかにいってしまった。そして、勤務先が渋谷の近くに移り、渋谷は再び身近になった。今度のシブヤは、ずいぶんと違った風景としてぼくの前に立ち現れたのだった。相変わらず「海」ではあるかもしれなかったが、ぼくはもう「海」を怖がることがなかった。自在に泳ぎまわれたし、どんどんと海中にもぐり、息継ぎなしで、ずっと「海」の底を歩き続けることもできるようになっていた。

渋谷自体も変化したが、むしろ大きく変わったのはこのぼくの方であったろう。都市に慣れた、都会人になった、という擦れた意味合いがそこにあるのではない。都市という「海」にどんな風に潜っていくかという、関わり方を会得したことが大きかった。小道を含めて全部歩き、建物を全部見るという都市観察の手法を、ぼくは建築史家の藤森照信さんから受け継いだ。その方法を

よいIT革命を。
trans
cosmos
trans-cosmos.co.jp
TEIKYO UNIVERSITY

2010年2月2日午後3時、雨があがって少し空が明るくなってきた。スクランブル交差点を眼下に、
遠くは代々木公園を通し新宿の高層ビル群を望む。（渋谷エクセルホテル東急1901室より　撮影・野村佐紀子）

基礎にして、後輩や学生たちとともに「都市悉皆調査」という学問手法を創りあげた。北京や上海、ハノイやバンコク、カルカッタやテヘラン、ウランバートルやサマルカンド、まったく知らない異国の都市に出向き、「都市悉皆調査」をおこなってきた。歩き、観察し、調べ、食べ、話し、聞き、交渉をし、睡眠を取り、そして、時たま泳いだり、ヨガをしたり、逆立ちをする。長時間歩き、克明に見ることを続けていくと、街は次第に自分の「もの」となっていく。それはもはや荒れた死の「海」ではない。そこにはさまざまな生命が生存する、豊かな都市という世界が広がっている。

渋谷という「海」に入る道もいくつもあることに気がついた。JR渋谷駅だけでなく、井の頭線駅から長いエスカレーターで降りてもいい。マークシティ口ならば、同じ高さでシブヤの道玄坂の方へでる。神泉の駅から降りて、細い階段を昇って、円山町を通ってシブヤに入ることもできる。小田急線の代々木八幡駅や、東横線の代官山、銀座線の表参道駅で降りて、ゆっくりと歩いてシブヤを訪れることもできる。歩けば歩くほど、そこに存在するものを、識別する能力がついてくる。坂にも道にも当然のごとく名前が付き、町名からはその由来がわかる。どぶ川にも公園にも、長い歴史があることを発見し、そのことによって、死んだ「海」は、生き生きとした姿で、蘇ってくる。渋谷の物理的姿も変わったが、見るこちら側の変化によって、見られる側との関係が豊かになった。こうして、かつてぼくを拒絶した都会の「海」としての「渋谷」は、ぼくの前に立ち現れる姿を変えていった。それをカタカナの「シブヤ」と、ぼくは呼んでいる。

ざっしぶ、おっしぶ

大学院の学生たちと一緒にシブヤのマチを歩き始めて、もう3年がたつ。ここでいうマチは、街路を表す「街」ではない。かといって「町」では、空間的な広がりをもつものの昭和の時代や住所表記を想起させてしまう。だから、ぼくたちが歩き出したのは「渋谷の町」ではなく、あくまでも「シブヤのマチ」なのである。

2008年に開通した地下鉄副都心線を記念して「シブヤ1000」というマチのイベント企画が始まった。ぼくたちの「シブヤのマチ」の探索も当初その一環であった。ここでいう「1000」は、さまざまなという意味が込められている。それに参加したぼくたちは、シブヤを徹底的に知ることにしたのだ。渋谷駅前にあるハチ公の銅像を中心として、半径1キロの円を描く。つまり、1キロは1000m、ここでシブヤ1000の企画に合致する。参加した学生たちは分担しながらその中に存在しているすべての道を歩き、すべての物件を観察する。そして、少なくとも1000以上の物件を集めてくる。それが当初学生たちに出したぼくの指令だった。

まず、難題なのは、すべての道を歩くということ。時は暑い夏の8月。太陽が照りつける中、学生たちは地図とカメラと調査用紙を携え、汗だくで街を歩いた。歩くことで、街が自然に身体に馴染んでくる。地形の高低、道の曲がり具合、遠さや近さ、方角が、歩いているうちにわかってくる。ある道を進んでいくと、どこに行き着くのか、その地点からどうやって代官山に行くのか。初め、地図を見ながらもやっとの思いで到達する。それが、一週間もたたないうちに、頭の中にシブヤの地図が入り込む。何度も何度も自転車に乗る練習をして、転び、あざを作るのだが、ある時、突如自転車に乗れるようになる。それと同じ原理だ。どこの道をどう抜けるとどこに行き着くか、目的地の方向に自在に足が進みだす。

もうひとつの難題は、すべての物件を観察すること。ぼくたちの専門は、建築の歴史であって、建築を設計する方法、そして、それに役立つための古今東西の建物を見学する術《すべ》を、何年もかけて教室の中、世界各地のフィールドのいろいろな場所で修練を積んでいく。したがって、街を歩き始めると、まず目に入ってしまうのが、建物である。いい建物、面白い建物が、街の中で浮き上がって見えているのだ。それはぼくの大学院の学生たちも同様だった。だが、シブヤにあるのはそれだけではない。道路があり、鉄道がある。橋があり、川もある。公園、街路樹があって、動物だっている。そして、大勢の人間がいる。建築についてもわずかにしか知らない学生たちが、まして建築とはかけ離れた都市のその他の構成要素すべてを捕捉するのはきわめて難しい。学生たちに課したこと、シブヤでやろうとしたこと、つまり、すべての道を歩き、すべての物件を観察することは、字面から想像するほどは容易でない。それでも十数人の学生たちは、3週間ほどで指令通り1000を超える物件を集めてきた。

学生たちが探してくるものを、夜、みんなで集まって検討する。デジカメで撮った写真をデータシートに落とし込み、地図の上に載せ、その「成果」を肴にビールを飲む。それぞれに特色があり、集めてきた学生の収集の動機も千差万別だ。初めは誰でもがシブヤの初心者だから、どこかで見たことのあるものが多い。渋谷駅、代々木体育館、109、ハチ公、渋谷川、寺社仏閣……。誰もが知っていて、これぞ渋谷だというものの数々が、まず「成果」として披露される。だが、日がたつうちに学生たちの眼は肥えてくる。マチの隅々にまで眼がいき始め、小さく古ぼけた建物、苔むした階段、うわさのある場所、薄気味悪い暗がり、群れる若者、朝方代々木公園から飛来するハシブトカラス、それに対抗する朝帰りの酔っ払い、車の下に生活する猫の家族、渋谷川の音、山手線の土手の草花、八百屋のおじさん、ツタが這う廃屋。次第に、こんなものシブヤにあったのか？　と驚きの声が上がる回数が増えていく。

1000を超えたシブヤの物件を目の前にして、その数の多さと物件の多様性に呆然とする。それこそがシブヤの全体像なのであるが、ここからぼくたちはシブヤというマチの特色を発見しなくてはならない。この時、閃いたのがビールを飲みつつ吟味した際のみんなの反応だった。調査の初期に集めてきたもの、それは目立つもの、よく知られた建物、派手な色彩や文様のある建築物であった。これこそシブヤだ。そんな意味で、ざ・しぶや、The Shibuya と呼ぶことにしよう。そして、調査が進むにつれて増えてきた、え、こんなのがあったの？　いたの？　という意外性があるもの。それを、おお、しぶや、Oh, Shibuya と呼んではどうだろうか。

分類というものは、動物、人間の認知の本能だけではなく、れっきとした学問の端緒なのである。ついには、さらに縮めて、「ざっしぶ」、「おっしぶ」、とよぼう、ということになった。シブヤのマチはさまざまなもので満ち満ちている、そして、それらは、「ざっしぶ」と「おっしぶ」に二大分類されるのである（26頁参照）。

二種類の都市性

東京は、人口3500万の地球上屈指のメガシティである。もちろん、ここでいう東京は、行政的区界で示される狭い東京ではない。どこまでも無限に広がっていくかのような、広大な関東平野の中に3500万人が住む都市を指して言う。人工衛星から夜撮った写真を見るとその広がりはあきらかだ。煌々と輝く灯火の群れが、地球上の各地で観察されるだろう。パリを中心としたEU都市連合地帯、ニューヨーク付近、ロサンジェルス付近、北京——天津一帯、上海近郊、広州を取り巻く珠江デルタ。そして、一段と輝きが連なっているのが、大東京圏。ある者は、この輝きに、文明の発展、経済成長を見るし、ある者は、地球環境問題の発現地として捉えるかもしれない。シブヤは、確かに面積でいったならばこの広大なメガシティ東京の小さな一部にすぎない。だが、このシブヤを観察することは、メガシティ東京と強い関連があり、さらには、地球上の都市全体の動向ともかかわってくる。それは、シブヤが都市の二面性を保有しているからだ。

ひとつは、メガシティ東京の広がりの中の、中心としてのシブヤである。東京のみならず、日本全国、東アジア、そして、世界から、ひと、もの、金、情報が集まってくる。その磁力の強さに関してシブヤはこのメガシティ東京でも屈指の位置にある。山手線、井の頭線、地下鉄、バスという公共交通によって人が押し寄せる。埼玉から、千葉から、群馬から、中国から、韓国から、中東から、アメリカから、ヨーロッパという、周縁から中心への流れの到達点がこのシブヤなのである。ここに集まる人々がシブヤで求めるものは、ある特定の情報でも、特定の「もの」でも、一攫千金の夢でもない。シブヤという場所に集積し、漂っている「もの」や情報に魅せられてやって来ているのだ。

メガシティ東京のなかで、シブヤがもつもうひとつの意味は、メガシティのミクロコスモス、縮景である。関東平野に広がるメガシティ全体、大地とのかかわり、自然と人間、そして、メガ

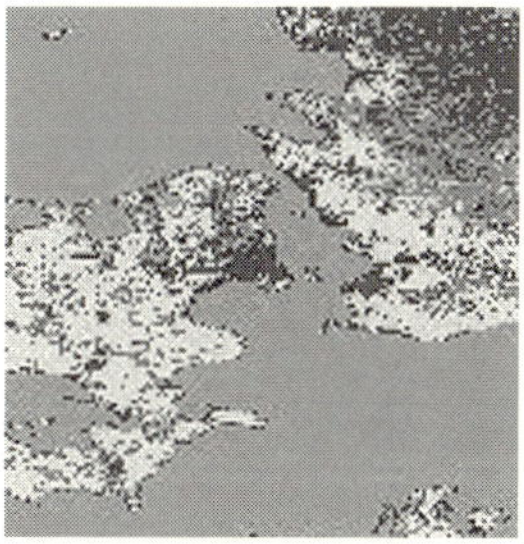
コペンハーゲン

モスクワ

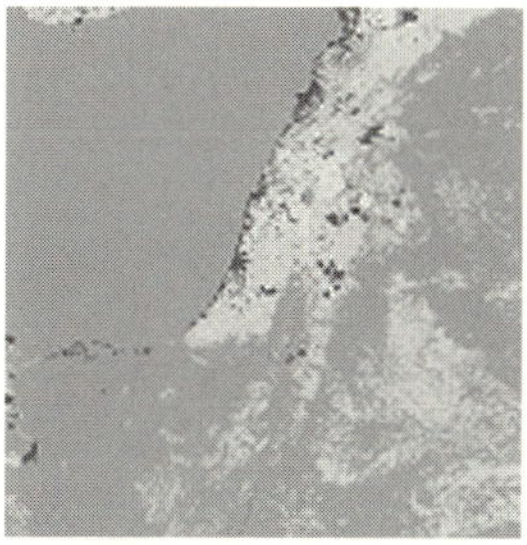
エルサレム

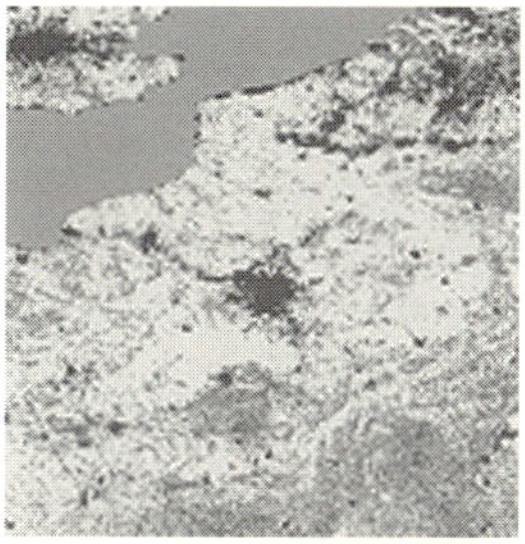
パリ

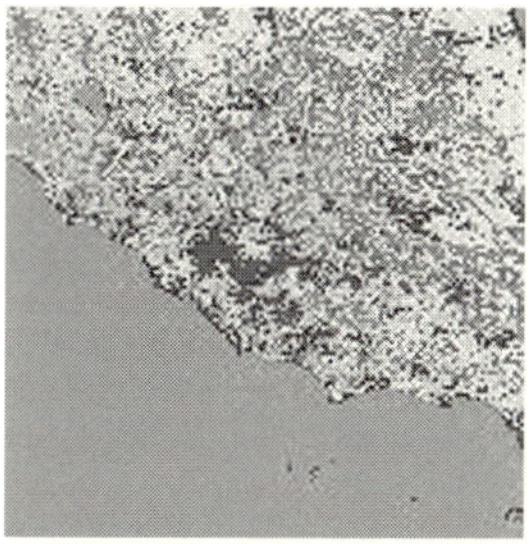
ローマ

カイロ

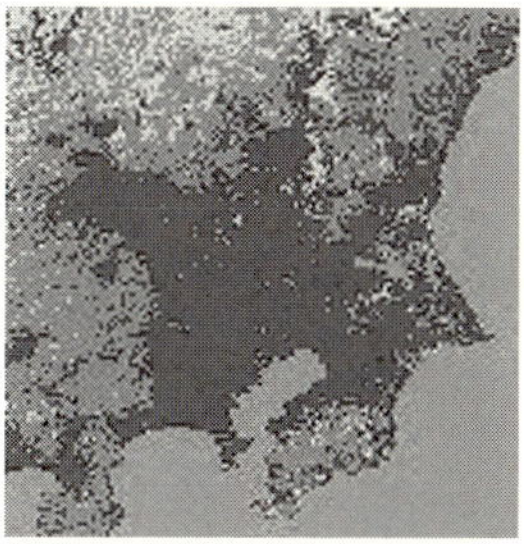
東京

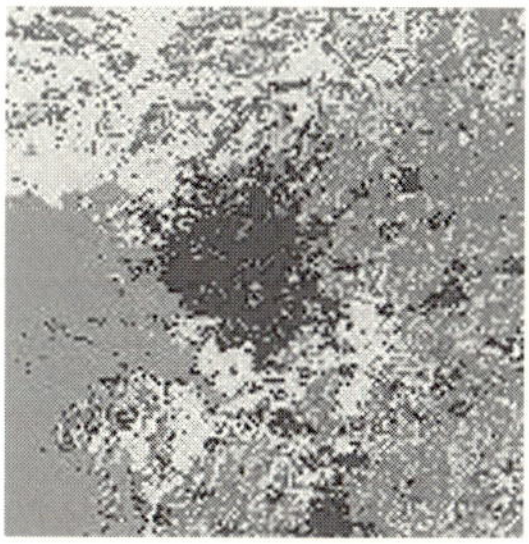
ソウル

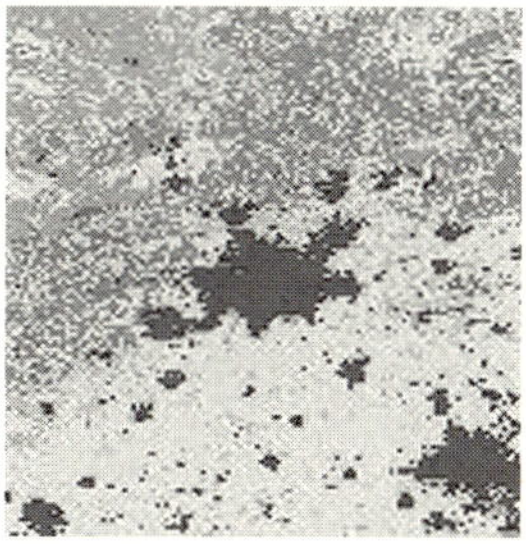
北京

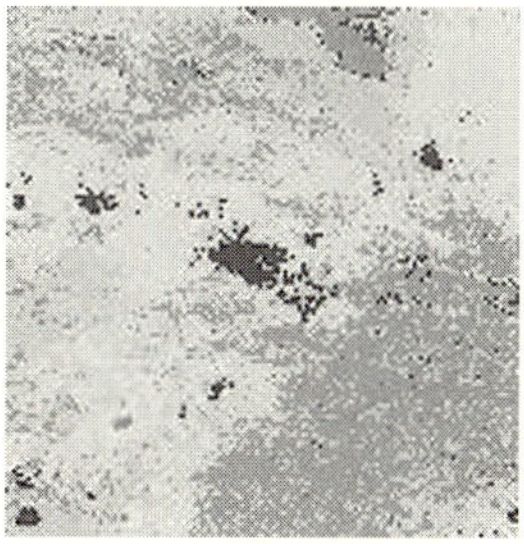
サマルカンド

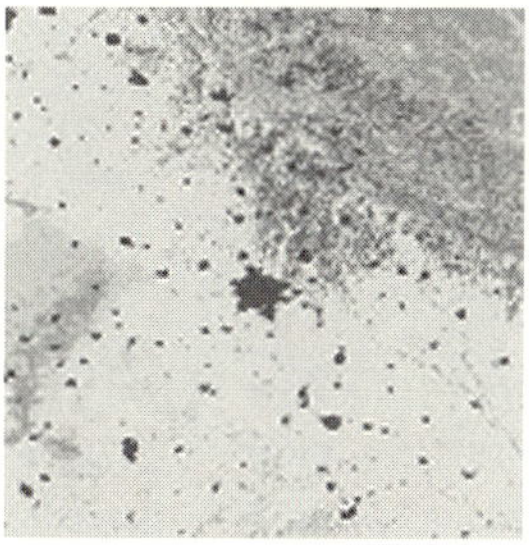
デリー

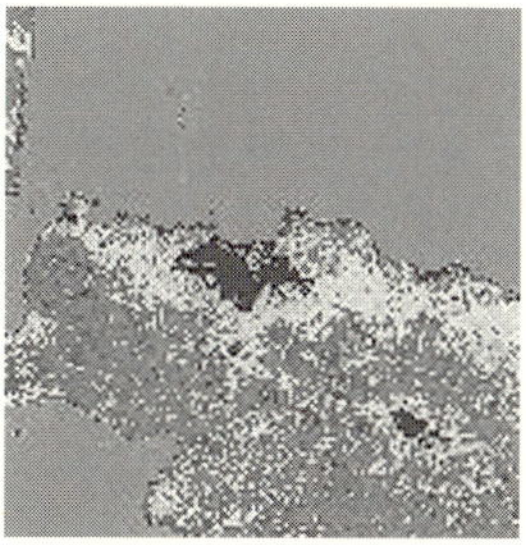
ジャカルタ

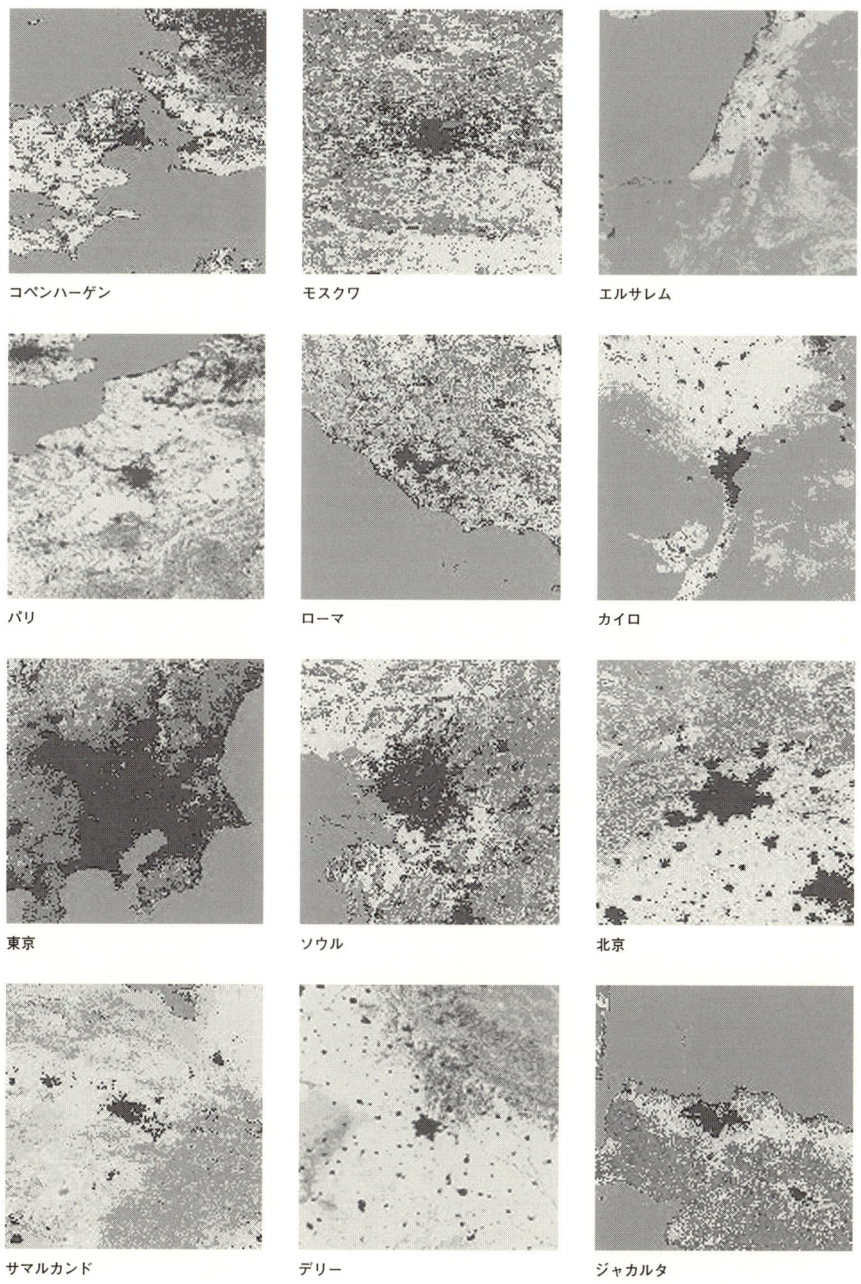

世界の異なる地域の都市の形状を見ると、東京圏の大きさにあらためて驚かされる。(総合地球環境学研究所・「メガ都市」プロジェクト)

シティ東京とその部分であるシブヤがもつひとつめの関係それ自体も、すべてがこのシブヤの中に存在している。関東平野を基盤とするメガシティ東京は、そこを流れる利根川、多摩川、荒川、相模川などが作り出す流域の賜物である。そこに存在する自然から提供されるさまざまな資源をもとに、人間はここに生活を営んできた。ものが交換され、農耕がおこなわれ、権力が生まれ、街ができ、ビルが建てられた。鉄道がひかれ、都心と郊外とを結ぶ。シブヤという小さなマチの単位での営みも同様だ。渋谷川や目黒川があって、ひとが集まり、農業が営まれ、店ができ、ビルが立ち並ぶ。だが、ここに居住する人々も多数いる。つまり、メガシティ東京という全体のなかに、それと同等の内容を有するシブヤが含まれているのだ。全体がメガシティならば、その部分であり、そこに全体が含まれる空間を、ぼくは「里マチ」と呼んでいる。

都市の定義はとても難しい。歴史的にどのように都市が誕生してきたのかという疑問から始まって、現在存在する人間の集合体、居住形式などのどれを都市と呼び、どれを非都市（農村とか、田舎とか、村とか）と定義するか、困難さはいろいろな局面で生じてくる。ただ、多くのひとがイメージする都市のありかた、あるいは、都市性と言ってもいいかもしれないのだが、シブヤの見せるひとつめの顔こそが、大多数のひとが認めるその都市性に合致する。東京は、ニューヨーク、ロンドンと並んでひと、もの、金、情報を吸引し、発信するハブの役割を果たしている。グローバルシティと呼称されるこの都市の性質が、シブヤのひとつの側面であり、これを第1の都市性とみなしたい。

しかし、一方でそこにもひとの日々の生活が織り成すすべてが存在もしている。人間は、どのように変化しようと、どのように文明化されようと、1万年前、いや20万年前と身体機能でさしたる差異はない。世界の中心をなすグローバルシティ、あるいは、巨大なメガシティ、なんと形容されようとも、そこに居住し、活動する人々の一日は24時間であり、寝食し、そして、たかだか150年を経ずして死んでいく。この人間の有する生死の営みを支える、メガシティの中の小さな単位を、「里マチ」と呼称したのだが、それもぼくは都市性のひとつ、第2の都市性とみなしている。さきほどのキャッチイな言い回しを用いるならば、「ざっしぶ」が第1の都市性にかかわり、「おっしぶ」が第2の都市性を代表する。

シブヤ遺産

メガシティ東京の核となるような地域、つまり、グローバルシティ的な性格をかもし出す場所は、当然ながらシブヤだけではない。新宿、池袋、丸の内、銀座、六本木、吉祥寺などを挙げることができる。先ほどの分類でいえば、いずれも、第1の都市性が高いことになる。そこでは、ひと、もの、金、情報を集める磁力が強い。では、第2の都市性についてはどうだろうか。かつて、新宿、池袋、丸の内、銀座にも「里マチ」が存在していたであろう。だが、現在では、もはやなくなってしまったか、あるいはあっても息絶え絶えのように見える。もちろん、それはかつて、ぼくが「渋谷」に感じたと同様の疎外意識からくるのかもしれない。だが、そこではそれぞれの場所が超長期の時間軸で継承してきた、大地の記憶は大方が消去されてしまっていることは確かだ。海は埋め立てられ、河川は蓋をされ、高層のオフィスビルが高さを競い、高級品が売られ、空間とひと、「もの」の均質化が進む。新宿、池袋は、確かに、多様なように見えるが、銀座とは異質の均質化が進んでいる。それが、そこを根城にして「里マチ」として愛する人間がほとんどいなくなってしまったように、ぼくが感じるいちばんの理由だろう。

シブヤに似ているのは、六本木、そして、第一の都市性に関してやや役不足ではあるが、吉祥寺である。六本木はぼくの前の勤務地だったし、吉祥寺には15年住んでいたから、そこに存在している第2の都市性の高さについてよく理解している。いずれのマチも多様なものが混在する。その多様性を創り出すのは、ひとや「もの」が容易に集まってくるための手段の存在、簡単に言えば、交通の結節点であること。でもそれだけだと、第1のカテゴリーの都市性しか生み出してはくれない。さらに重要な点は、多様な人々の存在を包容する空間の寛容性とでもいえようか。シブヤでも、六本木でも、吉祥寺でも、土地の起伏が見られ、小さく曲がった道があり、小さな緑、大きな緑がある。大きな建物があるかと思えば、小さなものもごちゃごちゃ混在する。空間の「ウロ」のようなものがこれらのマチには多数存在する。つまり、それが、第2の都市性の高さの指標なのである。

ぼくは、このマチの寛容性、「ウロ」の存在こそが、都市、もしくは、マチの豊かさそのものであると考えている。比喩でいえば、それはサンゴ礁のようなものだ。サンゴによってさまざまなタイプの隙間が生まれ、異なった環境を生み出す。それが、多種の生物が共存できる水域を作り出している。シブヤもそれは同様である。スクランブル交差点とそこから1000mしか離れていない円山町の差異はとても大きい。そして、サンゴ礁が大海に開かれているのと同様に、シブヤも2キロほど行けば恵比寿、表参道、青山へと通じる。それは、この盆地のような地形に、100年、200年という長い時間をかけて、マチがゆっくりと形成されてきたからである。さまざまなタイプの人々が共存できる「ウロ」は、一気に形成はされない。偶然が積み重なって、多様なものが生きる空間が誕生する。

シブヤで集めてきた1000の物件、そして、それを整理したものを、ぼくたちは総称して「シブヤ遺産」ということにした。世界遺産のように、観光の目玉として売ろうとするあざとさは、そこにない。シブヤが有する「ウロ」の多さ、言い換えれば、第2の都市性の高さを示そうとしているにすぎない。このシブヤには、大地、自然、人工物があり、ひと、動物などがいたりする。だがそれだけではない。視覚以外の五感で感じるもの——音、匂い、味、手や足や顔に触れるもの——もこの「シブヤ遺産」には含まれる。このシブヤでは、過ぎ行く時間の姿も遺産だ。1万年単位の超長期の流れ、1000年単位の長期の流れ、100年単位の中期の流れ、5年〜10年の短期の流れ、そして、一瞬の時間、めぐる四季の時間、そういったものも、「シブヤ遺産」に含まれる。

「シブヤ遺産」の全体像を図に描くと次ページのようになる。多様な「もの」やひとの共存できる空間の寛容性、「ウロ」の多さが、マチの豊かさの指標となる。それを可視化したものの全体像が、「シブヤ遺産」なのである。そして、「シブヤ遺産」を活用することこそが、このマチで豊かに生きること。さらに、この「シブヤ遺産」を活用することで地球環境問題の解決に資することもできる。またまた大げさなと冷笑されるかもしれない。あるいは、時機便乗だと揶揄されるかもしれない。だが、実際ぼくはこのシブヤ遺産の調査と同時に、京都にある総合地球環境学研究所に移り、発展途上国のメガシティ、とりわけインドネシアのジャカルタを中心に、地球環境問題とのかかわりを研究している。実は、そちらが現在の本務なのである。

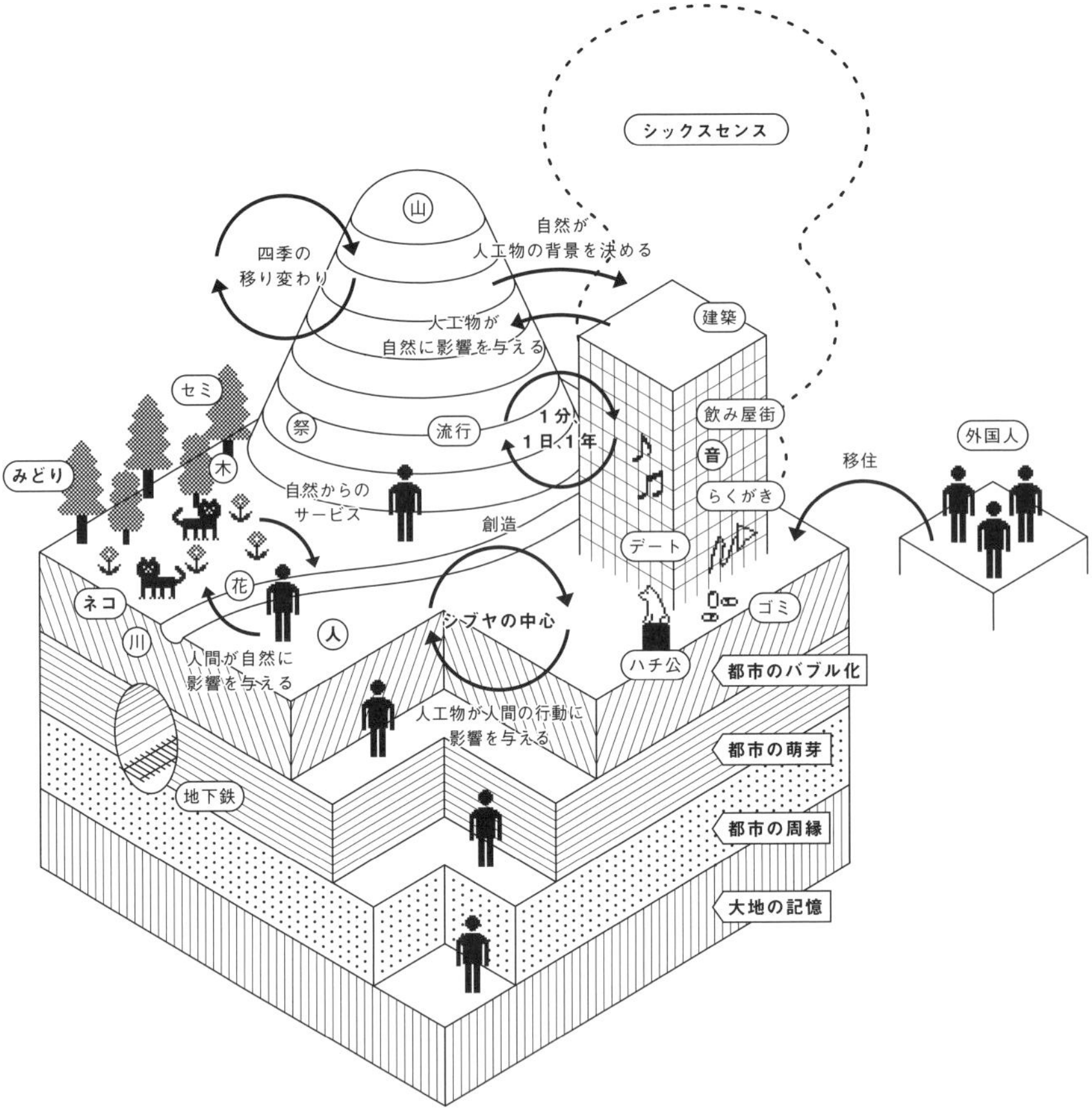

シブヤ遺産の全体像。シブヤの中にはさまざまなものが複合的に存在している。（東京大学生産技術研究所村松研究室作製）

地球環境問題は、温暖化や生物多様性だけではない。空気、水、食料など、自然資源の大量消費、それにともなう大量の排泄とその自然への影響など、むしろ、都市における人間活動こそが地球環境問題を引き起こす主要因なのである。その問題に人間はどのように立ち向かっていけばいいのだろうか。法律で消費を規制したり、工学により排泄を抑制する装置を造ったりすることも可能だろう。だが、ぼくは、シブヤのように第1の都市性と第2の都市性双方が高いマチの存在が、地球環境も人間の居住の双方を犠牲にしないあり方だと、今は考えている。シブヤを維持、向上させていくのが、地球環境問題の軽減に有効な方法のひとつであり、その具体的な手法がこの「シブヤ遺産」に込められている。

「シブヤ遺産」を活用する5つの方法

「シブヤ遺産」の活用には、以下のような4つの方法がある。
活用方法1：ここにある「シブヤ遺産」を体験すること。
活用方法2：「シブヤ遺産」のリスト作り、その改訂に参加すること。
活用方法3：「シブヤ遺産」を宣伝すること、維持すること、向上させること、新たに作り出すこと。
活用方法4：みずから「シブヤ遺産」になること。
この本の目的は、「シブヤ遺産」をどのように体験するかについていくつかの方法を提示することにある。第2章では、「シブヤ遺産」全体を11の異なる視点からその意味と実例を解説する。異なる長さの時間がシブヤで生み出した時間遺産に始まって、生態系、五感が捕捉するもの、みえないものなどの分類項目が続く。第3章は、シブヤに住まう/活動する11人と1匹の人々/猫へのインタビューである。その人々/猫が、このシブヤで何を考え、どんな行動をしているかを、10の質問をすることによって明らかにしようとした。職業も、年齢も、シブヤとのかかわり方も異なっている。この人々/猫の多様さも、シブヤというマチの豊かさを示している。彼らは、「シブヤ遺産」を実際に活用している巧者であると同時に、それ自身が「シブヤ遺産」でもあるのだ。

この本の作成にかかわりながら、学生たちもぼくもシブヤをずっと考えつづけてきた。ハチ公から1000mではないけれど、1500mのところで研究活動をするぼくたちも、実は歴としたシブヤの住人でもあるのだから。シブヤ遺産を自分で発見し、リスト作りをすることは、「シブヤ遺産」活用の第1、第2の方法でもあった。その効果のほどは、この本の内容から評価していただきたい。もし、それが未熟であったならば、もちろん、批判は甘んじてうけるのであるが、同時にそういうあなたも、つぎは第2版の『シブヤ遺産』作りにぜひ参加してほしい。そうすることによって、あなたもぼくたちも、そして、もちろんシブヤも豊かになっていくのである。

実際、シブヤでは多くの開発が同時並行で起こっている。先ほど述べた「里マチ」はサンゴ礁だ、という比喩の続きでいうならば、巨大開発は、オニヒトデのようなものだ。サンゴを食べ、さまざまな生物の生きるサンゴ礁を破壊してしまう。シブヤでもこの「里マチ」の破壊が進行しつつある。現在の巨大開発は、地形の起伏ものともせず、シブヤの南の方向に進んでいる。もっとも、森羅万象、常に止まることもないし、止めることもできない。できうるならばオニヒトデも共生できるような、ゆっくりとした時間の流れが必要ではあるのだが。その際に、ぼくたちのすべきことは『シブヤ遺産』の本の改訂だけではなく、シブヤそのものへ働きかけることである。

今でもシブヤを歩く時、時として、このマチが死の「海」に見える瞬間がある。すでに、マチとどうかかわるかの熟練をつんでいるし、シブヤもよく知っている。にもかかわらず、35年前のあの記憶が時として蘇る。たしかに、この本で述べている多数の「シブヤ遺産」は、大勢の学生が集め、さらに多くの人々のために作られた、いわば公共の遺産である。「シブヤ遺産」という名のもとで、これからも多くのひとが参画して、日々更新していく、シブヤのための遺産だ。

しかし、死の「海」というきわめて個人的な記憶も、はるか昔に失ってしまった黄色いズボンとともに、実は、ぼくにとっての「シブヤ遺産」でもある。それは、順当ならば今後さらに20年間ほど生きていく際に、ぼくの脳裏に間歇泉のごとく時間をおいて突如、そして、たびたび湧き出てくるはずの、記憶という名の「シブヤ遺産」である。個人の記憶は、そこで閉じているわけではない。長い長いしっぽのようにそれぞれの記憶を引きずりながら、人間は生きている。その記憶の尻尾は、時として他のひとのしっぽとマチで触れ合い、ショートしたり、融合したりすることで思わぬ現象を発生させる。多様な記憶の尻尾の、多数の触れ合いこそが、都市を都市たらしめる原動力なのかもしれない。

『シブヤ遺産』を編纂することで、ぼくにも、インタビューを受けてくださったひとにも、シブヤを歩き回って1000のシブヤ遺産を集めてきてくれた学生のみんな、写真家の野村佐紀子さんにも、きっと新しいシブヤの記憶が生まれているはずだ。そのシブヤの記憶を各自の長短ある人生の記憶のシッポの先にくっつけ、いたるところで交わらせる、実はそれが「シブヤ遺産」の活用の5番目の方法なのである。

2010年2月2日午後3時、シブヤのスクランブル交差点をわたる人々。（渋谷エクセルホテル東急1901室より　撮影・野村佐紀子）

シブヤ遺産　shibuya HERITAGE

ひたすら歩いて観察した調査をもとに、1000個のマチの遺産をのせた、新しいシブヤの見方を発見する「シブヤ遺産」の地図を作った。

ハチ公から半径1000mの圏内を路地1本まで、くまなく歩き、シブヤにとって大切なもの、独特なものを集めてみた。その数、1000個。地図の上での小さな点がそれにあたる。

さらにそれらの中から、「ざっしぶ」「おっしぶ」を抜き出してみた。「ざっしぶ」とは、ハチ公や109など世界的に知られている、シブヤのシンボルとなっているもの。「おっしぶ」は八百屋さん、果物の木など、こんなものがシブヤにあるんだと、思わず「おっ！」としてしまう遺産だ。

そこから「ざっしぶ」「おっしぶ」をさらに9つのグループに分けてみた。世界遺産ほど、優れてはいないかもしれないが、このマチに住み、このマチに集うひとにとって、いずれもかけがえのないものだ。

マチの豊かな未来は、マチをよく知ることから生まれる。あなたもこの地図をもとにシブヤ遺産を探してみよう。

調査・地図製作　東京大学生産技術研究所　村松研究室

No.1 ストリート　STREET

マチはひとの活動で成り立っている。ストリートで展開される人間行動は、そのマチのありさまを表現する遺産といっていいだろう。新しい活動も、古くからある人間の行動も、シブヤで見られる。

①待ち合わせ

いろいろなひとがさまざまな目的でモヤイに集まる。

②座るギャル

シブヤのギャルは、ある意味でマチの健康バロメーター。どこででもくつろいでしまう姿勢は若者の象徴といえる。

③ちんどん屋

彼らが現れると、独特な高揚感が生まれる。

④ショッピング

買い物袋の中を覗いてみると、目的は実にさまざま。

⑤ひとやすみ

ほっと一息、マチ中に自分のスペース持っていますか？

⑥あそぶ子供たち

愛くるしい日常、と言いたくなるような風景。

⑦たむろう仲間

生き様もさまざま、格好もさまざま。それがシブヤの姿。

⑧ランチの販売

ちょっと気分転換に買いにいける、都会のオアシス。

⑨デート

どこへ行くのか、ちょっと気になる。

No.2 都市の生態系　ECOLOGY

都市は自然の対極ではない。都市にはさまざまな植物が生え、生き物が生きている。人間は、その生態系のほんの一部。生態系としての都市の中で、自然と共生してみよう。

⑩私たち

私たちもシブヤで生きている。

⑪ツタハウス

蔦は、私たちに何を訴えているのだろう。

⑫アボカドの木

アボカドの木がシブヤにも生えていた。

⑬カラス

今日もマチ中でカラスが、餌を探している。

⑭大切な椿

この椿を大切にする人がいるように、物事の価値観は一通りではない。シブヤでは、そんな場面も多く見受けられる。

⑮ふぐ

大きく膨らんで、お店の場所を教えている。

⑯ネコのおかあさん

居心地がよい所にいるそうだが、はたして？

⑰かめ

意外なところで、亀と出逢う事ができる。

⑱檻の中のイヌ

ひとと、動物と。仲よく生きていきたい。

No.3 音の風景　SOUNDSCAPE

音も大切なシブヤ遺産の1ジャンル。目を閉じ、耳を澄ませると、さまざまな音がマチに満ちているのがわかる。音ほど個人差の大きいものはない。あなただけのシブヤの音を見つけてみよう。

⑲ 断音世界

まわりの音が、突然消える場所がある。

⑳ 野外ライブ

宮下公園の民営化を阻止しようと立ち上がった。

㉑ 演説

いつ訪れても、誰かが大声で主張している。

㉒ 蝉

都市型の蝉はビルの壁や路上で鳴いている。

㉓ 鐘の音

15時になると、一斉にメロディを奏で始める。

㉔ お豆腐屋さん

今でも懐かしい音を聞く事ができる。

㉕ 下水の音

ふとした時、地形が音として現れることがある。滝のような水の音は、この下に川が流れていることを教えてくれる。

No.4 大地の記憶　ARCHEOLOGY

人類が住み着く以前より、変わらずに存在するシブヤの大地、縄文や弥生時代のシブヤの住民の営みも大切なシブヤ遺産だ。シブヤの道や坂には、何万年もの間、大地に、記憶が刻まれ続けている。

㉖ 渋谷川

谷状のシブヤの地形を作った川。かつてはいくつもの川が集まって流れていたが、今は下水道となり大部分が暗渠化されている。

㉗ 崖

宅地化のために切り崩された地形が残っている。

㉘ 鶯谷の遺跡

縄文時代の住居跡には複合施設ができる予定。

㉙ 猿楽住居跡

弥生時代の集落跡を見ることができる。

㉚ 坂

いつもの坂も、遠い昔からあった。

㉛ 谷

シブヤの地形がよく分かる景色だ。

㉜ 宇田川

暗渠化されても、道の形から存在がわかる。

No.5 歴史の断片　FRAGMENT

地名や伝統、信仰など、形を変えても古くから残っているシブヤ遺産もある。いつもは見過ごしてしまいがちな道端の歴史の断片を拾い集めると、シブヤの成り立ちが見えてくる。

33 弘法湯

かつての神泉が湯治客で賑わっていた名残りだ。

34 料亭跡

ラブホテル街になる前は、料亭街だった。

35 道玄坂供養塔

道玄坂には、たくさんの碑が建っている。

36 陸軍用地跡

戦前、シブヤ一帯は陸軍の練兵場だった。

37 金王坂

失われた地名が、坂の名前になった。

38 東福寺霊園

伝統あるお墓も、現代的に生まれ変わった。

39 金王八幡宮

シブヤの地名の祖である河崎基家が1092年渋谷城内に建てた神社。境内には鎌倉時代に頼朝が植えたといわれる桜もある。

40 鎌倉道

鎌倉時代は、神奈川から大宮まで続いていた。

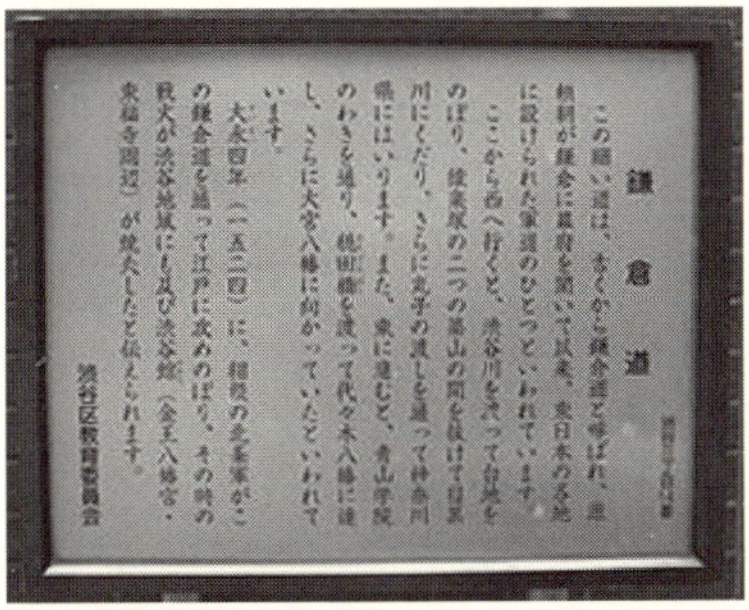

41 氷川神社参道跡

今は、おしゃれなお店が並んでいる。

No.6 モダンの原風景　MODERN

速いスピードで常に変わりゆくシブヤにも、形を変えずに生きているものがある。長い間、マチを支えて来たシブヤ遺産から、シブヤの原風景をノスタルジックに想像することができる。

㊷古いポンプ井戸

戦前から続く商店の一角にある。

㊸名曲喫茶ライオン

空襲で焼失しても音楽への情熱はそのままだ。

㊹百軒店商店街

関東大震災後にできたシブヤの繁華街の先駆けだ。

㊺八百屋

夕方から営業してセンター街のお店を支える。

㊻のんべい横町

戦後の趣はそのまま、今も40軒が営業している。

㊼忠犬ハチ公像

戦時中の金属不足により、一度は機関車の部品となったものの、蘇り、今もシブヤのシンボルとして健在である。

㊽木の電柱

今は役目を終えて線路脇に立っている。

No.7 マチの名作　MASTERPIECE

現在の大都市シブヤが作られた東京オリンピックの頃やバブルの頃、このマチに建てられた名建築は、世界に誇るシブヤ遺産だ。それだけではなく、今も街角で次々と新しい名作が生まれている。

49 代々木体育館

1964年の東京オリンピックのメイン会場としてつくられました。丹下健三設計の、世界に誇るシブヤの建築遺産だ。

50 岸体育館

東京オリンピックの時に移築された。

51 北谷稲荷神社

建築家菊竹清訓の設計した素敵な神社だ。

52 109

シブヤのシンボル的存在、ポストモダン建築だ。

53 彫刻

マチにはあちこちに作品がおかれている。

54 渋谷駅

1956年に建てられたモダニズム建築だ。

55 らくがき

シブヤでは、マチをつくる作品のひとつだ。

No.8 見えないマチの力　POWER SITE

シブヤ遺産は、目に見えるものだけではない。変化とともに形は消えても、地霊となって今もマチに影響を及ぼしている遺産たちに、シブヤは支えられている。

56 ワシントンハイツ跡

戦前から、大きな変化を経てきた。

57 川

日本で唯一、川の上に建つ百貨店だ。

58 富士見坂

江戸時代の宮益坂は、富士山の名所としても賑わっており、富士見坂ともいわれていた。今はもう眺めることができない。

59 代官山アドレス

70年間、同潤会代官山アパートが建っていた。

60 小学校跡地

10年前は、子供たちの声が聞こえていた。

61 おばけ

マチには、いろいろなひとの怨念も刻まれている。

62 鍋島松濤公園

江戸時代は武家屋敷、明治時代は茶畑だった。

No.9 循環する時間　CIRCULATION

太古から流れる歴史的な時間だけでなく、今のシブヤに流れている異なった速度、時間、変化もシブヤ遺産だ。分刻みの猛スピードから、1日、1年、3年という時間の中でシブヤはさまざまな様相で循環する。

㊸スクランブル交差点

数分間で、さまざまな人種、年齢、格好のひとが集まり、目的の場所へと散っていく、シブヤで最も時が早く流れる場所。

㊹酔っぱらい

日が暮れると、毎晩、酔っ払いが闊歩し始める。

㊺ストリートライブ

毎日、広場が少しだけ、ライブ会場になる。

㊻氷川神社例大祭

1年に1度の例大祭は、参道が踊り場となり多くのひとが集まる。この時ばかりは、いつもの商店街は様相を変える。

㊼ファッション

半年ごとに、商品の傾向は変わっていく。

㊽みかんの木

1年に1度、時の循環の恵みのミカンがなる。

原宿駅
49
代々木体育館
50
51
6
12
67
4
5
20
57
2
46
11
青山通り
青山学院大学
45
63
22
21
53
58
37
36
10
47
19
渋谷駅
1
13
六本木通り
54
39
26
7
38
8
40
60
55
明治通り
66
27
25
48
渋谷川
9
14
41
28
29
24
59
代官山アドレス
駒沢通り
代官山駅
恵比寿駅
黒駅

代々木公園
代々木八幡駅
ざっしぶ The Shibuya
おっしぶ Oh, Shibuya
代々木体
NHK
東急本店
109
駒場東大前駅
神泉駅
玉川通り
中目黒駅

二章　シブヤ遺産を探して——11の視点

1 大地の記憶

西村弘代

渋谷駅ではＪＲや井の頭線、東横線、東京メトロをはじめいくつもの電車が交差する。その中でいちばん高いところを走る電車が何線か考えてみたことはあるだろうか。それは地下を走るはずの〝東京メトロ銀座線〟だ。銀座線のホームへは、東横線が走る地上でも、ＪＲや井の頭線のホームがある２階でもなく、さらにその上、３階まで上らなくてはならない。東口バスターミナルに出て上に目をやると、水色の高架の上を走る銀色にオレンジのラインが入った車体が時折目に入るだろう【1-1】。渋谷駅では地下鉄が地上を走るのだ。なぜだろうか。

先に答えを言うと、１９３８（昭和13）年に銀座線が通された際、この地域の急勾配を建設当時の電車が登れる見込みがなかったためといわれている。そこまでの急勾配がどこにあるのか。少し渋谷の地形が気になってくる。普段、シブヤにいても地形に思いを巡らすことなどあまりない。

渋谷駅から西へと向かう井の頭線は、神泉駅手前で一瞬地上に顔を出すものの、駒場東大前駅の手前までトンネルの中を走る。都心の中にトンネルがなぜ必要なのか。こうした例は電車だけではない。東へ向かう国道２４６号線の上を走る首都高速道路は、青山トンネルの手前で国道２４６号線の下に入り込み、ねじれを起こす。

【1-1】高架を走る地下鉄銀座線（２０１０年１月筆者撮影）
渋谷駅を出た直後の銀座線。高架のすぐ下は東横線へ向かう２階レベルの通路、地上には東口バスロータリーがある。

このようなシブヤで私たちが何気なく目にしながらも見過ごしている事象、しかし改めて考えてみると奇妙に思える事象は、渋谷のもつ特異な地形によるところが大きい。見過ごしているものを拾い上げながら、日本でも有数の繁華街シブヤに隠された大地の記憶を辿ってみたい。

渋谷の地形は川が生み出した

渋谷駅の南側には渋谷川と呼ばれる川が流れている。渋谷川は現在、護岸で覆われた両岸に商業施設が背中合わせに立ち並び、大都会の中で息をひそめるように佇んでいるに過ぎない。しかし、この川こそが渋谷の大地の記憶を読み解くひとつの鍵となる。

渋谷の話をする前にもう少し広い視野で大地をみておきたい。関東平野の東端、武蔵野台地とその東側に広がる低地に位置する東京。現在は海岸線の後退、埋め立てによって陸地化しているが、太古の昔は東京の低地の大部分が海の中であった。その海には陸地であった武蔵野台地からいくつもの河川が流れ込んでいた。この河川による侵食が、海沿いの武蔵野台地、現在の山手の地形を決定付けた【1-2】。中でも南部にあたる赤坂・麻布台地と芝・白金台地という東京の中でもとくに複雑な地形を形成した川こそが、先述の渋谷川を含む川であり、その流路に沿ってできた谷地を古川谷と呼ぶ。現在、古川谷を形成している川を浜崎橋先の河口から東京湾へと注ぐ古川から辿っていくと、天現寺橋で渋谷川と名を変え、宮益坂下にあるターミナルのはずれ、稲荷橋で地中へと姿を消してしまう。複雑な地形を形成してきた幾筋もの支流はすべて暗渠化されてしまっている。しかし、その形跡は現在もその大地にはっきりと刻み込まれている【1-3】。渋谷

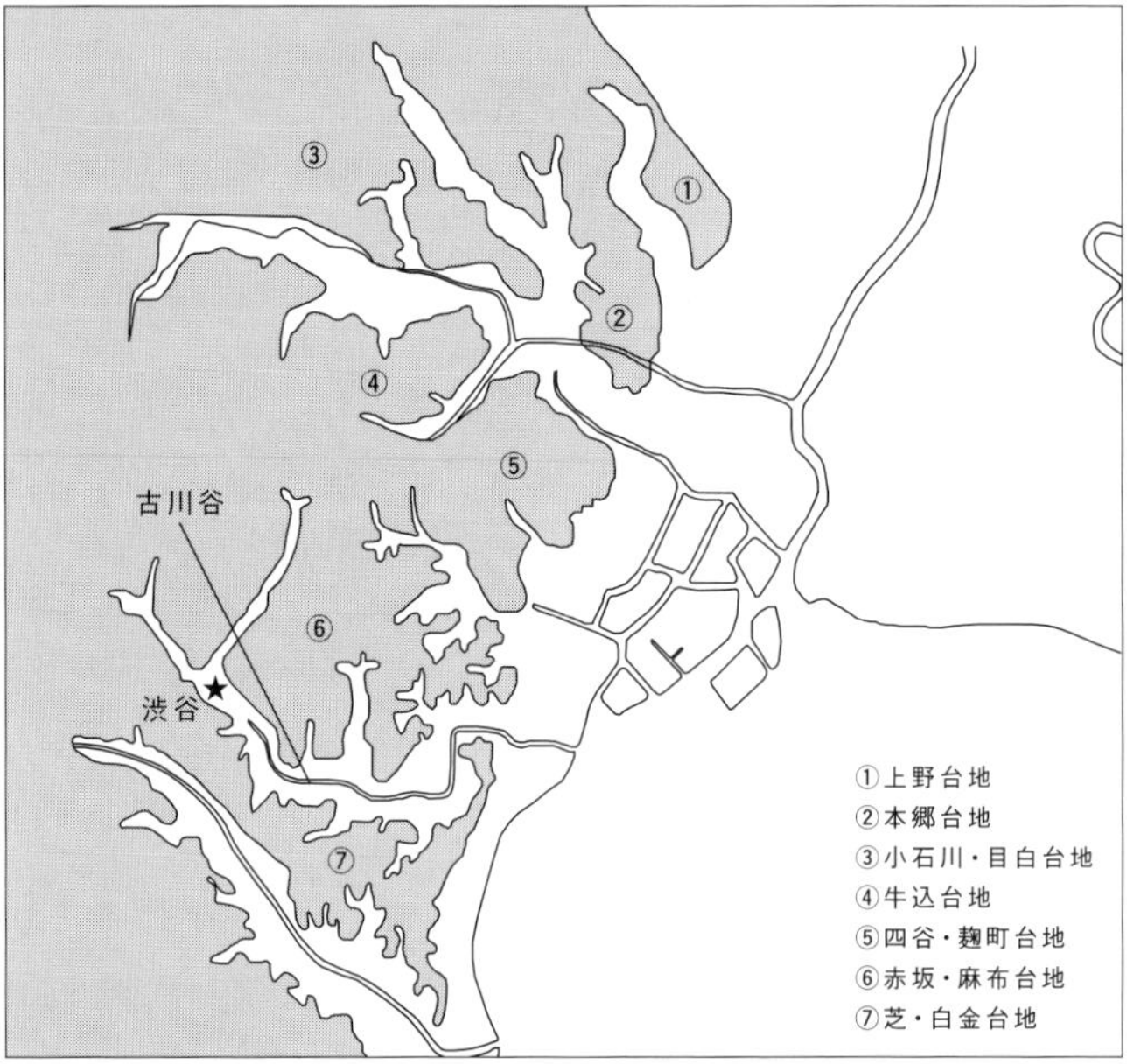

【1-2】山の手の地形模式図（陣内秀信　『東京の空間人類学』筑摩書房、1992 年、25 頁より筆者作図）
東京の山手の地形の中でも、渋谷を含む古川谷はとくに複雑に入り組んだ地形を形成している。

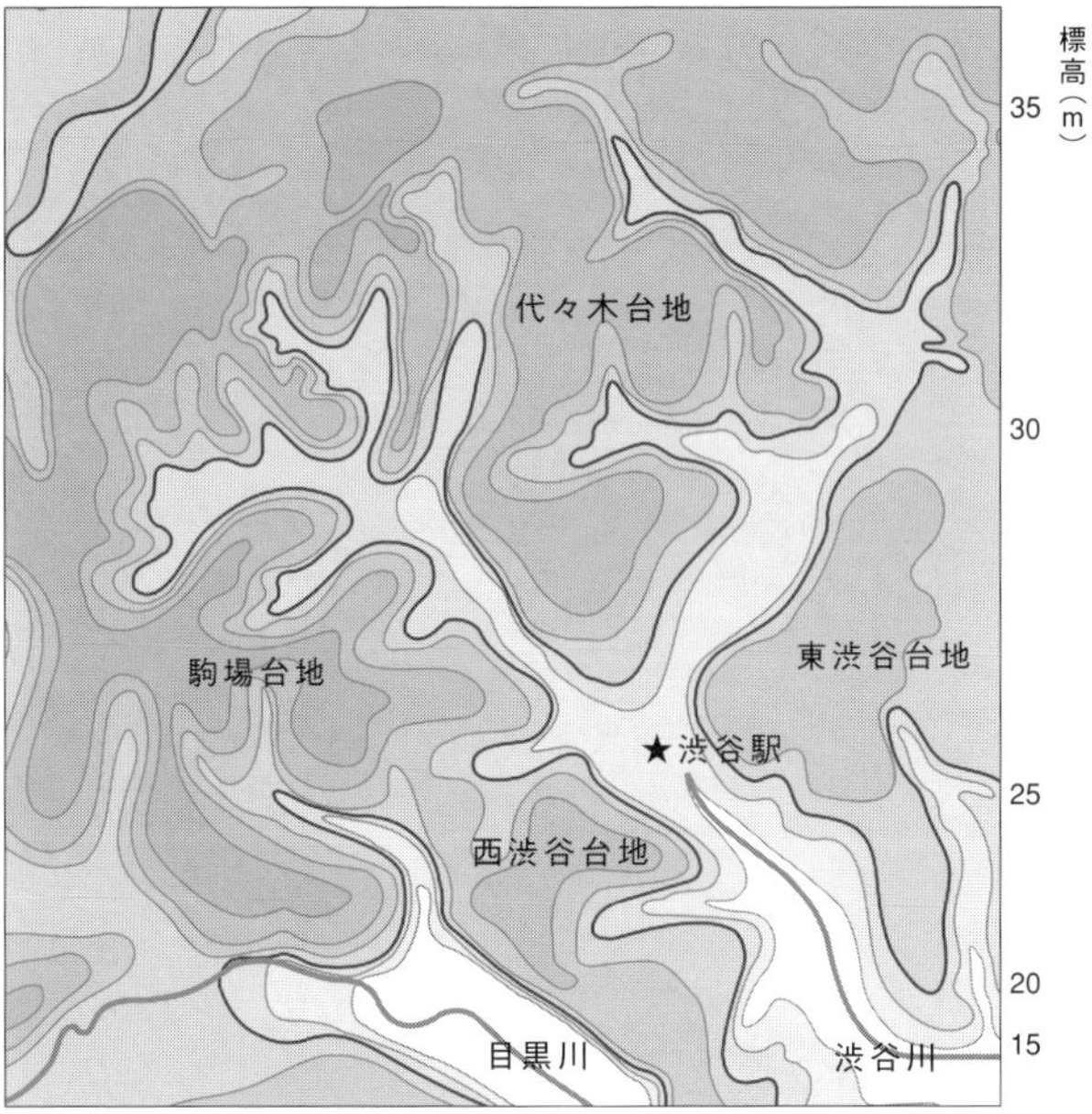

【1-3】渋谷の地形（『新修　渋谷区史　上巻』渋谷区、1966 年、25 頁より筆者作図）
シブヤを構成する 4 つの台地と古川谷。暗渠化されている渋谷川とその支流がはっきりと読み取れる。

川とその支流により形成された谷地と台地が複雑に入り組んだ場所にある都市、それが渋谷なのである。そしてその中心にある現在の渋谷駅は、いくつもの台地に囲まれた大きな谷底に位置しているのだ。

古代の記憶を今に伝える台地

古代の渋谷を知る上で重要な遺跡が、渋谷駅から南に700mほど離れた猿楽町に残っている。この地域から大地の記憶を辿ってみる。ここは先述の渋谷川とその南にほぼ平行に走る目黒川の間に形成された西渋谷台地にあたる【1-3】。渋谷川から緩やかに上っていき、目黒川に向けて急傾斜するこの台地の南の突端、現在はお洒落なマチである代官山駅から程近い、ヒルサイドテラスの敷地内に猿楽塚古墳が残っている。ここは古墳時代末期にあたる6~7世紀に造られた古墳で、北塚と南塚の2つが現存しており、北塚は直径20m、高さが5mの円墳で、現在は大正時代に社が建てられた猿楽神社として祀られている。その代官山の喧騒から離れ、渋谷駅方面に向かってのびる坂を台地の上まで上りきると、猿楽小学校のすぐ裏手に猿楽遺跡がある。ここは渋谷川側の台地の端地にある集落遺跡である。8・5×6mの楕円形の住居跡をはじめいくつかの住居跡が発掘され、弥生時代後期にはこの地にこうした集落が形成されていたとされる【1-4】。猿楽町の隣町にあたる鶯谷にも住居跡がある。外国人向け高級賃貸住宅「エバー

【1-4】猿楽古代住居跡（2010年1月筆者撮影）
猿楽古代住居跡公園では、弥生時代の住居が復元されている。他地域よりも大型で珍しいものも発掘された。

グリーンパークホームズ」の地中に鶯谷遺跡は眠っていた。この地で縄文中期の約4500年前から弥生時代にかけて、何代かにわたり、5、6戸の集落で人が生活していたことを私たちに教えてくれる。現在でも渋谷と代官山の中間という好立地にあり、大使館も散見されるこの住宅地は、古代の人々にとってもよい住環境をもたらしてくれていたようである。

西渋谷台地の北側を走る谷地に、かつての流路を確認できる場所がある。通りから1本内側に入った所にあるこの暗渠は、公道とも私道ともつかない細いうねった道となっている。周りは緑が生い茂り、そこから台地に向けて急勾配の坂が先の見えないカーブを描きながらのびるこの場所は、都心の中にあってこじんまりとした緑豊かな空間で、どこか懐かしい空気を持っている。そのカーブを曲がるとまっすぐのびた坂の上に木が植えられ、行き止まりを知らせる。その奥の高台には先述の鶯谷遺跡がある。袋小路の両側に高低差をうまく活用しながら並んでいる住宅は、どこか余所者を入れさせない、住民だけのプライベート性の高い空間となっていて、先述の高台にある住宅地とは性格の異なる住宅地を形成している。現在においても大地は記憶を留めるだけでなく、都市を単調でのっぺりとしたものではない、その土地特有な空間を生み出すために重要な役割を果たしているのだ。

代官山の洗練された町並み、その裏に広がる高台の住宅地。地中には古墳や古代の遺跡群が静かに横たわり、この地の記憶をその体内に留め、積み重ねていく。そして大地の記憶は近代以降、斜面にも独特の住宅地を生み出す。一方で渋谷川へ向けて下っていくと、次第に繁華街の匂いがしてくる。高低差をつなぐ無機質なコンクリートと、鉄棒で味気なく作られた階段。その壁に施されるカラフルなグラフィックペインティング。西渋谷台地には、こうしたさまざまな要素がお互い無関心を装い、しかし同時代的に、そして古代からの記憶を携え存在している。

ここでほかの古墳の分布を概観してみると【1-5】、地形が示してくれるある特徴に気がつく。台地の突端に位置しているのだ。この分布は約3000年前の縄文時代後期までは海岸沿いの高台であった場所とほぼ一致する。古墳は横穴古墳が多く、斜面地が好まれたようである。石器時代の遺跡は、古代から湧水がわくなど、人間が生活をする上で必要十分な条件が整っていた場所を教えてくれている。ほとんどの古墳・遺跡は現存していないが、現在のシブヤの地中に眠る、長い時間をかけて重ねられてきた太古からの歴史に思い巡らす。

台地の上に積み重ねられるもの

西渋谷台地と並び遺跡や古墳が多い渋谷川の東岸には、どのような大地の記憶が見られるのだろうか。この地は南西から北東にかけて徐々に標高が高まる東渋谷台地と呼ばれる台地で、外苑前周辺まで続く大きな台地の一部を形成している【1-3】。

ここで特筆すべきものは金王八幡《こんのうはちまん》宮だろう。古代から古墳が散見される場所であり、中世に渋谷の地の領主であった渋谷氏の館跡、つまり渋谷城があったとされる土地の一角にこの神社も祀られている。1092（寛治6）年に城内に創建されたと伝わる、渋谷区最古の木造建築物である。立地としては台地の突端に位置し、展望も利くというまさに防衛上望ましい場所が選ばれている。それは現在もこの神社の鳥居が明治通りからのびる坂の上に見えることからも

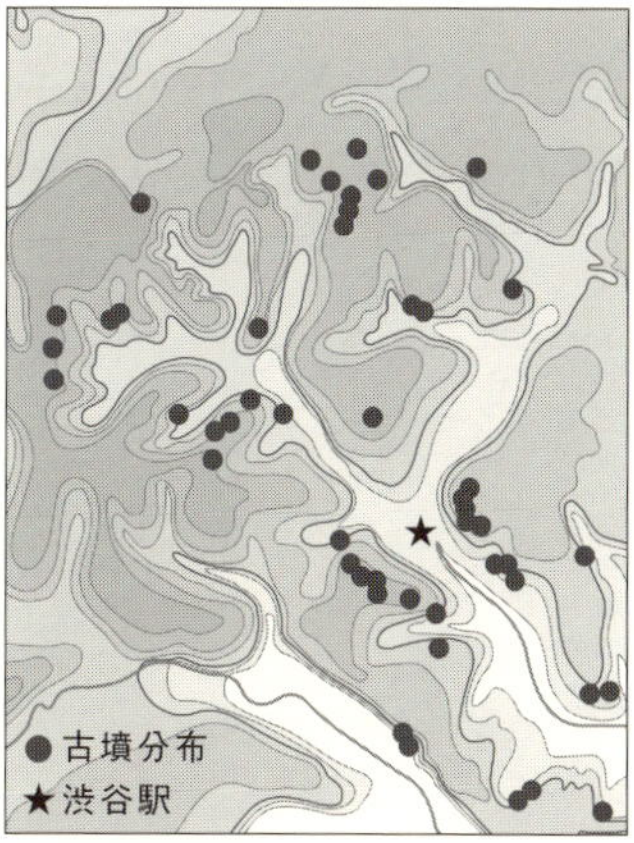

【1-5】古墳分布図（『新修渋谷区史　上巻』渋谷区、1966年、126頁より筆者作図）
古代には海岸線であった台地の縁に沿って古墳が分布している。場所によっては貝塚も確認されている。

確認できるだろう【1-6】。同時に金王八幡宮の東に通る道は中世の鎌倉街道とほぼ一致するとみられており、交通の要所でもあった。現在では渋谷駅から300mほどで、明治通りと首都高、六本木通りという幹線道路に挟まれた位置にあるにもかかわらず、ここ一帯はいつも不思議なまでの静寂とゆったりした時間が流れている。大木がいくつも並び、秋にはイチョウの黄色が美しく映える。しかし、なんといっても、この神社は源頼朝が鎌倉から移植したといわれる金王桜が有名だ。『江戸名所図会』や広重の錦絵にも描かれたこの桜は、春になるとそれぞれの枝に八重と一重の桜が咲き分ける。足元には松尾芭蕉の句碑がある。

しばらくは　花のうへなる　月夜かな

金王八幡宮の南部にある渋谷氷川神社は、やはり台地の突端に位置し、眼下に流れる渋谷川との標高差は25mに達する。きつい傾斜を上りきったところに姿を現す鎮守の杜である。現在ほど建物が込み入っていない時代には、高台にある神社は非常に目立ち、また信仰心をあつめたことだろう。創始も古く、慶長10年に記された「氷川大明神豊泉寺縁起」によると景行天皇の御代の皇子日本武尊東征の時、当地に素戔嗚尊を勧請したとある。このように、中世に創建された寺社は高台に建てられることが多く、その土地の歴史的な重要性を教えてくれる指標となる。

もうひとつの指標は湧水点だ。氷川神社の裏手、つまり東側に広がる台地面

【1-6】金王八幡宮へ向かう坂（2009年12月筆者撮影）
中世には渋谷城があったとされる台地の上に祀られた。現在も明治通りからのびる坂道の上に鳥居が見える。

には広尾中学校、広尾高校、実践女子学園、国学院大学、さらに高台には青山学院大学、国連大学と大型な学校施設が並ぶ。さらに東はイモリ川が流れていた谷地となるのだが、そこにある羽沢の沼と呼ばれる湧水点と青山学院の裏にある古墳は隣接している。現在の広尾中学校がある位置にあったとされる弥生時代の集落跡もこうした湧水と結びついており、台地の突端だからこそ得やすい湧水と遺跡の密接な関係が読み取れる。このように東渋谷台地は、古代の古墳や遺跡の上に中世の重要な寺社や城が重なり、その後近代に入っても重要な施設が置かれてきた。西渋谷台地に比べ高低差も少なく、傾斜も比較的ゆるやかな広がりのある台地面をもつという大地の特性に導かれ、歴史が重ねられてきたのだ。

丘が変わると都市空間も変化する

渋谷川の西岸へ戻り、丘と谷のアップダウンを繰り返しながらさらに北へと向かう。駒場台地と呼ばれる台地に入ると、ここは円山町、かつての花街である【1-3】。現在はラブホテル街としてのイメージのほうが強いだろうか。先ほど寺や神社といったものは高台を好み、それが歴史的に土地の重要性を表しているなどと述べたが、ここではそれが逆転している。高台に、都市の中で最も俗なエリアがあるのだ。Bunkamura側から上っていくと、数m先の地面から次から次へとピンクや黄色のネオンが立ち上がってくる【1-7】。しかし同時にこうした地形だからこそ、密度の濃い空間が生まれたともいえるだろう。平面

【1-7】夜の円山町（2010年1月筆者撮影）
ピンク、ブルーなどの派手なネオンが暗い中でひときわ目立つ。ラブホテルやクラブなどがひしめく一帯。

的にどこまでものびていくことが許されず、丘に上り、さまよい下って谷に出てしまったら、夢から覚めてしまうのだ。地形的には本来目立つはずの丘なのだが、シブヤでは俗や都市の暗部が丘によって隠されているような気すらしてくる。

そのまま西側の神泉駅へ向かうと、この土地がどれほど丘陵地であるかがわかるだろう。冒頭で井の頭線のトンネルの話をしたが、このことは神泉駅が谷底にあり、かつ短スパンで両進行方向に急傾斜が迫っているというこの地域の地形を如実に反映している【1-8】。駅前からのびる、アキレス腱のストレッチができそうな急坂もなかなかのものである。神泉駅の前はこの地域ではいちばんと言ってもいいほど、非常に険しい斜面を持っているのだ。ちなみに吉祥寺方面に向かうトンネルが終わる位置は、神泉を形成している台地の端と完全に一致している。現在では井の頭線の上にある町である神泉は、『江戸砂子』によると「此処に湧水あり、昔空鉢仙人此谷にて不老不死の薬を練りたる霊水なる故斬く名付けしと言ふ」とあり、古くから霊水として知られている土地であって地名もそれにちなんだものといわれている。その霊水がどこから出ていたのかは不明だが、地形からも湧水が豊富であっただろうことは推測できる。また、この地は東電OLの事件の現場とも程近いためか、円山町の続きのようなイメージも強いが、近年は閑静な住宅地たらんとする動きが町の中にあり、それは比較的成功しているように思われる。若干雑然とした空間は残っているものの、それは谷地に集中しており、西側の台地上は庶民的な住宅地だ。一度決めればある程度性格付けがうまくいく。これも台地と谷という空間のヒ

【1-8】神泉駅前のトンネル（2009年12月筆者撮影）
一瞬地上に出る神泉駅前の踏切からシブヤ方向を望む。反対側のトンネルの上には神泉町の住宅街が広がる。

エラルキーがなす技かもしれない。

さらに谷を超え、その北の丘へ行くと、驚く。松濤と呼ばれる東京でも屈指の高級住宅街が待ち構えているのだ【1-9】。ここには大使館もあれば、数年前に売却で話題となった元都知事官邸もある。いくつかの美術館や観世能楽堂、そしてシェ松尾の店もある。いつかは入ってみたいと思う高級フレンチだ。つまり、東京で屈指の大ターミナル駅と繁華街、風俗街、そして高級住宅街が台地と谷地という装置を使いこなすことで、半径500mほどの範囲に集まっているのだ。これはまったく驚きに値する都市空間の構成だろう。そして、こうした高級住宅街の中にあっても鍋島松濤公園内には湧水池が残され、古くからの歴史も残され伝えられている。

このように駒場台地は丘ごとにその性格がめまぐるしく変化する。そして、共存している。隣人なのに、互いに見て見ぬ振りを決め込んでいるかのように、それぞれが、それぞれの価値観でマチを形成している。しかしけっして互いの領域を侵さないところが、うまく共存できている秘訣であり、それを可能にしているのがほかでもない、地形だといえるだろう。

新たな息を吹き込まれた大地

シブヤを取り囲む台地の最後として、宇田川、穏田川に挟まれるようにして残った北側の台地、代々木台地に触れよう【1-3】。ここの大部分はあまりにも有名な明治神宮の神域である。しかしこれだけではない。そこからずるずると

【1-9】松涛の町並み（2010年1月筆者撮影）
東京でも有数の高級住宅地、松濤。広々とつくられた通りに沿って、大きな敷地に立派な1軒家が続く。

南に下がりながらのびる台地の上に、現在の繁華街シブヤがある。丘の上には代々木体育館、NHKがあり、その下には区役所と続く。ここから傾斜に沿って、パルコ、東急ハンズ、ロフトなどといった大型商業店舗が駅まで続く。台地から谷底へと向かう緩やかな斜面からなるこの地形は、太古からそこにあったにもかかわらず、近代に入り渋谷の都市の発展と呼応するように、その大地の記憶を蘇らせてきた。いや、むしろ新たに息を吹き込まれてきたといってもいいだろう。ここではわかりやすい高低差のある台地と谷地とは違い、微地形を読むことが必要となってくる。微地形の変化を大事にする姿勢だ。これがシブヤという都市は実にうまい。それは特徴的に名づけられた通りの多くが坂であることからも伺い知ることができる。

通りの名を挙げてみると、公園通り、ハンズ通り、Bunkamura 通り、区役所通り、スペイン坂、間坂、ペンギン通り、ランブリングストリート、フィンガーアベニュー、オルガン坂、メトロ通り、コルネット通り、イエローストリート……ここに挙げたものはすべて坂道である【1-10】。ネーミングセンスひとつとってみても、他都市と比べてかなり異色だが、少しの勾配を見逃さずにそこに名前をつけることで、都市における坂道というある意味マイナス要素をプラスに転換できたことが、シブヤが繁華街としてここまで発展してきたひとつの鍵なのだと思える。そもそもシブヤの地に大型商業施設が入り込んできた1970年代、パルコのうたい文句は、「すれちがう人が美しい――渋谷――公園通り」であった。これはまさに、〝坂道ですれ違うと平地ですれ違うよりも美しく見える、そんなまち、渋谷におしゃれな人たち、どうぞ集まってきてください〟という意味に他ならない。何も大地と会話しながら暮らしていたのは古代人だけではない。海が引き谷地を使えるようになってから、現代に至ってはじめてこの大地の記憶は日の目を見ることになっ

【1-10】スペイン坂　(2010年1月筆者撮影)
井の頭通りからパルコパート1裏へと上る坂道。道沿いには雑貨店や喫茶店が並び、若者たちが通り抜ける。

たのだ。現代人も捨てたものではない、そう思わせてくれる。

また建物にも地形との駆け引きが垣間見られる。マークシティは道玄坂上から入ると、地上から入ったにもかかわらずフロアは4階であるのは、高低差が激しいためだ。東急東横店は東館にだけ地下フロアがないのは、地下に渋谷川が流れているためである。このような例はつぎつぎと出てくるに違いない。こうしたところにも人間と地形のせめぎ合い、そして妥協が見られる。しかしこれこそがシブヤを特徴づけ、魅力あふれる街にしているといえるだろう。

はりめぐらされる大地の記憶

シブヤを〝道〟についてみていくことで、別の切り口で地形とシブヤの関係について考えてみたい。

まずは渋谷駅から東西それぞれにのびる有名な2つの坂からみていこう。西の目黒へ向かうのが道玄坂、東の青山へ向かうのが宮益坂だ。宮益坂は江戸以前には富士見坂と呼ばれ、その名の通りここから富士山が望めたという。両者とも江戸から大山へ向かう大山街道にある比較的なだらかな坂で、中世からの矢倉沢往還と呼ばれる東海道の裏道とも一致するといわれ、古くから人々が行き交う場所であった。この街道は現在の国道246号線とほぼ一致するが、渋谷駅周辺においては、国道246号線から外れ、宮益坂、道玄坂を通り再び国道246号線へと戻るという道を選ぶ。これらの坂は、それぞれの方向に続く尾根道である国道246号線への谷底からの結節点として生じた道なのであり、移動の労力をできる限り抑えた地形を選んでいたことがわかる。

また、鎌倉街道と呼ばれる街道は、現在の青山学院大学の東側の道から金王八幡宮の脇を通り、並木橋で渋谷川を越えて代官山に通じる道がそうであるとされているが、この道は尾根ではなく谷を選んで通されていたことがわかるだろう。このように中世において街道を通す際には尾根道であれ谷道であれ、自然に沿うことが最も適当であった【1-11】。

それでは、現在のインフラはどうだろうか。駒場台地と西渋谷台地とを結ぶ道のひとつはきれいに尾根を選んで道が通っている。目黒川側を見ると非常に急な坂、階段がつぎつぎに現れる。東京の真ん中でその地形を実感できる重要な場所である【1-12】。この道の先にある西郷公園からは晴れた日には富士山も見え、『江戸名所図会』にもその景色が描かれている。また、台地を横切るときはできる限り谷道を選んで道を通している。こうした地形に沿って通された道は人工的には生み出せないうねりなどを持ち、地図上においても大地の記憶を伝えてくれている。

しかし、近代化によって効率的にまっすぐに整備された道路であっても、地形という大きな縛りからは解かれていない。それは谷地を走る通りとして、渋谷川に沿う明治通りをはじめ、イモリ川沿いの道、井の頭通り、かつての鎌倉街道、尾根道を走る通りとしては国道246号線、旧山手通りや青山通りが挙げられるように、主要な道もまた、広く直線を目指し多少の無理はしながらも、地形に揺り戻されていく側面が見て取れる。これは経済原理としてみても、地形に沿うことがコストを抑えることにつながるためであろう。一方、冒頭のトンネルやクロスする高速の例は、地形に沿うよりもコストを抑える方法として地形を貫く形をとった現代ならではの面白さがある【1-13】【1-14】。

【1-12】尾根道から目黒側をのぞむ（2009年12月筆者撮影）目黒川に向かい急斜面が広がる。そのためこの尾根道からの眺めは非常によく、西郷公園からは富士山も望める。

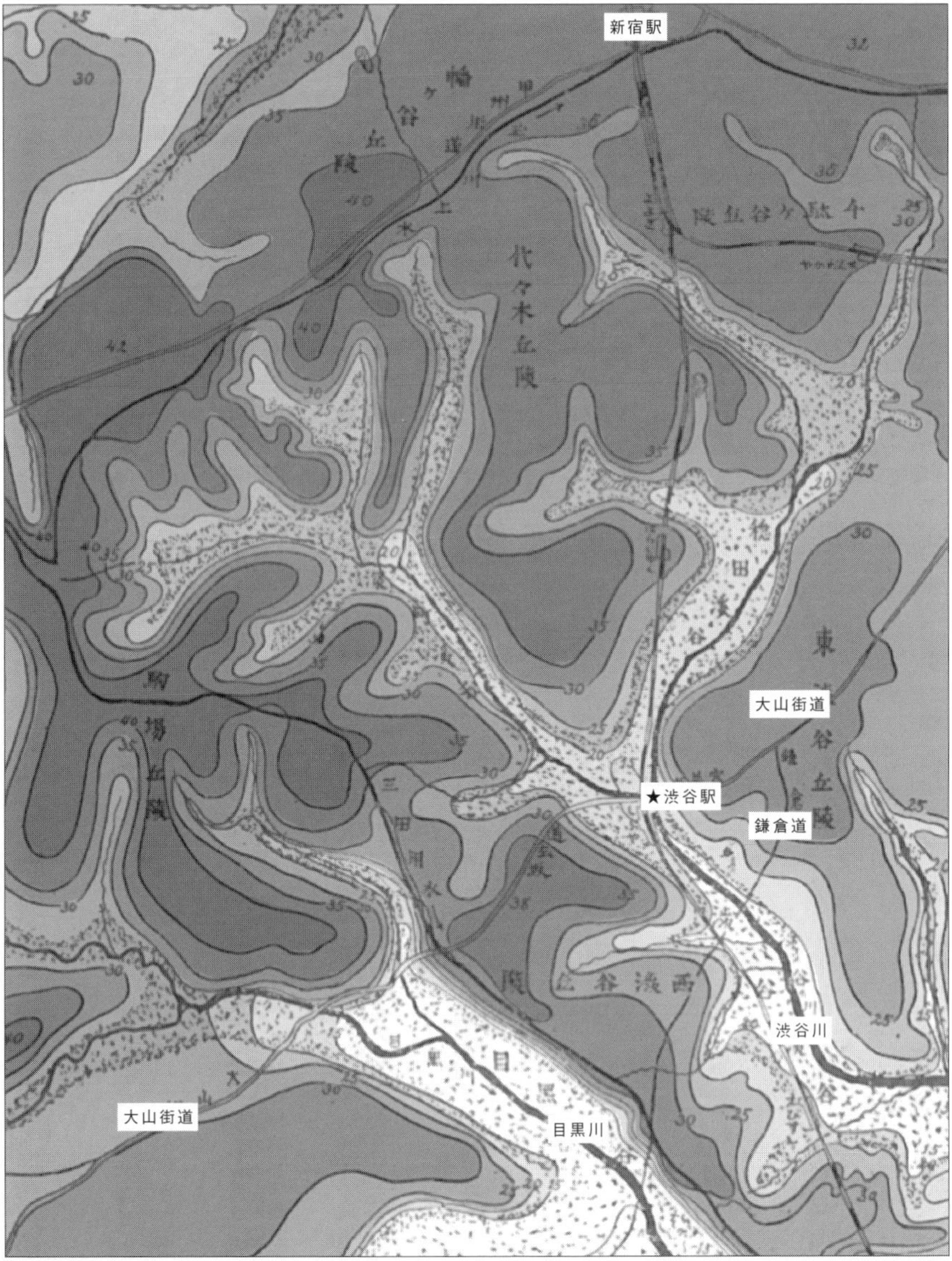

【1-11】中世からの街道（『新修　渋谷区史　上巻』渋谷区、1966 年、25 頁より筆者作図）
中世から続く道は、尾根道、谷道など地形に沿うように道が通されていることが読み取れる。

最後に変わった視点から私たちの生活を支えるインフラである上下水道をみてみると、上水道は、実にシステマティックで人工的な配管がなされているが、一方の下水道は、今この時代にあっても、地形に沿って配管するのがいちばん効率的なのである。地上の川は暗渠化されている一方で、まるで地面の下に見えない川が流れているといった様相だ。大地の記憶というものは、私たち人間の技術がどんなに発達しても凌駕することはできない力を持っているのだろう。

高層建築物と光の渦のなかにうずもれた消費社会の一片のように見えるシブヤ【1-15】。しかし深い谷底にあり、高低差20m強もある台地に囲まれている大地の記憶は受け継がれ、ひそかに、そして確実にシブヤという都市を特徴付ける重要な役割を果たしながら、その息吹を今なお私たちに伝え続けているのだ。

【参考文献】

渋谷区『新修　渋谷区史　上巻』渋谷区、1966年

陣内秀信『東京の空間人類学』筑摩書房、1992年

中沢新一『アースダイバー』講談社、2005年

東京都教育委員会「東京都遺跡地図情報インターネット提供サービス」〈http://www.syougai.metro.tokyo.jp/iseki0/iseki/index.htm〉（最終アクセス2010年1月）

渋谷区ホームページ〈http://www.city.shibuya.tokyo.jp/shibuya/〉（最終アクセス2010年1月）

宗教法人東京都神社庁「都内神社のご紹介」〈http://www.tokyo-jinjacho.or.jp/syoukai/index.html〉（最終アクセス2010年1月）

Ground Interface.「東京の地形地図」〈http://www.gridscapes.net/〉（最終アクセス2010年1月）

【1-13】西郷橋とそのたもと（2009年12月筆者撮影）
台地と台地を結ぶ旧山手通りを通した際、その下を走る谷道に橋を架けることとなった。

【1-14】国道246号線と首都高速道路のねじれ（2009年12月筆者撮影）
基本的には高架を走る首都高（中央）だが、青山学院大学の手前では地中に入り込みねじれを起こす。

【1-15】高層ビルからシブヤを望む（2010年1月著者撮影）
高層ビルをはじめ、多くの建物が立て込む現在のシブヤ。しかしその足元には今も太古からの大地が広がっている。

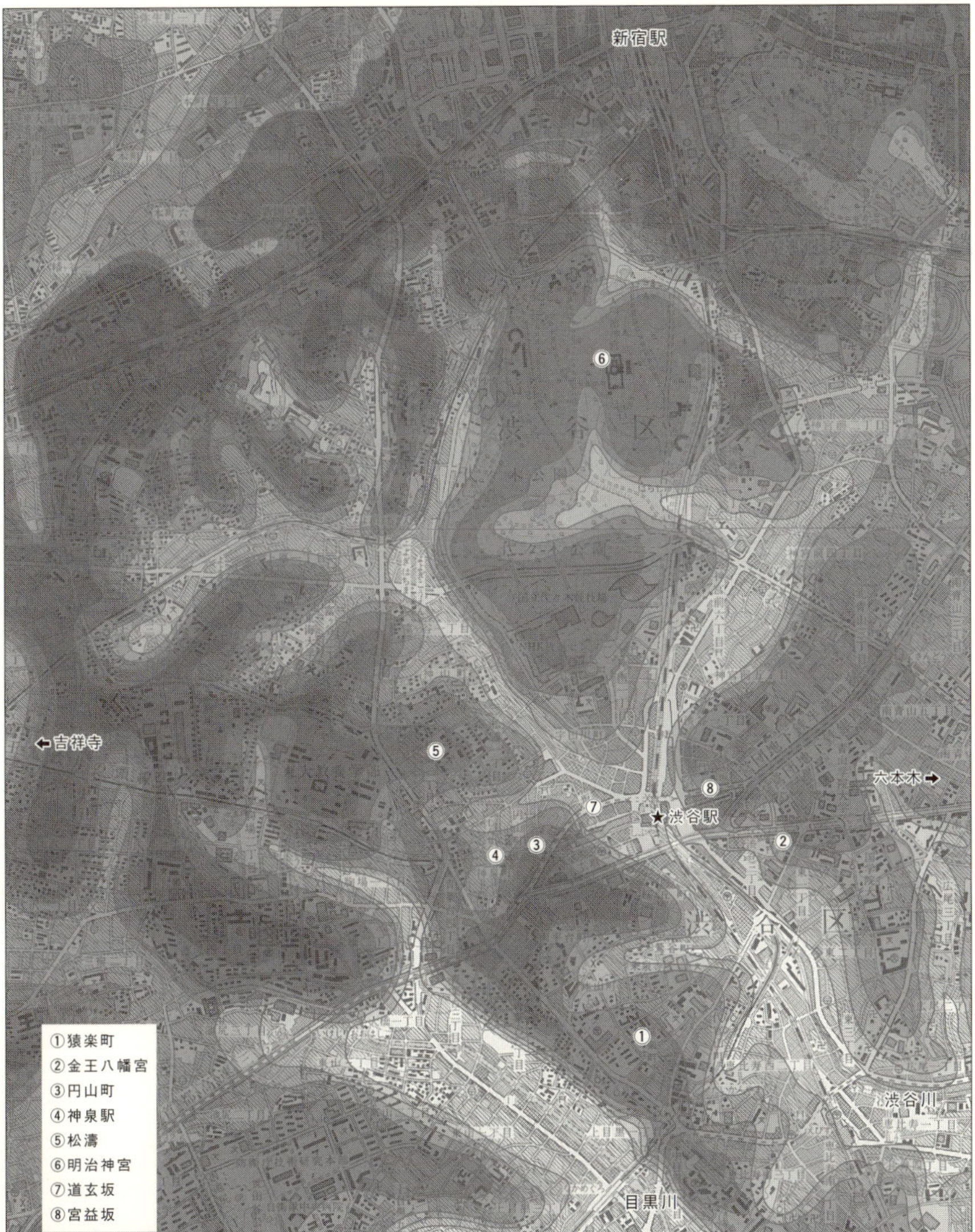

シブヤの地形（国土地理院２万５千分の１地形図より筆者作図）
現代の地図と地形を重ね合わせると、今までに見えてこなかったシブヤの姿が見えてくる。

2 都市の周縁

鮎川 慧

江戸の入り口

渋谷には、南北方向に明治通り、東西方向に六本木通り、その間を斜めに青山通りの、合計3本の大通りが走っている。六本木通りは戦後に整備された比較的新しい道路だが、明治通りと青山通りの歴史は古く、さらに江戸時代までは「鎌倉道」とよばれる街道が通っていた。明治通りは今は暗渠となった渋谷川に沿う古道で、大正と昭和初期に整備されたという歴史をもつ。青山通りはもともと江戸時代に整備された大山街道だった。大山街道は古くは矢倉沢往還とよばれ、赤坂と静岡の沼津を結ぶ、東海道の脇街道として重要な街道だった。現在、明治通りの渋谷駅南側にある並木橋交差点の片隅には、鎌倉道について書かれた小さなサインがひっそりと立っている。かつて鎌倉や大宮ともつながっていた時代の記憶を現代に伝える、渋谷区唯一の場所だ【2-1】。

古から、これらの道を通って、旅人は江戸と地方を行き来していた。江戸城内から赤坂門を出て大山街道を進むと、青山あたりまでは立派な大名屋敷が並んでいた。しかしさらに進んで渋谷にさしかかり宮益坂を過ぎたあたりからは、のどかな田園風景が広がっていた。江戸から地方へ旅立つ旅人たちにとって、渋谷を過ぎればもう江戸の外。これから始まる長旅を思い、心を引き締めたこ

【2-1】旧鎌倉道（2010年1月筆者撮影）
並木橋交差点のあたりを鎌倉道が通っていた。現在渋谷区に残っている鎌倉道の跡は、この小さなサインのみ。

とだろう。逆に長い街道を歩いて渋谷に辿りついた旅人たちは、目指す大江戸はもう目前、とほっと一息ついたのかもしれない。江戸の片隅に位置していた渋谷は、江戸の入り口であり、同時に地方への出口でもあったのだ。

そんな江戸の片隅の村にすぎなかった渋谷は、いつから日本有数の大都市の座に躍り出てきたのだろう。どうやって、多くの人を惹きつける街になったのだろうか。

江戸の骨格

時代はさかのぼり、中世の東京。この頃東京という都市はまだ存在せず、前身の江戸は武蔵野平野の片田舎の村だった。江戸城は室町時代の1457年に太田道灌により築城されているが、1590(天正18)年に徳川家康が正式に江戸城に入場したときにはとても寂れ、街にも百余戸ばかりの茅屋が建つのみだった。地形も現在とはかなり違う様相で、日比谷あたりから南は入り江になっており、下町の大部分は湿地帯、西南の赤坂から麻布・青山・渋谷方面は広い武蔵野の平野を形成していた。家康の江戸の街づくりは、まずこの使い物にならない土地の水をとり除き、丘陵を切り崩し、入り江を埋め立て、土地を造成することから始まった。家康の参謀・本多正信の総指揮のもと、本格的に江戸の都市建設が始まったのは、開府間もない1605(慶長10)年のことだ。その後大坂の陣で一時休止するものの、1616(元和2)年の家康の死後再開され、大規模な築城工事とともに、政治の中心としての本格的なまちづくりが展開されていく。その内容は江戸城建設、山の手の武家地の街づくり、下町の町人地の造成、都市周辺部の寺社地の配置など、多岐にわたる。

具体的にはどのような都市計画がなされていたのか。

江戸の都市は、大名をはじめとする武士たちが居住する武家地、寺社の境内が占める寺社地、町人たちが町を形成する町人地に大きく分けられていた。大名の屋敷にも、大名の公邸である上屋敷、予備邸として大名の妻子が住む中屋敷、保管庫や別荘としての要素が強い下屋敷など、いくつか種類があった。

1840（天保11）年、幕末に近い江戸図を見てみると、江戸の都市が江戸城を中心に外側へ外側へと拡大しながら発展していた様子がよくわかる【2-2】。江戸城を取り囲む形で内堀がめぐらされ、その内側には親藩の御三家の屋敷が描かれている。さらに江戸城中心から外側に向かって渦巻状に親藩、譜代、外様大名の屋敷が並び、これらを囲むように旗本や御家人などの組屋敷が続く。郭外には、主要道路を中心として大名の中屋敷や下屋敷、旗本屋敷が配置され、四ッ谷、市ヶ谷などには下級武士の組屋敷が散見できる。東の海の方の低地には町人地が並ぶ。渋谷の名前は、紙面の端ぎりぎり、「西」という文字のあたり、赤坂門からのびる道路上に見つけることができる。この道に金王八幡宮や氷川神社は描かれているが、ほかに目立った記述はない。

そもそも渋谷は、江戸開府当初から計画的に市中に参入されていたわけではなかった。初めての江戸全図である「寛永図」を見ると、そのことがよくわかる。「寛永図」が出版された17世紀中頃、三代将軍家光の治世までには、現在の東京に至る初期の江戸の骨格はほぼ完成していた。それに記された江戸市街の範囲は、城を中心に東は隅田川、西は半蔵門、三宅坂、北は駿河台、南部から神田川の線、南は増上寺まで。市街はほぼ外堀で囲まれた範囲内に収まっており、主要街道に

【2-2】1840 年の江戸（『江戸図』部分）
江戸の街が江戸城を中心に渦巻型に広がりながら発展してきた様子がわかる。

沿って部分的に町屋が散在している状況だった。江戸時代初期の渋谷は田畑が広がり、江戸市街からはるか西の農村にすぎなかったのだ。政治の中心である城からわずか数キロメートルしか離れていないが、主な交通手段を徒歩に頼るしかなかった時代、その距離はどのような意味をもったのか。渋谷は、江戸の中でどのような存在だったのだろうか。

拡大する江戸

現在と比べるととても小さかった初期の江戸が一気に拡大する契機となったのは、1657（明暦3）年の明暦の大火である。1月18日から20日まで燃えつづけたこの火事は、江戸三大火事の中でも最大の被害をもたらした。江戸の主要な町地の大半が焼け、江戸城は西の丸だけを残して全焼、被災町数は全体の半数以上におよび、合計10万人以上の焼死者を出したといわれている。火の手は本郷、湯島、駿河台、神田、浅草、深川、京橋、八丁堀、佃島、桜田一帯の大名屋敷を焼き尽くし、大名屋敷160、旗本屋敷770余り、寺社350、橋60、蔵900が被災したという。

すでにその頃、消費経済の興隆に伴い少々手狭になっていた江戸市街は、この大火の後、一気に拡大を始める。松平伊豆守信綱の指揮により、過密になった都心部の再開発と臨海部の埋め立て、山の手郊外の開発がすすめられたためである。まず、市街の建築密度を低くするため、都市を拡大させる。諸大名の屋敷や寺社を城郭外に移すことになるが、城の東側には町屋が建ち並んでいたため、下屋敷は西南の渋谷、品川方面に広がっていく。寺院は、主要街道の要所をはさむかたちで外縁部に移転させる。青山・赤坂・麻布地区もこの時期に開発された街のひとつで、主に外郭内の桜田のあたりからいくつかの寺院が移ってきている。現在の表参道交差点付近にある善光寺も、このひとつの例だ【2-3】。この寺はもともと１６０１（慶長６）年台東区谷中に開かれたが焼失し、１７０５（宝永２）年にこの地に移ってきた。

こうして江戸は、通称「八百八町」と呼ばれる大都市へと変貌を遂げる。周辺部へと拡大し始めた江戸は、街道沿いの地域や周辺の農村を飲み込み、周辺部に「町並地」とよばれる地域を形成した。渋谷もこの例に漏れず、１７１３（正徳３）年の大幅な町地の拡大で、宮益町と道玄坂町が町並地扱いとなっている。渋谷の一部が正式に江戸の街に組み込まれた瞬間である。

江戸初期の「寛永図」では府外扱いだった渋谷も、１８１８（文政元）年の「江戸朱引内図」には御府内の村として登場する【2-4】。この朱引図は、江戸の範囲に関する唯一の幕府の公式見解である。当時の江戸は武蔵国とは切り離された行政区域となっており、江戸府内は町奉行、御府外は関東郡代が支配していた。江戸の範囲ははっきり定める必要がなかったためか、開府から２００年以上たつまで、フレキシブルにその場その場で定められていたようだ。この図の中で外側に引かれた朱線は江戸の市域である御府内の範囲を、内側に引かれた墨線は町奉行支配の範囲を示している。御府内の方が町奉行支配地より広くなっていたことがわかる。渋谷の村々の名前は、ちょうどこの地図の左側、御城よりやや右下の、墨線の境界のあたりに確認できる。墨線の中に渋谷新町、

【2-3】善光寺（２０１０年１月筆者撮影）
１６０１年台東区谷中に建てられたが焼失し、１７０５年にこの地に移転してきた。

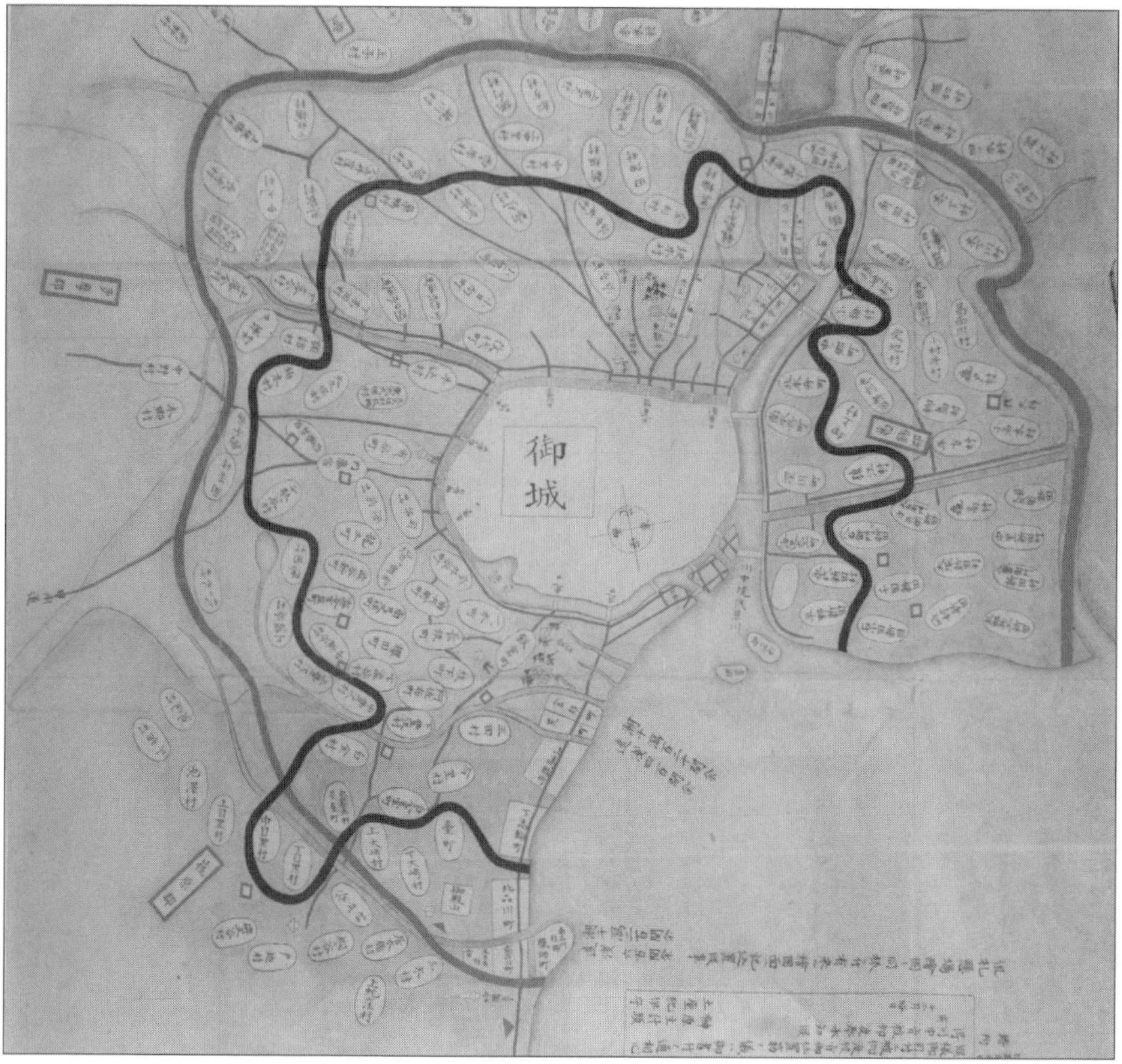

【2-4】1818年の江戸の範囲（『旧江戸朱引内図』東京都公文書館所蔵）
幕府によって出された江戸の範囲に関する唯一の公式見解。渋谷はぎりぎり御府内に収まっている。下図は絵図左部を拡大したもの。

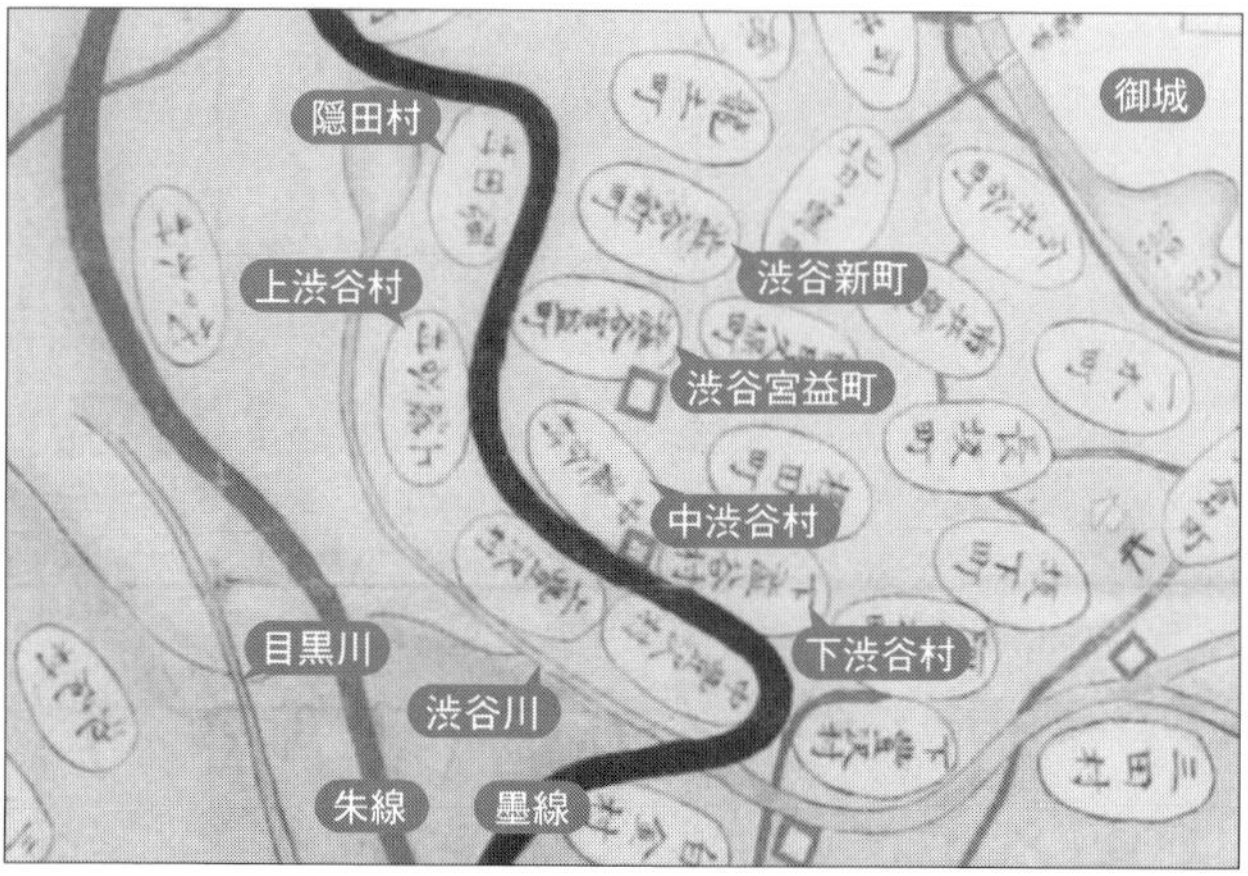

渋谷宮益町、道玄坂南の中渋谷村、下渋谷村が入り、墨線と朱線の間に、隠田（穏田）村、宮益坂北の上渋谷村が入っている。どれも朱線の内側に位置しているので、幕末には渋谷の大部分が御府内に入っていたといえるだろう。

このように渋谷のスタートは、江戸の市街地でもない、武蔵国の一農村だった。そして江戸中心部の発展に伴い府内へと飲み込まれ、徐々に村から街へと変わっていったのである。

周縁からの出発

現在、渋谷駅とともに乗降客数で日本の上位を占める新宿駅、池袋駅周辺は、朱引図で見ると、どこも江戸市街の周縁に位置している。この3地区の中心部からの距離や現在の街の状況は似ているが、これまで3地区の歩んできた歴史は異なる。池袋は川越街道沿いに位置していたが、江戸時代にはまだ完全な農村だった。池袋の市街地化は、1910（明治43）年の池袋・田端間の鉄道の開通を待たなければならない。3地区の中でもっとも古くから栄えていたのは、甲州街道の宿場町、新宿である。栄えているといっても、もともと江戸市街地だったわけではないので、いくらかでも繁華街の面影はある、といった程度だろうか。甲州街道と青梅街道の分岐点に内藤新宿という宿場が設置されたのが1698（元禄11）年である。江戸市街は、内藤新宿のあたりまでは街続きでのびてきていた。しかしそこから南へは、千駄ヶ谷から原宿へと流れる渋谷川の谷で不連続になっており、谷底は田畑、原宿にいたっては完全に畑の中だった。現在の表参道に相当する広い道はまだなく、隠田村とよばれるあたりでは渋谷川に水車が回っていた。

1853（嘉永6）年に作成された渋谷地域の地図である「東都青山絵図」を見ると、幕末の渋谷の様子がよくわかる【2-5】。この絵図では右下が北になっており、現在の港区赤坂の西部、青山、渋谷、広尾や千駄ヶ谷あたりまでが描かれている。渋谷川が図右上から左側を流れ、中央を横切っているのが大山街道である。大山街道は渋谷川とぶつかる手前で方向を変えているが、ここが現在の宮益坂である。大山街道と渋谷川との接点あたりが、現在のJR渋谷駅にあたる。この絵図には、江戸市域の境界に位置していた渋谷の、都市的な様相と農村的な様相、両方の特徴がよく描かれている。

都市的な様相を示すのは、大山街道の両側に描かれた、大小の住宅だ。このうち宮益坂の上まで並ぶ大きな住宅は、武家屋敷である。この武家屋敷の内訳を詳しく見てみると、下屋敷や抱え屋敷が多く、上屋敷は現・青山学院大学である伊予西条藩松平左京大夫の屋敷ひとつしかない。上屋敷が少ないのは、江戸の中心から距離が離れていたためである。武家屋敷が並んでいるという点では御府内と一見同じだが、その構成は渋谷が江戸の周縁に位置していたことを物語っている。

一方農村的な様相を示すのは、絵図で上から左にかけて広がる渋谷川沿いの農地である。宮益坂は青山や赤坂とつながっていたため御休憩所がありにぎやかだったが、渋谷川を渡った先の道玄坂は田畑に囲まれていた。道玄坂地域がにぎわいを見せるのは明治後期以降のことである。

この絵図の範囲外だが、道玄坂のさらに先の駒場の様子は『江戸名所図会』に描かれている【2-6】。「道玄坂より乾の方、十四五町ばかりを隔てたり。代々木野に続きたる広原にして上目黒村に属す。雲雀、鶉、野雉、兎の類多く、御遊猟の地なり」

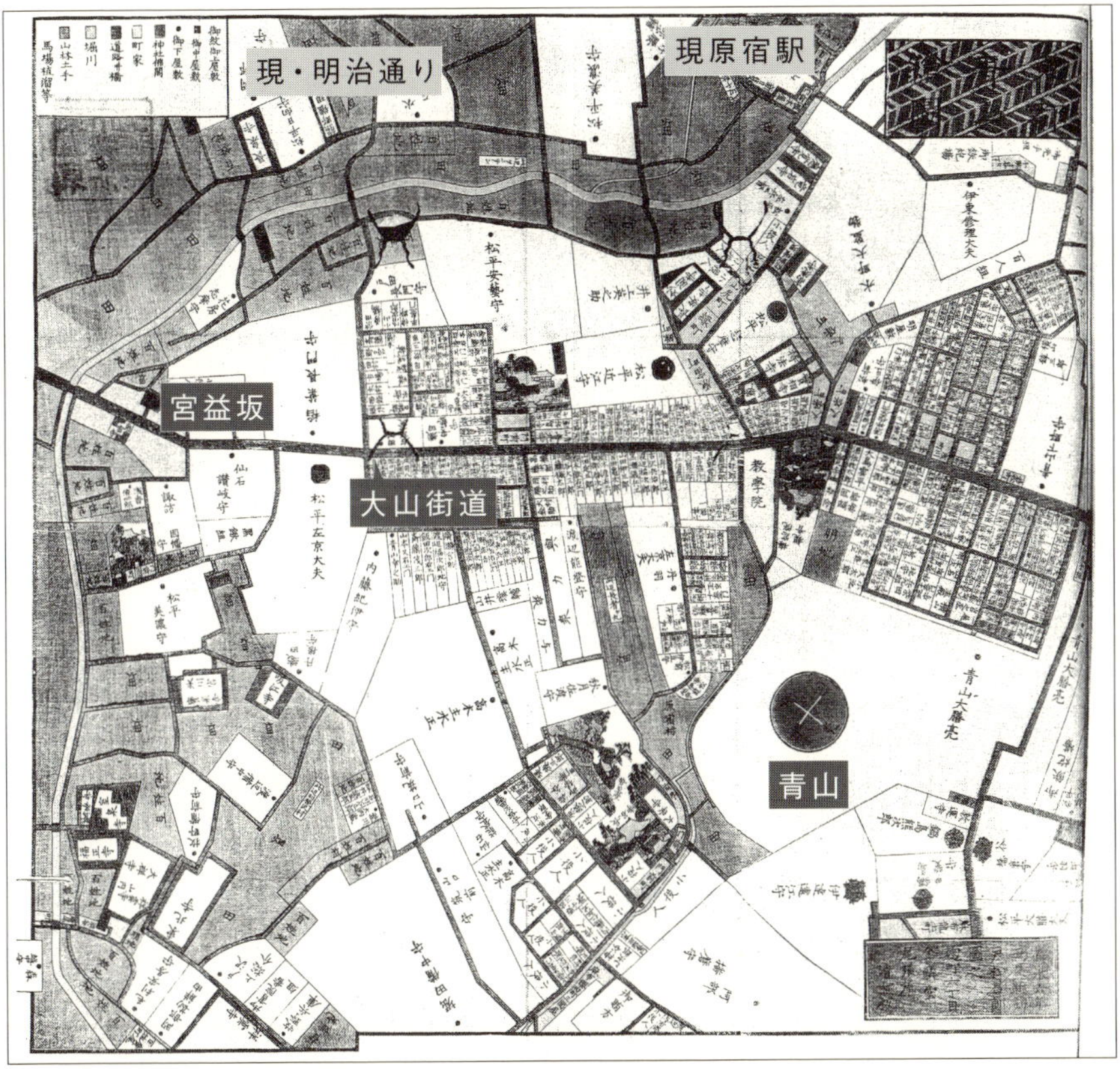

【2-5】1853年の渋谷・青山地区（『東都青山絵図』東京都中央図書館特別文庫室をもとに筆者作図）
青山通り沿いに大名屋敷が建ち並び、渋谷川沿いには農地が広がっている。

【2-6】江戸時代駒場野の鷹場（『江戸名所図会』）
現在の駒場のあたりには御鷹場があった。渋谷が江戸市中と郊外の接点にあったことの証。

道玄坂の先、つまり現在の駒場は野原であって、ヒバリやウサギのいる狩場であったということだ。駒場は将軍が鷹狩を行う御鷹場だった。徳川入府直後に幕府所有の官林となり、1716（享保元）年には将軍専用の狩場、放鷹の地となっている。御鷹場は八代将軍吉宗の治世に再編され、その分布は江戸近郊に多い。渋谷のすぐ隣に御鷹場があったということは、渋谷が江戸の周縁に位置していたということを示している。

このように江戸時代の渋谷の東側には、青山や麻布からの延長で大名屋敷が建ち並び、都市的な様相を見せていた。その一方で渋谷の大部分は江戸の周縁部に位置していたという地理的特性から、農村としての姿もとどめており、郊外的な要素ももっていた。この両者の特徴を併せもっていたことこそが、明治以降日本有数の繁華街へと成長するキーとなる。

近代の渋谷

1868（明治元）年、江戸が東京に変わり元号が変わっても、明治初期の渋谷はまだまだ農村的な様相を色濃く呈していた。新生東京府の行政区域も旧江戸奉行支配の範囲とあまり変わらず、渋谷地域はそのほとんどが武蔵県知事の支配下に置かれていた。1878（明治11）年になって、ようやく渋谷の町地がすべて区部に編入され、町割りは紆余曲折を経て、1889（明治22）年の市区町村制の施行をもってほぼ現在の形に落ち着く。そして1909（明治

【2-7】明治末期の茶畑（白根記念渋谷区郷土博物館・文学館）
政府の桑茶政策によって、荒廃した旧大名屋敷は茶畑や桑茶畑に生まれ変わった。

42）年1月1日、渋谷は村から町へと改称された。

時代の大きな転機を迎え、東京の街の様相は激変した。市中の約3分の2を占めていた武家地はすべて明治新政府に没収され、荒廃した。青山の美濃郡上藩青山大膳亮の屋敷地も、売りに出されたが買い手がつかず、結局墓地になり現在に至っている。渋谷の大山街道沿いの旧武家地も一度は荒廃するが、新政府の殖産興業政策の一環の桑茶政策により、桑畑や茶畑へと変貌した。江戸時代には都市的だった土地まで、農村的な様相を呈し始めたのである【2-7】。さらに北海道開拓政策の一環として、西欧先進諸国の新しい農業・牧畜研究のための、いくつもの官用地が設けられた。こうして明治から大正期にかけて、渋谷は農業の最盛期を迎える。渋谷川を利用した水車業も発達し、最盛期には区内で40か所以上の水車が稼働していたという。さらに渋谷西南部の西原や富ヶ谷のあたりにはいくつか牧場が新設され、明治後期から大正初期にかけて搾乳業が急速に発展した【2-8】。1903（明治36）年に牛乳搾乳業に規制がかかり、東京中心部の業者が移転してきたためである。移転先に渋谷が選ばれたのは、農地が多くあったこと、さらに中心部への運搬距離の問題から、巨大消費地東京に接しているという地の利のよさを買ってのことである。

明治期の渋谷に農地が広がっていた様子は、江戸時代の風景と一見変わらない。しかしこの農地の性格は大きく異なる。江戸期の農地は自給自足のための自然発生的なものであったのに対し、明治期の農地は大都市圏の経済活動で計画的に生み出されたものだ。明治期の渋谷は一見郊外の農村的な様相を呈して

【2-8】明治末期の常磐松と御料乳牛場（白根記念渋谷区郷土博物館・文学館）
明治後期以降、渋谷区には牧場がいくつも建設され、搾乳業が急速に発展した。

いたが、実は都市の経済活動に徐々に組み込まれており、その本質は多分に都市性を帯びていたのである。

明治期の渋谷には、もちろん農地だけでなく近代的な市街地もでき始めていた。そのきっかけとなったのは、1909(明治42)年の陸軍代々木練兵場の新設である。東京中心部の近代化に伴い、中心部の軍用施設が周辺部へと移転してきたのである。この練兵場は日本で初めて飛行機が飛んだ場所だといわれる。戦後はアメリカ軍に接収されアメリカ軍の宿舎敷地・ワシントンハイツとなり、東京オリンピックでは選手村として戦後の日本の歴史を体現し、歩んできた。その記憶を現在に伝えるのは道端に立つ小さな碑のみだ【2-9】。練兵場ができたことで、軍隊の通路となる道玄坂一帯が活気を帯び始めた。軍人官吏や御用商人などが道玄坂を中心とする地域に移動してきたのだ。同年には道玄坂に電燈が灯り、この頃から露店が出始める。商店街としての道玄坂の誕生である。

渋谷に初めて駅ができたのは、現在の山手線の前身、日本鉄道品川赤羽線の開通した1885(明治18)年のことである。鉄道の敷設にあたっては、田畑がとられるといった敷地の利権問題や、汽車の吐く煤煙によって農作物が荒らされる、といった農業環境で大変もめたようだ。最終的に線路は渋谷川沿いに敷設され、駅舎も現在の渋谷駅から300mほど南に寄った、現在の埼京線のホーム付近に建設された【2-10】。駅が街道の南側に設けられたため、町の発展も次第に上渋谷と中渋谷が中心となっていく。

鉄道敷設は、新宿でも同じように多くの反対にあった。その結果、新宿駅も

【2-9】陸軍練兵場の碑(2008年8月筆者撮影)
旧陸軍代々木練兵場の記憶を現在に伝える小さな碑。ワシントンハイツ、東京オリンピックの選手村として、戦後の歴史を刻んできた場所。

宿場の内藤新宿からは１㎞も離れた、甲州街道と青梅街道の中間に設置されている。当時付近に民家は一軒もなく、周りは畑と森であったという。現在の原宿駅付近には、鉄道敷設に伴う現状との齟齬の解決策の名残を見て取れる場所がある。原宿駅の南側、渋谷寄りのところに架かる「水無橋」という一風変わった名前の橋だ【2-11】。橋の下には山手線が走っている。現在は２００６（平成18）年に架けかえられた新しい橋がかかっているが、一代目水無橋は明治時代に架けられた跨線橋だ。青山から代々木方面に向かう唯一の幹線道路が、日本鉄道によって切られてしまうことに対する苦肉の策だった。このように各地で紆余曲折を経て敷設された日本鉄道が複線化、電化され、山手線となるのはもう少し先のことである。

１９０７（明治40）年の玉川電車の創業を契機に、渋谷駅は次第にターミナルとしての性格を帯び始める【2-12】。１９１１（明治44）年には東京市電が青山方面から渋谷へと敷かれ、目黒や世田谷との交通時間が格段に短縮された。さらに明治後期から大正期には、東京郊外のベッドタウン化に伴い郊外へつながる電車がいくつも敷設された。こうして渋谷は日本有数の乗降客数を誇る一大ターミナルへと変貌し、駅周辺は一大商業地へと生まれ変わった。明治後期以降における渋谷の都市化は東京郊外の発展に支えられたものだった。それゆえ渋谷はある意味で江戸時代と同様に、郊外に住む人たちにとって、東京への入り口としての機能をもつ街だった。

【2-10】明治42年頃の渋谷駅（白根記念渋谷区郷土博物館・文学館）
日本鉄道敷設の際に農業環境でもめた末、駅舎は現在の埼京線のホーム付近に建設された。

日本一の繁華街へ

ターミナルとなってからの渋谷の変化はめざましい。明治後期には人口流入地域となり、かつて武家地であった東側一帯も、またたくまに農地から宅地へと変貌した。明治13（1880）年と42（1909）年の地図を比較してみると一目瞭然だ【2-13】【2-14】。地図の中央右側から左下にのびているのが大山街道、右下から左上にのびているのが渋谷川であるが、明治13年の時点では全体的にまだ畑が目立つのに対し、明治42年の地図では、駅周辺を中心に市街地化が進んでいる。駅を中心とする一大商業地域の形成が始まっており、昭和初期の地図からは農地が跡形もなく消えている。かつての江戸の片隅の小さな村が、日本有数の繁華街へと変貌を遂げたのだ。

古代、中世には、武蔵野台地にある農村のひとつにすぎなかった渋谷。江戸時代には大都市境界部の一農村として、江戸と郊外とを結ぶ中継地となった。そして明治以降の100年間で渋谷はめまぐるしい近代化を経験し、その様相は大変貌を遂げる。明治には徐々に東京の経済圏に組み込まれ、その近代的発展を支えた。大正期に入ると、東京圏の発展に伴いターミナル的性格を強めていった。そして昭和を迎え、渋谷は一気に日本有数の繁華街へと脱皮し、戦後、若者の街渋谷が誕生する。

しかし渋谷の本質は江戸時代から現在まで変わらない。大都市江戸・東京の入り口に位置しているという地理的特性から、郊外性と都市性を併せもつ街

【2-11】水無橋（2010年1月筆者撮影）
明治期の鉄道敷設に伴う現状との齟齬の解決策、跨線橋。現在架かっている橋は、2006年に新設された。

だった。この周縁性をもち続けていたことこそが、めまぐるしい近代化への布石にほかならない。

現代の渋谷にもその周縁性は脈々と受け継がれている。ベッドタウンから電車を乗り継ぎ、東京への入り口である渋谷の地を踏んださまざまな人たちは、東京中心部の目的地へ向けて渋谷の上を通り過ぎていく。渋谷を貫く3本の大通りを行きかう車の流れは昼夜止まることがない。かつて旅人が江戸から地方へと歩みを進めたこの道を通って、東京に大量のヒトやモノが送り込まれ続ける。

渋谷の根底を脈々と流れる周縁性におびき寄せられるかのように、今日も多くのヒトやモノが渋谷に集い、思い思いの地へ流れていく。周縁の力が花開くまで、渋谷は江戸・東京の片隅で、何百年もじっと機をうかがい続けていたのだった。

【2-12】明治40年頃の玉電渋谷駅付近（白根記念渋谷区郷土博物館・文学館）
1907年創業の玉川電車の駅付近の様子。これ以降、渋谷は都市と郊外を結ぶターミナルとしての性格をもちはじめる。

【2-13】明治 13 年の渋谷（『帝国陸軍測量部による測図』国土地理院所蔵）
まだ鉄道は通っておらず、全体的に畑が目立つ。

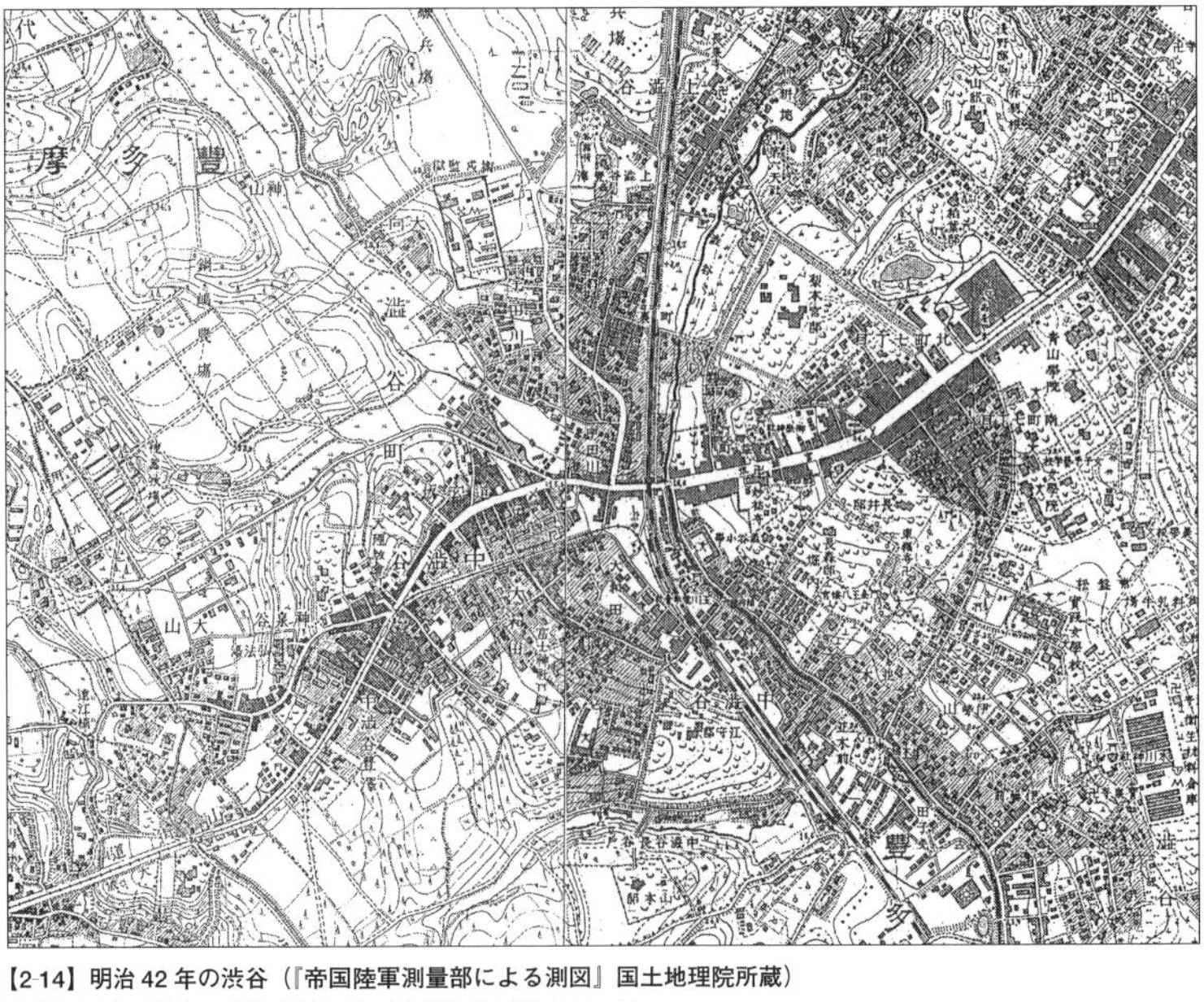

【2-14】明治 42 年の渋谷（『帝国陸軍測量部による測図』国土地理院所蔵）
南北に走るのが JR。駅周辺を中心に市街地化が進んでいる。

【参考文献】

石川英輔『江戸空間　100万都市の原景』コナミ出版、1987年
大濱徹也、吉原健一郎編著『増補版 江戸東京年表』小学館、2002年
河村茂『日本の首都江戸・東京　都市づくり物語』都政新報社、2001年
佐藤昇『渋谷区史跡散歩　東京史跡ガイド13』学生社、1992年
渋谷区区制施行70周年記念事業準備会『図説渋谷区史』渋谷区、2003年
渋谷区教育委員会『渋谷の記憶　写真でみる今と昔』渋谷区教育委員会、2007年
渋谷区教育委員会『渋谷の記憶II　写真でみる今と昔』渋谷区教育委員会、2009年
渋谷区編『新修　渋谷区史　上巻』東京都渋谷区、1966年
陣内秀信『東京の空間人類学』ちくま学芸文庫、1992年
鈴木理生『江戸はこうして造られた　幻の百年を復原する』ちくま学芸文庫、2000年
鈴木博之『日本の近代10 都市へ』中央公論新社、1999年
竹内誠編『東京の地名由来辞典』東京堂出版、2006年
近松鴻二「都市江戸と地図」『別冊歴史読本第52号江戸切絵図』新人物往来社、1994年
内藤昌『江戸の町　巨大都市の発展』草思社、1982年
正井泰夫『城下町東京　江戸と東京との対話』原書房、1987年
鈴木理生編著『東京の地名がわかる事典』日本実業出版社、2002年

3　都市の萌芽

亀井由紀子

常春のシブヤ

今日もシブヤは混沌としている。スクランブル交差点の人々は、冬の間卵の中でじっと過ごした小さな虫たちが、春の訪れと共にいっせいに外の世界へ飛び出すかのような騒ぎで行き交っている。例えるなら、シブヤは年中うごめく、春だ。彼らは、その旺盛な食欲でシブヤを一心にむさぼり食っているように見える。彼らは一体どこから湧いて出て、どこに向かおうとしているのか。ハチ公は、こんな人いきれの中、主人を迎えに行ったのだろうか。いや、今、冷たく佇むハチ公が眺めているものと、その4本の脚で歩みながら目にした景色は、大きく異なっている。関東大震災の年に生まれ、翌年から現在の東急百貨店本店周辺の家で暮らしたハチ公であったが、その頃まで、ハチ公の家からほど近い現在の国学院大学付近一帯には乳牛場が広がっており、そこで牛がのどかに草を食み、その乳をしぼり暮らした人々がいたほどだったのだ【3-1】【3-2】。

シブヤの都市膨張

この一大変化に誘う仕掛人がいたのはご存じだろうか。物語の主人公となるのは、五島慶太と堤清二、ともに東京急行電鉄、セゾングループという大企業の総帥だ。東急系の東急東横線・田

【3-1】大正末期の日本鉄道（白根記念渋谷区郷土博物館・文学館）
ハチ公が渋谷にやって来る４年前に建てられた駅舎。駅の周りにはまだ人がまばらにしか見られない。

【3-2】大正時代の羽衣舎牧場 (白根記念渋谷区郷土博物館・文学館)
写真は現在の渋谷区スポーツセンターにあった羽衣舎牧場のもの。乳牛場は代々幡方面に最も多く存在した。

園都市線・109・QFRONT・東急百貨店・Bunkamura・東急ハンズ……、セゾン系のパルコ・西武渋谷店・無印良品・ロフト・スペイン坂……彼らの刻印は、シブヤのいたるところに見られる。それらはすべてが両名一世代で築かれたわけではないが、シブヤが現在の若者の中心地としての地位を築くまでの大きな2つの段階をもたらしたのが、この2人であった。すなわち、1934(昭和9)年の東横百貨店(現東急百貨店東横店東館)の開業と、1973(昭和48)年のパルコ開業である。前者によってシブヤが圧倒的な集客力を持ち得、後者によって若者の聖地というイメージを確固たるものにした。これらの転換期を中心に、シブヤを巨大都市に育てた2人が夢見て現実化させたものを追ってみよう。開発者たちの目からシブヤを覗いた時、そこには何が映るのだろうか。

シブヤの発展は、鉄道の開通と深く関係している。シブヤに最初に鉄道が開通したのが1885(明治18)年のことであった。当時はまだ周囲に田畑を残していた渋谷駅だったが、1907(明治40)年に玉川電気鉄道(現東京急行電鉄)が乗り入れたのを機に、東京市電、東京横浜電鉄(現東京急行電鉄)、帝都電鉄(現京王井の頭線)などつぎつぎに新しい鉄道が敷設され、徐々に都市と郊外を結ぶターミナル駅として発展することになる【3-3】。

渋沢栄一が立ち上げた田園都市構想。これは、都市の膨張とともに自然が失われる結果、人間生活が精神的にも肉体的にも不健康となるのを解決するため、職場となる大都会と直結する緑豊かな場所に住むというもので、イギリスのエベネザー・ハワードが1898年に提唱した田園都市構想がもとになっている。

【3-3】玉川電鉄渋谷駅(白根記念渋谷区郷土博物館・文学館)まだ簡素だった1922(大正11)年の路面電車の駅舎。69年には首都高や地下鉄建設により、現在の世田谷線を除き廃線となる。

この頃、東京は急激な人口増加で住宅不足が深刻となっており、東京郊外の開発に取り組む必要があった。そこで渋沢は土地を開発するため1918（大正7）年に田園都市株式会社を設立し、鉄道敷設のために荏原電気鉄道を立ち上げたのであった。そこへ、1923（大正12）年に関東大震災が起こる。渋沢の息子の秀雄は、「あの震災で都心から郊外に移るという気分が東京市民に勃興してきた。そして田園調布を売り出したのがその年11月。俄然売れ行きが良くなった。会社にとっては地震さまさまだった」と回想している。田園都市計画地であった洗足には震災当時、既に40軒ほどの住宅が建てられていたが、1軒も壊れなかったため田園都市の安全性を宣伝する絶好の機会となったのである。さらに荏原電気鉄道の後身である目黒蒲田電鉄株式会社が建設を進めた目蒲線が、震災からわずか2か月後に蒲田まで全通した。人口膨張と震災の相乗効果によって、田園都市の分譲地は瞬く間に売れ、郊外から都心に通うサラリーマン像が徐々に形成されつつあった【3-4】。

慶太のシブヤ開発

1922（大正11）年、40歳の五島慶太は荏原電気鉄道の専務に就任した。その2年前まで鉄道院に勤めていたものの、当時倒産寸前だった武蔵電気鉄道の再建のためヘッドハンティングされ事業の世界に入ったばかりだった。武蔵電気鉄道は1906（明治39）年に設立され、5年後には広尾の天現寺橋から横浜の平沼へ至る本線と、荏原郡調布村と蒲田を結ぶ支線について敷設の免許

【3-4】大正時代の渋谷駅ホームの乗客（白根記念渋谷区郷土博物館・文学館）
渋谷駅にごった返すサラリーマン達。1927（昭和2）年には東京横浜電鉄東横線が開通し、さらに人が増える。

を取得したが、第一次世界大戦による不況の余波を受けて資金調達できず、工事が進まない状況にあった。そこからさらに阪急グループの小林一三の推薦によって、素人ばかりで経営不振だった荏原電気鉄道に引き抜きがかかったのだった。慶太の生い立ちを拾ってみるならば、長野県の寒村に百姓の子として生まれたが、人一倍負けん気が強く腕白で、勉学に熱心であった。家庭に経済的余裕がなく、代用教員で金を貯め東京高等師範学校（現筑波大学）で勉強後、英語教師となるが飽き足らず東京帝国大学（現東京大学）に入り直し29歳で卒業、官僚となる。金がなければ自分で稼ぐしかないという事業精神と逆境に屈しない生き方は、こうした過程を経て形成されたものだ。

震災による大きな収益で、慶太は一気に事業を拡大する。武蔵電気鉄道を買収し、東京横浜電鉄と改称した。東京の人口増加もさらに進み、1934（昭和9）年の東横百貨店開業に漕ぎ着ける【3-5】【3-6】。当時、各鉄道路線を合わせて渋谷駅で乗り降りする客は1日20万人、シブヤを通過する人間は1日10万人、計30万人の行き来を利用して、慶太は鉄道と百貨店で膨大な人の流れを受け止め、シブヤを東京横浜電鉄の「米ビツ」にするという野望に燃えていた。鉄道会社が百貨店を経営するという手法は小林一三に倣ったもので、百貨店建設が社内で決議されると社員6人を阪急に研修派遣した。小林の思想は、百貨店経営に留まらず、慶太の根幹に脈々と流れることになる。

東横百貨店が開業したことで、シブヤの街のイメージは一変した。シブヤがターミナル駅の性格をもつにつれて徐々に街は繁華街の様相を帯びるように

【3-5】開業当時の東横百貨店（白根記念渋谷区郷土博物館・文学館）
慶太が建てた渋谷初の百貨店。ここでの買い物は、当時の人々にとってステイタスシンボルであった。

なってきてはいたが、いまだ通過地点であって、シブヤを目的地として訪れるような街ではなかった。そうした中での百貨店開業である。既存の百貨店が巨額の広告費を払い、高級なイメージで東京全域から集客することを目的としたのに対し、東横百貨店の経営方針は、渋谷駅乗降客にターゲットをしぼり、食料品や雑貨などの廉価な日用品、付近に学校が多いことを考慮した文房具など、生活に必要なすべてのものを揃える場所となることに焦点があったが、むしろ高級品を入手できる場所として人々の憧れの的となり、そこで買い物をすることは一種のステイタスともなった。当時の実践女子専門学校の生徒の回想を辿ってみると、その様子がよくわかる。「昭和の始めに開通した東横線でやってきた田園調布あたりの令夫人や令嬢が、東横百貨店でさまざまな高級品を買ってゆく光景を目にして、娘心にうらやましく感じていたのでしょう。……（中略）……友人とお揃いの青いリボンのついたパナマ帽を買いました。当時ビルと呼べるただ一つの建物だった、真新しい七階建ての百貨店から出てきた時には、私はもういっぱしのお嬢さん気取りでした」。

新宿には既に三越や伊勢丹が百貨店を開業していたのに対し、発展の一途をたどるシブヤにも百貨店を開業しようとしたのは、自然な流れだったかもしれない。１９３７（昭和12）年に日中戦争が勃発すると、国内の物不足により物価が高騰したのを受けて在庫品が値上がりしたため利益が上がり、さらに軍需景気の追い風を受けて購買力が増加し、他に競争相手がいないことも重なって、売り上げは飛躍的にのびたのであった。しかしその後、価格等統制令（九・一

【3-6】現在の東急百貨店東横店（2010年1月筆者撮影）
1967年に渋谷区立大向小学校の跡地に東急百貨店本店が開業し、東横百貨店は東急百貨店東横店と改称した。

八停止令）により商品の値上げが制限されたにもかかわらず原材料価格には規制が及ばなかったことや、奢侈品等製造販売制限規則（七・七禁止令）の公布で既存商品の製造自体に制限が設けられたこと、戦争の長期化に伴う消費規制の方針から、百貨店法によって開店時間が縮小されるといった販売抑制策が進められたことなどで打撃を受けながら、戦争の波に飲み込まれていく。

慶太王国の繁栄

１９４５（昭和20）年５月、シブヤは東京大空襲で焼け野原となった。24日には約２時間にわたりＢ29約２５０機が東京でまだ焼け残っていた西部を爆撃し、渋谷駅付近にも大型１００ポンド焼夷弾が落とされている。さらに翌25日に再度Ｂ29約二百数十機が少数機編隊で低空から焼夷弾攻撃を行うと、強風によって一大火災が起こったために、渋谷区では76・85％が焼失し、残ったのは猿楽周辺、松濤、西原、大山、上原、初台の一部のみであったという【3-7】。

生活や産業、商業のあらゆる方面において終戦後はその機能が麻痺したが、慶太はいち早く復興に手をつけた。慶太もまた戦火で事業に大きな打撃を受け、2番目の息子を戦死させたが、終戦の翌年には東横百貨店の３、４階を使って映画や軽演劇の一大殿堂を造ろうと、一挙に６館を開業した。戦前には既に、これまた小林一三の影響を受けて東横映画株式会社（現東映株式会社）の名で映画館経営に乗り出しており、都内に６館展開していたが、戦火ですべて焼失

【3-7】東京大空襲後の渋谷（渋谷区『区制70周年記念 図説渋谷区史』２００３年）
１９４５年の東京大空襲によって渋谷区の大部分が焼失し、慶太が築いた鉄道や百貨店も大打撃を受けた。

してしまった。戦後、映画はすさんだ大衆の心を癒す上に日銭が入るということで、今やるべき事業は映画をおいて他にはないとにらんだのであった。娯楽に飢えていた戦後の混乱期にあって劇場は大盛況となり、瀕死の東横映画を蘇らせると同時に、シブヤに明るさを取り戻すのに一役買った。その後1954（昭和29）年には、各種交通機関を統合する施設として東急会館を建設した。このビルは当時日本一の高さを誇り、まだ木造1、2階建ての建物が多かった中で異彩を放ち、シブヤの近代化の一端となったとも言われる【3-8】。その2年後には坂倉準三の設計で東急文化会館を建てているが、映画館や店舗が入った本体と渋谷駅を歩道橋で結び、日本初のプラネタリウムを備えたこの建物を小林一三が感心したと言って、慶太は回想の中で自身の手腕を披露している【3-9】。

清二の挑戦状

東急の牙城となったシブヤに新たな風が吹き込んだのは、1968（昭和43）年、西武百貨店渋谷店の開業によってであった。計画を進めたのは堤清二で、父である1882（明治15）年生まれの西武創始者・康次郎と、1889（明治22）年生まれの慶太とは、ともに小林一三の影響を受けた相似形の事業展開によって、互いに強いライバル意識の下で熾烈な競争を繰り広げてきた関係にあった。2人の事業の違いを挙げるならば、康次郎が電車の終点の先に拓かれたリゾート地の開発を中心としたのに対し、慶太は鉄道路線の伸長と住宅開発

【3-8】東急会館周辺全景（宮田道一・林順信『鉄道と街・渋谷駅』大正出版株式会社、1985年）
当時日本一の高さを誇った東急会館（1954年）。小規模な木造建築が多い中で飛び抜けて大きなビルは人々を圧倒した。

をひとかたまりにした経営に重点を置いたと言われる。2人の対立は、箱根で康次郎が開拓した自動車専用道路に、慶太がバス路線を申請したことから起こった「箱根山戦争」を頂点に長年根深いものがあった。当時の新聞は「〝強盗慶太〟と〝ピストル堤〟の箱根山戦争」という見出しを付け2人の争いを煽った。

五島慶太をもじった「強盗慶太」の名が流布し始めたのは、昭和13年から15年にかけてのことで、三越の吸収を企て、東京地下鉄道の株を買い占めた頃だった。慶太自身も「私も多い時は120から130ぐらいの会社に関係した。それを合併したり、統合したりしたのである」と述べているように、池上電鉄を皮切りに、怒濤のような買収、合併事業が繰り広げられた。慶太はこの異名をまったく意に介さず、「とったものは元に返して社長にしているよ。京浜の田中にしても小田急の安藤にしてもそうだ」と言い、乗っ取られた側はさほど不満に思っていないはずだとしている。

一方で康次郎が「ピストル堤」とあだ名されたのは、ピストルを持ち歩いたからではない。既存企業を買収し、箱根・伊豆開発の拠点にしようとの考えで駿豆鉄道の株を買い占めそのまま乗っ取る計画のある日、康次郎の私邸にひとりの男が駿豆鉄道の株を売ってもらいたいとやってきたのであった。それを断った翌日、黒塗りの車で乗り付けたこの男がピストルを撃ち放ったのだった。弾丸は康次郎の首筋をかすめたが、それにもひるまない康次郎に対して男は「いい度胸だな……」と言って立ち去った、という逸話からきている。この話に象

【3-9】1961年、渋谷駅南口から見る東急文化会館（池田信撮影・毎日新聞社提供）建築家の坂倉準三が設計し、日本初のプラネタリウムが設置された。2010年1月現在、再開発計画が進行中。

徴されるように、康次郎も慶太と同じく買収と土地開発事業にのめりこんでいく。本格的に土地開発に乗り出し始めた1918（大正7）年頃、康次郎はシブヤでも富豪や華族の所有していた大邸宅を宅地として分譲するために買い取ったが、1923（大正12）年の関東大震災で下町が壊滅状態となったため、下町の有名店を招致して「百軒店《ひゃっけんだな》」の名で商店街を作った経緯がある。

その後、康次郎時代に西武に関してシブヤで目立った動きはなく、息子清二の西武百貨店シブヤ進出に引き継がれる。清二は、康次郎と当時内縁関係にあった青山操（1955年に康次郎妻として入籍）との間に生まれた。慶太が妻を亡くして後に再婚しなかったのとは対照的に、康次郎は5人の女性との間に5男2女をもうけたが、このことはその後の父への反抗、東京大学経済学部入学後の左翼運動、文筆活動につながり、清二の強靭かつ独特な発想のもとになったとされる。大学卒業後は西武ではなく『新日本文学』編集部に職を選んだが、結核による長期の療養生活や東京大学文学部入学、康次郎の衆議院議長時代の秘書を経て西武百貨店に入社し、翌年から取締役店長として百貨店経営を任されることになる。当時、西武百貨店はまだ池袋という地の一地方百貨店であり、一流百貨店の座を獲得するのはその後の清二の活躍によるものである。

西武百貨店渋谷店開業のきっかけはシブヤの慶太の手による映画館の閉鎖で、いつまでも池袋だけに留まっていては一流百貨店のセンスを育成できないと考えていたとされる清二にとって、シブヤは日本橋や銀座の流行をつかみ、しかも商勢圏内人口は新宿や池袋に比べて多いにもかかわらず百貨店は東横百貨店1店のみという好条件にあった【3-10】。一方で、当時シブヤは急速に斜陽化し、1964（昭和39）年の東京オリンピックに合わせて全通した地下鉄日比谷線によって、住宅街から都心に直接交通の便が開けたことでシブヤのターミナルとしての意義も変化するなど逆風もあった。しかし出店を決意した清二は、康次郎と慶太の対立解消から着手し、64年には慶太の息子で東京急行電鉄社長の五島昇との間に、西武百貨店のシブヤ進出の承認と、東急・西武の共存共栄をうたった協定書を作成している。その後68年に慶太の手がけた映画館のあとに、西武百貨店渋谷店を開業させ、東横百貨店の客を吸収するべくさまざまなイベントを行った。だが、売り上げはのびず、パルコにその役割を譲ることとなる。

清二王国の台頭

渋谷パルコの土地はもともと、西武百貨店渋谷店の駐車場として購入し、折からのボウリングブームに乗って、ボウリング場を建設する構想にあった。ただしこの計画は短期間で消え、代わりに、池袋で成功したパルコの権威を確固たるものにしたいという清二の思惑の下、ファッションの先進地・シブヤでのパルコ開業が計画されたのであった。しかし、駅から遠いという立地条件の悪さが制約となっており、それをカバーするため打ち出されたのが、西武劇場を鍵とするイメージ戦略と「街づくり」構想であった。

パルコ最上階に入れた劇場を、本体に先駆けてむりやり1973（昭和48）年に開業したのであったが、この劇場が功を奏し、74年に上演された木の実ナナ・細川俊之主演のミュージカル「ショーガール」が若者に支持され、88年まで連年上演されるのと並行してパルコ支持者も増えていった。また、この頃か

【3-10】1951年東急百貨店屋上から宇田川町方面を望む（沿線誌『とうよこ沿線』NO.36「渋谷特集」から転載）
西武百貨店建設前の映画館の付近。慶太が手がけた東映系の映画館が閉鎖した後、同じ場所に清二によって西武百貨店渋谷店が建設された。

らテレビ放送の会場となっていた渋谷公会堂や小劇場「渋谷ジャンジャン」への来客もあって人通りが増え、戦前に「練兵場通り」と呼ばれ、戦後には小さなビルや個人宅が建ち並ぶようになっていた坂道は、ファッションビルや飲食店へと姿を変え、いつしかイタリア語で公園を意味するPARCOにちなみ、「公園通り」と称されるようになる【3-11】【3-12】。

続く75年にパルコPart2が開業すると、公園通りは歩道が拡幅され電話ボックスが設置される。馬車パレードを開催、ネオン広告は第28回広告電通賞の屋外広告電通賞を受賞、井の頭通りからパルコへ通じる坂道を「スペイン坂」と命名し、南欧風の店舗群づくりを進めるなど精力的にイメージ戦略を展開し、昇が78年に東急ハンズを開業させる頃には『サンデー毎日』が「今、若者にいちばん人気のある街は、東京・渋谷の公園通りである」と報じるまでになったのである。

巨大混沌都市の産声

公園通りの開発に対抗して1979(昭和54)年にできたのが現在のシブヤの代名詞とも言うべき「ファッションコミュニティ109」(現「SHIBUYA109」)であった。これは東急百貨店本店へと続く文化村通りに人の流れを変える作戦に打って出た慶太の息子、昇の手になるもので、この頃から東急とセゾンの開発合戦が展開していく。セゾンが85年から88年にかけて毎年THE PRIME、西武SEED館、ロフト館(現渋谷ロフト)、クアトロ・バイ・パルコ

【3-11】戦前の公園通り(白根記念渋谷区郷土博物館・文学館)
1922(大正11)年頃の公園通り、パルコ前付近の写真。婚礼の様子を写したもの。代々木練兵場へと通じる道だった。

（現パルコクアトロ）と完成させていけば、東急は86年から90年にかけてONE-OH-NINE、109-2、Bunkamura、東急百貨店東横店・別館１２３を立ち上げる、といった風だ。99年には、シブヤがテレビ放映されれば必ずスクランブル交差点の背後にそびえるようにして映ることになるQFRONTが出現する。これらの周辺も店舗群で埋め尽くされ、新たな店が目まぐるしく現れては消えるのを繰り返し、それを求めて人々が集い、こうして現在の巨大な混沌都市が生まれたのであった。

開発者たちの果てない夢

２００９年7月、東急電鉄は「渋谷新文化街区プロジェクト」として２０１２年の開業を目指し、かつての東急文化会館跡地を中心とした渋谷駅周辺の再開発の工事に着手した。東急電鉄のホームページには、東急文化会館をかつての「渋谷文化」の象徴とし、このＤＮＡを引き継ぎ、劇場やエキシビションホール、人材育成施設といった複合施設を建設することで、もう一度シブヤの象徴を生み出す決意が表明されている。また前年の２００８年にはシブヤと埼玉県の和光市を結ぶ東京メトロ副都心線全線が開通した。安藤忠雄設計による渋谷駅舎には、ホーム階からコンコース階に達する卵形の吹き抜けが設置された他、世界で初めて地下駅に機械を使用しない自然換気システムが採用された。２０１２年までには副都心線と東横線の相互直通運転が目指されており、現在工事

【3-12】現在の渋谷パルコ（2010年1月筆者撮影）パルコ内の劇場で上演されたミュージカルが大人気となり、パルコそしてシブヤに若者が集まるようになる。

が進められているが、これが完成すれば池袋・新宿・シブヤ・横浜が一本で繋がることとなる。駅周辺の開発事業の完成とともに、また大きな話題となり人々を惹き付けるであろう。こうして現在のところシブヤの改造は終わることなく続けられ、開発者たちの夢とともに今日もシブヤはうごめき眠らない。

【参考文献】
猪瀬直樹『土地の神話』小学館、1988年
沿線新聞社『東急外史　顔に歴史あり』1996年
上之郷利昭『西武王国――堤一族の血と野望』講談社、1982年
北原遼三郎『わが鐵路、長大なり　東急・五島慶太の生涯』現代書館、2008年
五島慶太『事業を生かす人』有紀書房、1958年
駒津恒治郎『五島・堤風雲録』財界通信社、1959年
渋谷区『区制70周年記念 図説 渋谷区史』渋谷区、2003年
渋谷区教育委員会『渋谷の記憶　写真でみる今と昔』渋谷区教育委員会、2007年
渋谷区教育委員会『渋谷の記憶II　写真でみる今と昔』渋谷区教育委員会、2009年
渋谷区商店会連合会創立40周年記念実行委員会『渋谷の街のあゆみ』渋谷区商店会連合会、1991年
杉本寛一編『東京横濱電鉄沿革史』東京急行電鉄株式会社、1943年
筑井正義『日本財界人物伝全集　別巻一　堤康次郎伝』東洋書館、1955年
渋谷区企画室『渋谷は、いま』渋谷区、1982年
由井常彦編『セゾンの歴史　上巻』リブロポート、1991年
東急電鉄ホームページ企業情報〈http://www.tokyu.co.jp/contents_index/guide/news/090701.html〉

4 シブヤバブル建築

辻香

バブル回想録――わたしはバブル

1981（昭和56）年2月、中国人の装いは人民服から洋服へと変化し、ラジオからは四人組の裁判中継が流れていた。江青が「プーチーダオ《知りません》（不知道）」と連発している中、私は日本に帰国した。

その頃日本では、2度目の高度経済成長を迎え、バブルの恩恵を受けて誰しもがその陽気な日々に不安を抱かず、「消費」を楽しむ時代が始まっていた。私といえば北京への郷愁の気持ちからスケートをすることを求め、週末となると母とともに原宿駅に降り立ち、国立代々木屋内総合競技場のスケートリンクへとしばし向かった。明治神宮の前を過ぎ代々木公園にさしかかると、無数の円陣を組んだ人々が歩行者天国を埋め尽くし、大音量の音楽と人々の歓声が鳴り響いていた。通称竹の子族と言われるディスコダンスに興じる者達の集まりであり、ホコ天文化の幕開けである。それはまるで、文化大革命時代の紅衛兵のようであった【4-1】。

1980年代、シブヤに行くとなると、私たちはご多分に漏れずハチ公で待ち合わせをしていた。当時のハチ公は駅前広場の中心にあり、顔は北向きに配置され、待ち合わせはハチ公の鼻側か、しっぽ側にするか、決めておくのが常

【4-1】竹の子族（ヨッチャン／PIXTA〈pixta.jp〉）
ホコ天文化の幕開け。この後ロカビリー、ロック、パフォーマンスとジャンルも変化していく。代々木体育館を背景に。

識だった。その後のお決まり渋谷遊覧コースは、五島プラネタリウムで星の鑑賞をし、ボウリングをするかピンクドラゴンでkangolのハンチングをチェックするか、ＯＩＯＩ、パルコ、１０９に行き「カラス族」と呼ばれるハウスマヌカン達のものすごいセールストークにやられるというのが定番だった。

この時代のシブヤは、とかく文化的、趣味的なものに関する施設が多く建った。Bunkamura、ロフトがオープンし大人のカルチャーゾーンが出現し始め、シネマライズでは、ハリウッド映画ではない映画なども上演し「映画の街シブヤ」文化の礎のひとつとなり、他都市との差別化がされていった。

夜が更け、渋谷駅前では聖子ちゃんカット、キョンキョンカットの女子達や、肩からトレーナーをかけ、ケミカルウォッシュのジーンズをはき、髪型はチェッカーズか大江千里、足下は裸足に白のスニーカーを履く男子達が腰にサーフボードのキーホルダーをぶら下げながら、今晩はBig Appleにするか、LA・SCALAにするかと、スクランブル交差点から峰岸ビル（現在のQFRONT）のネオンを眺めながらディスコなるものに興じていた。

１９９０年代に入ると、80年代の恩恵を受け、「裏原宿」のお店の更新、ディスコの次なるアミューズメントはなにか、代官山同潤会アパートはどうなるのかというのが、当時の私の周囲の一般的な興味だった。円山町エリアでは、ON AIR、CLUB ASIAなどのライブハウスやクラブ、Dr.ジーカンスというゲームアミューズメントビルができ始め、正面から一歩入り込んだ場所に、シブヤのアソビ場は増えていった。「クラブ」という言葉が出始めたのもまさにこの時代。ウォーターフロントブームにより「ジュリアナ東京」が出てきたのもこの時期だが、シブヤは「クラブ」文化の火付け役とも言えるスタートを切る。当時の私たちは、すでに「シブヤ」での遊びからは卒業し、東急ハンズの「ハンズ大賞」やそこから横断歩道を渡った向こう側にある、宇宙百貨を中心とするチチカカなどが並ぶ雑貨屋と、ART WAD'Sギャラリーへの関心が高まっていた。雑貨ブームにのって代官山同潤会アパートにも足を伸ばし、昭和のレトロな空気を感じていた。

ここまでがバブルの最盛期と言われる時代の思い出であり、このあと徐々に不況の空気が日本全国に流れ始める。が、シブヤでの生活では大きくその空気感を感じ取ることはなかった。普通に会社に出勤し、ランチや夕飯のために、ＢＥＡＭの中のバイキングレストランやその周辺にあるお店を回遊し、天気のいい日はヒルサイドパントリー代官山に行き西郷山公園でランチをいただく。そして夜はクラブかカラオケへと流れていた。

この頃の休日は、文化の匂いが香る松濤から東京大学宇宙航空研究所方面が、散歩コースであった。松濤美術館、ギャラリーＴＯＭ、鍋島公園から旧山手通りを抜け、近代文学館、民芸館へ。その道すがら、昆虫のような、見ようによってはレモンの断面が重なり合っているようにも見えるモニュメントビル「アーステクチャーサブ１」があり、その異様な姿は、今やこの地の名物と化している。

この頃に表参道ヒルズの計画がささやかれ始め、そして２０００（平成12）年、代官山同潤会アパートは姿を消し、代官山アドレスへと姿を変えた。

そして今や、シブヤの定番となった「コギャル文化」の皮切り「ルーズソックス」世代は、２０００年に入るとシブヤを卒業し、青山方面へとその活動の場を移動していった。表参道同潤会アパートの跡地「表参道ヒルズ」は２００６（平成18）年の竣工に向け、ブランドビルが林立し、表通りを好まないグループは、その一本裏側にある裏原宿へと行動範囲を広げていった。

一方で当事者のシブヤは、円山町にもさらなる変化が訪れる。ラブホテル街と称されていた円山町のメインストリートは、ランブリングストリートと名前が付けられた。音楽だけではなく、ミニシアターシネコン「Q-AX」もでき、終日この界隈で映画や音楽、食が満喫できる。「ラブホテル」のイメージであった円山町界隈が少しずつ変化をし始めた。

シブヤバブル文化史跡――宴の痕

都市が成熟を続けると、マチは頻繁に更新される。そこには、記憶も痕跡も何も残らないのだろうか。そしてそれを辿るにあたり、何かキーワードをつけるとしたら、それはなんだろう。50年のシブヤ――都市の成熟――を語り継ぐためのキーワードは「建築」と「道（ストリート）」ではないか、と思い立った。都市の成熟期、とりわけバブル期の80年代に焦点をあて、まずは自分の回想録をもとに、ひとつひとつ見つめてみたい。

シブヤ文化史跡として第1に挙げたいのは、「ストリート」の嚆矢、原宿・ホコ天。場所は、代々木公園脇東京都道413号である。原宿・ホコ天は2001（平成13）年9月1日に廃止された。80年代から90年代、2000人以上の竹の子族と観衆がライブパフォーマンスに興じ、その後のロックバンドブームの基礎を作っていた。その頃観客でいたイラン人達は、代々木公園に居住し、1993（平成5）年不法滞在による騒動があったことは記憶に新しい。1988（昭和63）年のイラン・イラク戦争終結後、イランでは、国内の経済が大きく低迷し、当時ビザなしで入国できる先進工業国であった日本へ、労働を求めて移動してきた。彼らは代々木公園を定住地としていたが、バブルがはじけカバブの露天とともに姿を消した。

第2は、2003（平成15）年に、団塊の世代そして70年前半世代の私たちに、最も衝撃を与えたのは東急文化会館【4-2】の解体である。それは五島プラネタリウムの終焉でもあった。現在は2012年の副都心線—東横線相互直通化とあわせて開業する「渋谷新文化街区プロジェクト」が進行している。2009（平成21）年7月1日東京急行株式会社ホームページでは、「かつての渋谷東急文化会館は、プラネタリウムや4つの映画館などで構成され、『渋谷文化』の象徴であった複合文化施設です。本開発計画は、この東急文化会館のDNAを引き継ぎ、中層部にはミュージカルを中心とした約2000席規模の劇場、街の新たな情報発信拠点となるエキシビションホール、クリエイティブ人材の育成を行うアカデミーからなる3つの文化施設を設置します。さらに、低層部には東急百貨店が出店し、高層部をオフィスとすることにより、文化・商業・ビジネス機能を充実させる予定です」となっていた。青春のプラネタリウムは、どこへ行ってしまったのか、と私は途方にくれた。だが、駅の反対側の桜丘町旧大和田小学校跡地の文化総合施設建築現場【4-3】（2010〈平成22〉年秋完成予定）に発見した。駅前の風景からプラネタリウムの丸い屋根が見えなくなることには変わりはないが、このシブヤに「プラネタリウム」は残り、桜丘の桜並木の山頂に丸い屋根が出現する。

第3にバブルシブヤディスコ文化の史跡である。

【4-2】渋谷東急文化会館（2003年11月村松研究室撮影）当時のデートスポットであった渋谷東急文化会館は、この数日後に渋谷から姿を消した。

バブル時代のスクランブル交差点の原風景は「DISCO Big Apple DISCO」のネオンが輝く峰岸ビル【4-4】だった。このビル内8階に「バブル回想録」内に記載した「Big Apple」が入り渋谷宝塚劇場も入っていた。1999（平成11）年にはQFRONTビルとなり、スクランブル交差点から見上げる風景は変わった。2000年にはツタヤが入り、ディスコのイメージであった渋谷から「映画／音楽文化渋谷」へと変化した。

「LA・SCALA」は、渋谷ジョイパックビル3階に入っていたディスコであるが、1992（平成4）年ヒューマックスパビリオン（若林広幸）として姿を変える。つまり、ディスコのイメージだったその場所は、1階にディズニーが入ったことで、突如ワンダーランドへと変化したわけである。

日本初のデザイナーズマンションと言われる「ビラシリーズ」にも、実はディスコが入っていた。1964（昭和39）年、ライフスタイルの変化に敏感だった興和商事株式会社はその最初のプロジェクトとしてビラ・ビアンカを作った。マンション自身の設計は堀田英二によるものである。その建物に入っていたディスコがCLUB D。ビラシリーズは、その後70年代にビラ・セレーナ（坂倉建築研究所）、ビラ・フレスカ（坂倉建築研究所）、ビラ・グロリア（大谷幸夫）、ビラ・モデルナ（坂倉建築研究所）、ビラ・ピコリーナ（坂倉建築研究所）が設計され、今もその人気は衰えていない。

そして第4にはDr.ジーカンス、BEAM（ワークショップ）の変遷から90年後半、ディスコに変わるアミューズメントを模索していたことが読み取れる。それらは現在もなお、活発に活用されている。現在では当時のプログラムとは

【4-3】建設中の複合施設屋上に建つプラネタリウム（2010年2月著者撮影）右のビルの敷地には、かつてヒルポートホテル（原広司＋アトリエファイ）が建っていた。

まったく異なるが、施設の使われ方からシブヤの脈々と流れる文化史を読み取ることができる。

最後に、2000年代を語る時に外せない表参道ヒルズと代官山アドレス。それぞれ表参道同潤会アパート、代官山同潤会アパート【4-5】であったことは、現在も一部残るその痕跡やショップの内容から伺うことはできる。ただ、その文化史跡としての価値は、まだ未知である。

急ぎ足で1980年から2000年にかけての、シブヤバブル文化史跡を書いてきた。ここでのひとつの結論は、ある地域の文化史跡は建築の姿になってから、最低でも15年以上の月日を要し、それを見つめ続ける歩行者の目があってこそ、その存在感を語り継ぐことができるのだということであろう。

バブル建築を語るということ

建築学科にいれば必ず一度は通る「建築史」。西洋建築史ではオーダーから始まりガラスと鉄の登場まで。日本では大仏様、和様、禅宗様、寝殿造りなどなど、小学校でも耳にする日本建築様式を学ぶ。ではここ50年の現代建築は一体なんなのだろうか。100年いや200年、1万年後、20世紀後半の現代建築はなんと呼ばれているのだろうか。

1999年、ハーバード大学美術館の展覧会がBunkamuraで開催された。その際、ハーバード大学美術館のキューレーター達から「日本では建築史から現代建築を語るキューレーターはいないのか」と聞かれた。わたしはこの話を

【4-4】渋谷ディスコ文化の象徴だった峰岸ビル（「My Favorite Things」の「YESTERDAY &TODAY」<http://homepage2.nifty.com/c5550/yesterday19.htm>2010年）
現在のQFRONTのある場所に建っていたビル。写真にはないが、この時代のスクランブル交差点の象徴は、「DISCO Big Apple DISCO」のネオンであった。

ことあるごとに建築史研究をしている修士の学生に伝達しているのだが、いまだ適切な結論は得られない。日本の博物館、美術館に建築部門なるものが存在しないことも一因だろう。とりあえずここでは仮想「国立日本建築美術館」のバブル建築部門を担当するキューレーターになった気分を試してみようと思う。

「縄文時代から近代への日本建築の旅、いかがでしたか？　日本の当時の文化や習慣や風俗、民俗史がさまざまな建築様式から読み取ることができたと思います。さてここからは、様式を見るだけでは当時のことを読み解くことが困難となってきている、現代建築部門となります」

という風に始まるのだろうか。ここからは、そこで語られるであろうバブル建築事項を出してみる。

従来の建築史研究では、様式から捉えるものが中心であり、これは19世紀のヨーロッパに誕生した歴史主義的視線の残渣であり、その後、モダニズムへの反発から、とにかく様式を崩壊させ「表現」に特化した時代がポストモダン建築の始まりであると考えられる。つまり「様式」で語ることができなくなったということが、現代の建築の特徴なのである。１９８０年代、バブル景気生成期が訪れ、建築家達は、クライアント、都市に対しどのように責任を持ち、その答えを自分の持つ思想と合わせ、どう表現するかが重要となってきた。

いかに現代のライフスタイルと自己の思想に対し、満足ができる洋服を着こなせるかを問うクライアントと、それを実現する建築家達の、新たな挑戦が始まったといえる。好景気の波に乗って、落下傘的開発が好まれ、あらゆる人々

【4-5】代官山同潤会アパート（松本泰生〈http://yma2.hp.infoseek.co.jp/〉）
昭和のレトロな雰囲気を感じられる、最後の砦とも言えた代官山同潤会アパート。こだわりのあるお店がそこかしこにあった。

が東京を実験場としていた。

特徴としてソフト面では、「機能の複合化」が挙げられ、ハード面としては思想や理念などを具現化したモニュメント的なもの、他にはない新しいものが好まれた。そして「新しさ」という点では、外国人建築家や若手建築家への期待も大きく、大量のコンペが実施されはじめた。

１９５０年代以降、東京などの主要都市では、日本の誇れる建築として美術館、博物館などの文化施設やオリンピックなどをきっかけとした、スポーツ施設等の整備に力が注がれた。１９８０年以降は、それらの影響が地方都市へと浸透し、地域の特産、偉人、伝統、工芸を継承する施設や生涯学習を意識したものが多数建設され始めた。

ここまでが未来の「バブル建築部門」キューレーターとしての解説となる。きっと、展示空間は建築模型や写真、建築家達の写真、時代背景の映像で構成され、ミラーボールがぶら下がる空間が繰り広げられるのであろう。

仮想「国立日本建築美術館」バブル建築部門シブヤ地区

都心部であるシブヤは、１９６０年以降、一通り社会基盤も整備され、１９８０年までには文化施設的なるものも、ある程度整備が終わっていた。ではこのバブル時代にシブヤでは、どのような建築現象があったかを見てみよう。

１９６０年代、東京ではオリンピック開催により国際化が始まる。シブヤはサブ会場となる国立代々木屋内総合競技場（丹下健三）が整備されたことから、

【4-6】警視庁渋谷警察署宇田川派出所（２０１０年１月村松研究室撮影）
かなり初期の段階で炸裂した建物。当時建築、デザインをやっている人ならば知らぬものはいないという存在。

電車、道路など社会基盤整備がされた。そして、1969年から代官山ヒルサイドテラス（槇文彦）の第1期工事が始まり、以降30年におよぶ整備がなされ、最初の段階ですべてを計画するのではなく、ゆるやかな流れの中でアーバンビレッジを形成していった。

1970年代に入ると、渋谷駅周辺ではファッション専門テナントビル「パルコ」のオープンをきっかけに、東急ハンズ、109（基本設計：竹山実）と立て続けに大型店舗がオープンしはじめ、シブヤは「田園」から「若者達が集うファッショナブルかつ自由を象徴する街」「文化の街」へと変化していく。

1980年代、バブル生成期。この流れを汲み自己主張をする建築がお目見えし始める。警視庁渋谷警察署宇田川派出所（鈴木エドワード）【4-6】は、派出所にもかかわらず衝撃的な出で立ちで登場をし、その1年後にシネマライズ（北川原温）【4-7】が登場し、パルコ周辺は賑やかさを増し、徐々に現在のシブヤの風景を形成し始める。かたや渋谷駅から旧山手通りに向かって少し離れた松濤エリアには、松濤倶楽部（黒川紀章）、渋谷区立松濤美術館（白井晟一）、ギャラリーTOM（内藤廣）など文化施設や個人住宅が建ち、重厚感のある町並みを形成していった。

1990年代、まだまだその勢いは留まらず、渋谷駅徒歩圏内では通称「ガンダム建築」代表格、青山製図学校（渡辺誠）【4-8】が鶯谷町に登場し、公園通り方面にはヒューマックスパビリオン（若林広幸）【4-9】、センター街にはBEAM（ワークショップ）が登場する。現代シブヤ街イメージ形成にこれらは多大な貢献をしていることが伺える。

【4-7】シネマライズ（2010年1月村松研究室撮影）パルコパート3、スペイン坂上に聳え立つその姿は誰の目にも「シブヤ」を感じさせる一品。

次に道（ストリート）から見てみる。１９９０年代から渋谷区、港区・目黒区・世田谷区との境目の道にバブル建築の姿が見え始める。つまり他区との文化混在が始まり、「道（ストリート）」による「シブヤ」「青山」「恵比寿」「代官山」「広尾」「原宿」エリアイメージが形成され始めたのが、この頃と言えよう。

港区との境目外苑西通りでは、外国人建築家によるワタリウム（マリオ・ボッタ）、その先に青山TERRAZZA（竹山聖＋アモルフ）が姿を見せ、寛斎ビル（現堀内カラー）（竹山聖＋アモルフ、アトリエミカ）、少し離れたところには、東京体育館（槇文彦）が建ち上がり、「外苑」ブランドを作った。

目黒区との境目には、代官山ヒルサイドテラスが着々と30年の月日をかけ「代官山」ブランドを確立している。もうひとつは、恵比寿ガーデンプレイス（久米設計）である。ビール工場跡地に建ったこの施設は、白金へとつながるセレブリティの街というイメージを作ったと言える。

ここまではブランドイメージ、街イメージが形成された事例であるが、バブル期に挑戦をし、実現できなかったブランディング計画があったことを特筆する。

世田谷区、目黒区との境目、富ヶ谷エリアでは、若手ディベロッパーの手により、「コスモス通り」と新しく名付けられ、ファッションブランドオフィスを誘致した、エリア開発をしようとした。この時代の後半はバブルの終焉であり、この開発は途中で終わるが、当時の建築達は現在も活用され、「道」の名前「コスモス通り」は今も口づてに残っている。建築としては、アーステクチャーサ

【4-8】青山製図学校（2010年1月村松研究室撮影）
通称「ガンダム建築」といわれる一品。モニュメントとしての建築の象徴であろう。

ブ1（高松伸）【4-10】が、その第1号となるが、区をまたがり5件以上の当時の建築を見ることができる。当時の「道」を中心とした開発計画の残像をここで見ることができる。

ここ数年では、表参道ヒルズが港区の境目で登場した。表参道同潤会アパートがつくり出してきたレトロな表参道ブランドは、２００２年にLOUIS VUITTON（青木淳）、２００３年にDior 表参道（妹島和世＋西沢立衛/SANAA）が建ち上がり、２００６年の表参道ヒルズ（安藤忠雄）で新たなブランドイメージを生み出した。

シブヤ遺産の名作たち

一般的に「シブヤ建築名作選」と言えば代表的なのは、ポストモダン時代の丹下の代々木体育館に始まり、坂倉達によるビラシリーズ、そして１０９、坂倉の手による東急建築などがあげられる。しかし、それだけが「シブヤ建築」ではない。

バブルにより建設された「バブル建築」達は、今もなおシブヤの風景を形成し、文化の礎として活発に機能し、シブヤを支えている。「バブル建築」は、「陰」のイメージではなく、都市の変遷を知る上で重要な遺産と言えよう。

２００６（平成18）年2月、北京首都国際空港を横目に、日本のＯＤＡを受け大改造されつつある新空港に降り立った。タクシーメーターを上げると「welcome……」と英語が話せない運転手の代わりに音声テープが私を迎える。六環を超え、五環へと中心部に近づくにつれ、２００８年の北京オリンピック

【4-9】ヒューマックスパビリオン（２０１０年１月村松研究室撮影）
かつてここに建っていたビルは、シブヤディスコ文化先駆けの一つ「LA・SCALA」が入っていたが、現在一変してワンダーランドと何かが足されたなその空気感をもつ。

に向けて変化する北京の異様な光景が広がる。北京から帰国後ちょうど4半世紀がたったこの時、私の知る、子供の頃住んでいた「北京」はそこにはなくなっていた。バブルはいつも私についてくる。

【参考文献】
奥田道大編『講座社会学4 都市』「グローバル化と都市――なぜイラン人は『たまり場』を作ったのか」東京大学出版会、1999年
『新建築』新建築社、1992―2005年
日経ビジネス編『【真説】バブル――宴はまだ、終わっていない』日経BP社、2000年
野口悠紀雄『バブルの経済学――日本経済に何が起こったのか』日本経済新聞社、1992年
橋爪紳也『ニッポンバブル遺産建築100』NTT出版、1999年
責任編集ぽむ企画『バブル建築へGO!』株式会社エクスナレッジ、2007年
宮崎義一『複合不況――ポスト・バブルの処方箋を求めて』中公新書、1992年
吉見俊哉『都市のドラマトゥルギー――東京・盛り場の社会史』河出文庫、2008年

【4-10】アーステクチャーサブ1（2010年1月村松研究室撮影）
地下4階まであるオフィスビル。つまりこのモニュメンタルなものは採光のためのものとなる。

シブヤバブル建築マップ109
Shibuya Bubble 109 Map

シブヤに生まれたバブル期を中心とする建築を109個集めてみた。古いものから番号を付けていったので、内訳は以下のとおり。

1 名曲喫茶ライオン
(1950)
渋谷区道玄坂
山寺弥之助

2 宮益坂ビルディング
(1953)
渋谷区渋谷

3 渋谷東急文化会館
(1954)
渋谷区渋谷
坂倉準三

4 国立代々木屋内総合競技場
(1964) 渋谷区神南
丹下健三

5 岸記念体育館
(1964)
渋谷区神南
松田平田(建築設計事務所)

6 渋谷公会堂
(現：CC.LEMONホール)
(1964)
渋谷区宇田川町

7 ビラ・ビアンカ
(1964)
渋谷区神宮前
堀田英二

8 乗泉寺
(1964)
渋谷区鶯谷町
谷口吉郎

9 東京児童会館
(1965)
渋谷区渋谷
大谷幸夫

10 東京山手教会
(1966)
渋谷区宇田川町
毛利武信

11 塔の家
(1966)
渋谷区神宮前
東孝光

12 ヒルサイドテラス
（1969）
渋谷区猿楽町
槇文彦

13 ビラ・セレーナ
（1971）
渋谷区神宮前
坂倉建築研究所

14 ビラ・フレスカ
（1972）
渋谷区神宮前
坂倉建築研究所

15 ビラ・グロリア
（1972）
渋谷区神宮前
大谷幸夫

16 ビラ・モデルナ
（1974）
渋谷区渋谷
坂倉建築研究所

17 109
（1978）
渋谷区道玄坂
竹山実（基本設計）

18 松濤倶楽部
（1980）
渋谷区松濤
黒川紀章

19 松濤美術館
（1980）
渋谷区松濤
白井晟一

20 GAギャラリー
（1981）
渋谷区千駄ヶ谷
鈴木　恂

22 大学生協渋谷会館
（1982）
渋谷区神宮前

21 STUDIO EBISU
（1981）
渋谷区恵比寿
鈴木　恂

23 ヒルポートホテル
（解体）（1982）
渋谷区桜丘町
原広司＋アトリエファイ

24 国立能楽堂
（1983）
渋谷区千駄ヶ谷
大江宏

25 セダー・ストーン・ヴィラ
（1984）
渋谷区鉢山町
槇文彦

26 ギャラリーTOM
（1984）
渋谷区松濤
内藤廣

27 ヒルサイドテラスアネックス
（1985）
渋谷区猿楽町
スタジオ建築計画・元倉眞琴・杉千春

28 青山こどもの城
（1985）
渋谷区神宮前
山下設計

29 警視庁渋谷警察署宇田川派出所
（1985）渋谷区宇田川町
鈴木エドワード

30 三基商事東京支店
（1985）
渋谷区渋谷
竹中工務店

31 シネマライズ
（1986）
渋谷区宇田川町
北川原温

32 オンワード代官山
（1986）
渋谷区猿楽町
鈴木エドワード

33 富ヶ谷のアトリエ
（1986）
渋谷区富ヶ谷
長谷川逸子

34 日本システムウエア本社ビル
（1986）
渋谷区桜丘町
田邊博司＋レーモンド設計事務所

35 マニン・ビル
（1987）
渋谷区神宮前
鈴木　恂

36 結晶のいろ
（解体）（1987）
渋谷区神宮前
高崎正治TAKASAKI物人研究所

37 HAMLET
（1988）
渋谷区千駄ヶ谷
山本理顕

39 RE\M
（1988）
渋谷区宇田川町
小宮山昭/ユニテ設計・計画

38 津田ホール
（1988）
渋谷区千駄ヶ谷
槇文彦

40 ビラ・ピコリーナ
（1988）
渋谷区千駄ヶ谷
坂倉建築研究所

41 SKY STEPS BUILDING
（1988）渋谷区上原
椎名英三建築設計事務所

42 Bunkamura
（1989）渋谷区道玄坂　石本建築事務所＋東急設計コンサルタント＋MIDI総合設計研究所

43 ザ・スリットビル渋谷
（1989）
渋谷区渋谷
中村弘道・都市建築計画設計研究所

44 ライベスト青山
（1989）
渋谷区渋谷
坂倉建築研究所

45 大東京火災新宿ビル
（現：あいおい損保新宿ビル）
（1989）東京都渋谷区代々木
槇文彦

47 ウエッジ
（旧MZA）（1989）
渋谷区神宮前
鈴木エドワード

46 メトロサ
（1989）
渋谷区神宮前
北川原温

48 青山製図専門学校
（1990）
渋谷区鶯谷町
渡辺誠

49 東京体育館
（1990）
渋谷区千駄ヶ谷
槇文彦

50 ワタリウム
(1990)
渋谷区神宮前
マリオ・ボッタ

51 サッフォー
(1990)
渋谷区神宮前
北川原温

52 スプライン
(1990)
渋谷区道玄坂
アーキテクトファイブ

53 S-LATTICE
(1991)
渋谷区千駄ヶ谷
ワークショップ

54 クリスチャン ラクロワ代官山店
(1991)
渋谷区猿楽町
キャプス＋クリストフ・カルポント＋大林組

55 青山TERRAZZA
(1991)
渋谷区神宮前
竹山聖＋アモルフ

56 アーステクチャーサブ1
(1991) 渋谷区上原
高松伸設計事務所

57 S.T.Mハウス
(1991)
渋谷区富ヶ谷
長谷川逸子

58 T-LATTICE
(1991)
渋谷区富ヶ谷
ワークショップ

59 ヒューマックスパビリオン渋谷
(1992) 渋谷区宇田川町
若林広幸

60 BEAM
(1992)
渋谷区宇田川町
ワークショップ

61 国連大学
（UNハウス）（1992）
渋谷区神宮前
丹下健三

62 スタジオ青山
（1992）
渋谷区神宮前
鈴木エドワード

63 オクタゴン
（1992）
渋谷区恵比寿西
高松伸設計事務所

64 ALIVE MITAKE
（1992）
渋谷区渋谷

65 ヒコ・みづのジュエリーカレッジ
（1992）渋谷区神宮前
吉柳満

66 フジビル40
（1992）
渋谷区桜丘町
北山孝二郎

67 フィロ・アオヤマ
（1993）
渋谷区神宮前
富樫克彦

68 Dr.ジーカンス
（1993）
渋谷区円山町

69 恵比寿ガーデンプレイス
（1994）渋谷区恵比寿
久米設計

70 東京キリストの教会
（1995）
渋谷区富ヶ谷
槇文彦

71 カラートフ（ミズレイコTOKYO）
（1990）渋谷区鉢山町
葉祥栄

72 寛斎スーパービル
（現：堀内カラー）
（1997）渋谷区神宮前 竹山聖＋アモルフ、アトリエミカ

73 SANKYO 東京本社ビル
（1998）渋谷区渋谷
プランテック

74 パタゴニア® オーシャン
（1998）
渋谷区神宮前
北山恒＋アーキテクチャーワークショップ

75 ヒルサイドウェスト
（1998）
渋谷区鉢山町
槇文彦

76 A.P.C.ビル
（1998）
渋谷区猿楽町
ポール・シュメトフ＋匠明

77 渋谷インフォスタワー
（1998）
渋谷区桜丘町
芦原建築設計研究所

78 富ヶ谷の住まい
（1999）
渋谷区富ヶ谷
平倉直子

79 富ヶ谷のショウルーム＋住居 8XH
（1999）
渋谷区富ヶ谷
谷内田章夫／ワークショップ

80 裏原宿のビル
（2000）渋谷区神宮前
手塚貴晴＋手塚由比 / 手塚建築研究所＋池田昌弘建築研究所＋武蔵工業大学手塚貴晴研究室

81 hhstyle.com
（2000）
渋谷区神宮前
妹島和世＋西沢立衛／SANAA

82 東京ジャーミイ
（2000）
渋谷区大原
ハッサ建築事務所ームハッリム・ヒルミイ・セナルプ

83 ポータブルアーキテクチャーKH-2
（2000）
渋谷区神南
みかんぐみ

84 SHIBUYA-AX
（2000）
渋谷区神南
みかんぐみ

85 アルティファータ
（2000）
渋谷区神宮前
阿部仁史アトリエ＋プランニングルームヨコハマ

86 代官山アドレス
（2000）
渋谷区代官山町

87 シアター・イメージフォーラム
（2000）
渋谷区渋谷
高崎正治

88 UNDERCOVER LAB
（2001）渋谷区神宮前
クラインダイサムアーキテクツ

89 ラフォーレ原宿改装
(2001)
渋谷区神宮前
クラインダイサムアーキテクツ

90 富ヶ谷の集合住宅
(2001)
渋谷区富ヶ谷
納谷学・新

91 LOUIS VUITTON
(2002)
渋谷区神宮前
青木淳

92 フォレット原宿改装
(2002)
渋谷区神宮前
クラインダイサムアーキテクツ

93 ナチュラルエリップス
(2002) 渋谷区円山町
遠藤政樹＋池田昌弘／
EDH遠藤設計室＋MIAS

94 montoak
(2002)
渋谷区神宮前
形見一郎＋橋本健

95 COCUE オフィスビル
(2002) 渋谷区猿楽町
安藤忠雄

96 ARS
(1990)
渋谷区神宮前
北川原温

97 Dior 表参道
(2003)
渋谷区神宮前
妹島和世＋西沢立衛/SANAA

98 hacknet 代官山店
(2003)
渋谷区恵比寿西
片山正通

99 TOD'S
(2004)
渋谷区神宮前
伊東豊雄

100 日本看護協会ビル
(2004)
渋谷区神宮前
黒川紀章

101 hhstyle.com/casa
(現:ナイキ)
(2005)渋谷区神宮前
安藤忠雄

102 渋谷駅改修工事
(2005)
渋谷区
隈研吾

103 Q-AX
(2006) 渋谷区円山町
北山恒十アーキテクチャーワークショップ

104 表参道ヒルズ
(2006)
渋谷区神宮前
安藤忠雄

105 GYRE
(2007)
渋谷区神宮前
竹中工務店十MVRDV

106 ROCKET
(2008)
渋谷区神宮前6-9-6
清水勝広 +MS4D

107 SIA青山ビルディング
(2008)渋谷区渋谷
青木淳

108 SARUGAKU
(2007)
渋谷区猿楽町
平田晃久

109 地宙船
(2008)
渋谷駅
安藤忠雄

宮
原宿駅
代々木体育館
青山通り
青山学院大学
六本木通り
渋谷駅
明治通り
渋谷川
代官山アドレス
代官山駅
駒沢通り
恵比寿駅
駅

1-26（1950-1984年）バブル礎期
27-68（1985-1993年）バブル絶頂期
69-73（1994-1997年）絶頂期構想され竣工したプロジェクト
74-100（1998-2004年）バブル余韻期
101-108（2005-2008年）リノベ・コンバージョン・コンバージョン
109（2008年-）社会基盤再考期
※一部の集合住宅、個人住宅、オフィスの位置情報は掲載していません。
明治神宮
代々木公園
原宿駅
代々木上原駅
代々木八幡駅
代々木体育館
NHK
東京大学生産技術研究所
東急本店
駒場東大前駅
神泉駅
渋谷駅
玉川通り
中目黒駅

5 じゆうけんきゅう——シブヤ人種採集

白 孝卿

シブヤに行くと「ハチ公ってどこですか」と道を聞く人をよく見かける。しかも、その場所はだいたいJRハチ公口前だ。もっと面白いのは道を聞かれた人もハチ公の位置がわからないこと。私も4年前、初めてシブヤに来たとき同じことを聞かれたことがある。韓国からのおのぼりさんだった私の答えも同じく「ワカリマセン」の一言。実際、ハチ公前でハチ公を見つけるのは初心者ではなかなか難しい。待ち合わせをしている人込みの中で、ハチ公は周りの緑と同化されているように見える。ハチ公の前でハチ公を探している人を見かけると、私は自分が初めてシブヤに来た日を思い出しながら「あの人、ここの人じゃないんだ」とちょっとした優越感を感じる。ちなみに私がシブヤでモヤイを見つけたのはそれから1年後であり、厳密にいうと、私もシブヤではまだ「ここの人」ではない気がする。それならシブヤで「ここの人」って誰なんだろう。その疑問から始まったのが「じゆうけんきゅう——シブヤ人種採集」である。

おのぼりさんから見下ろし屋へ

シブヤでいちばんおのぼりさんの目を引くのはスクランブル交差点である。2009(平成21)年、イギリス・ロンドンのオックスフォードサーカスでもスクランブル交差点が導入されたという。日本のニュースではイギリスのスクランブル交差点は横断時間が30秒で、ゆっくり歩くにはちょっと短いという話をしていた。しかし、実際にシブヤのスクランブル交差点を渡ってみるとシブヤもけっして長くはない。平均横断者数が1回で約600人、週末にはその数が倍になるという。ネット上には「渋谷スクランブル交差点を時間内に渡りきれるか」という掲示板もあるほど、シブヤのスクランブル交差点を時間内に渡ることは初心者に難コースのようだ。それを難なくクリアした上京4年目の私はまず、その600人を見下ろしながら「ここの人」を探すことにした。

シブヤ人種採集　File No. 1

名称：カウンター席のお客さん　通称：見下ろし屋さん
見物目　カフェ科　くつろぎ属
発見場所：スターバックス SHIBUYA TSUTAYA 店の2F
主な活動時間：ランチタイムを過ぎた午後2時から夜中12時まで
主な活動地域：スタバの2階カウンター席
特徴：主に1人で行動する。席が空くまで通路やエスカレーター付近で席を注視するので、行動が落ち着かない。カウンター席に座ったらとりあえず外の風景を携帯やカメラで収める。待ち合わせなどの特定な目的はなく、スクランブル交差点を見下ろしながら、短い時間を楽しむ。失恋のたびにここに来ているという常連さんに話を聞いてみると、カウンター席に座って外を眺めると心が落ち着くという。しかし、初心者が全面ガラス張りのカウンター席でスクランブル交差点を見下ろしながら、心を落ち着かせるまでには相当な修行が必要。まずは、いつも混んでいるカウンター席の空きを素早く狙う練習から始めることをお勧めする。

スターバックス SHIBUYA TSUTAYA 店2階のお客さん（2010年1月筆者撮影）
1人で行動することが多く、スクランブル交差点の見物を目的に訪れる。

シブヤ人種採集　File No. 2

名称：スターバックスの店員さん　通称：スタバのおにいさん

通勤者目　バイト科　見張り属

発見場所：スターバックス SHIBUYA TSUTAYA 店

主な活動時間：午前7時から28時まで（店の営業時間）

主な活動地域：レジがある1階にいる場合が多いが、時々2階にも現れる

特徴：2階のカウンター席に座ってスクランブル交差点の写真を撮る客に注意する。ちなみに、写真撮影ができない理由は店の方針ではなくこのビル（QFRONT）の方針だというが、なんのための方針か詳しくはわからない。カウンター席の客――とくに写真を撮るのが主な目的である観光客――の天敵ともいわれる。最近は2階に常駐する店員さんがいるが、日本語がまったく通じなさそうな外国人の観光客には話しかけない。日本語ができる外国人とできない外国人を見分ける技をもっているとも思われる。主に背中から近づくので写真を撮りたい人は彼らには背中を見せないように要注意。

スターバックスの店員さん（2009年8月村松研究室撮影）緑色のエプロンが特徴。普段は1階にいることが多いがたまに2階にも現れる。

シブヤ人種採集　File No. 3

名称：ドアを背負ってスクランブル交差点を渡る青年　通称：ドアマン

見物目　通りがかり科　勇者属

発見場所：スターバックス　SHIBUYA TSUTAYA 店の前

主な活動時間：不明

主な活動地域：不明

特記：シブヤだけではなく全国でも発見が難しい珍種。

特徴：遠くから見るとシブヤのど真ん中にドアだけが立っているように見えるが、よく見るとドアに擬態して敵（？）から身を守っている彼を見つけることができる。シブヤのクラブなどで見かけるような、おしゃれな格好をしたイケメン。背負ったドアには「防犯カメラ設置」と警察のマークが描かれたシールが張られているので他のドアマンと間違わないように。主な活動場所や時間は不明だが、雨の日に見かけたので、もしかしたら雨の日のシブヤでまた発見される可能性があるかも。ドアを背負っているため、歩行速度は比較的遅く、地味なドアの色にもかかわらず人込みの中でもかなり目立つ人種。しかし、人の視線を気にする様子はなく、気軽に話しかけられるフレンドリーな性格。

シブヤの「原住民」

シブヤには外国人を含めて21万6４３０人（２００９年11月現在）が住んでいる。しかし、これは渋谷区に住民登録もしくは外国人登録をした人数であり、シブヤに住んでいるにもかかわらずその数字の中に含まれてない人々が存在する。彼らが「シブヤの原住民」である。

「原住民」とは「その土地にもとから住んでいる人々。征服者や移住者に対する先住民」を意味する。ここで「原住民」という言葉を使ったのは、ある地に来た「征服者」にとって「原住民」はいつから人口調査対象になったかという疑問から始まった。アメリカの場合はネイティブ・アメリカン（インディアン）がアメリカ合衆国の国勢調査対象になったのは１８６０年であり、アメリカで初めての国勢調査（１７９０年）が行われてから70年も後のことである。人口調査対象

ドアを背負った男（２００９年10月村松研究室撮影）
茶色いドアを背負った男。後ろから見るとドアが１人で歩いているように見える。

になるということは、国の勢力圏内に入ることを意味する。シブヤの「原住民」をネイティブアメリカンと比較するつもりはないが、シブヤの場合は「征服者」ではなく「行政とその勢力内に入っている人々」と対になるものとして「原住民」という言葉を使う。

シブヤ人種採集　File No. 4

名称：宮下公園居住者　通称：ホームレス
原住民目　仮設住居科　公園属
発見場所：宮下公園
主な活動時間：特にない
主な活動地域：宮下公園の周辺、渋谷駅付近
特徴：一定の住居がない人をホームレスというが、彼らは緑豊かな公園の敷地内にりっぱなブルーシート住宅を建てている家主である。建築材はブルーシートが定番だが、中には鉄筋や鉄棒で骨組みを作って窓まで設けている小屋もある。公園での生活なのでトイレや水周りも備えられて、かなり快適な居住環境である。駅付近のホームレスが昼間を駅やビルの隅で居眠りをしながら過ごしているのに比べると、彼らは彼らの（？）敷地内にピクニックテーブルまで揃えて将棋を楽しんだりしている。公園とホームレス区域の境界は物理的には明確に区分されてないが、公園を訪れる人々を近づけない見えない境界線が確かに存在する。小屋の周りに柵や紐のガードラインを設置するなど、他の人種より自分の領域に対する執着が非常に強い。

ホームレスのブルーシートハウス（2009年8月村松研究室撮影）
宮下公園にあるホームレス住宅。規模が大きく骨組みがしっかりしていることがわかる。

2006（平成18）年、大阪の扇町公園に住んでいた、ある「原住民」が公園を住所にした転居届不受理に対して訴訟を起こした。それに対して大阪地裁は「テントは客観的に生活の本拠としての実体を備えており、住民基本台帳法上の住所として、公園での住民登録を認める」判決を下した。最終的に最高裁によって大阪地裁の判決は取り消されたが、公園にある「原住民」のテントが「生活の本拠としての実体を備えている」ことは確かだと思う。

実は公園に住む「原住民」は住民登録上の住民としては認めてもらえないが、5年ごとに実施される国勢調査では「常住人口」として調査対象に含まれる。「常住人口」は「当該住居に3か月以上住んでいるか、又は住むことになっている者」で、「3か月以上にわたって住んでいる住居又は住むことになっている住居のない者」も、「調査時現在居た場所に住んでいる者」とみなしている。つまり、国勢調査によると彼らは公園に住んでいる「住民」になる。

しかしシブヤには住民登録上の住民でもなく、国勢調査でもカウントされない「原住民」がいる。彼らは3か月の定住という条件を満たさない上、国勢調査の調査対象にならない、いわゆるシブヤの「遊牧民」である。ただし2010（平成22）年度の国勢調査からは都内のみネットで回答が行えるそうである。

シブヤ人種採集　File No. 5

名称：遊牧型ホームレス　通称：ネットカフェ難民
原住民目　臨時滞在科　ナイトパック属
発見場所：宇田川町ちとせ会館

主な活動時間：23時から朝8時
主な活動地域：シブヤの駅を中心にしたネットカフェ
特徴：1泊の体験型短期滞在から2年以上の常連型長期滞在まで滞在型によってさらに細分される。最近は長期滞在が増えている。ホームレスと違って一定収入があるが、決められた場所で定住するのではなく、空いている場所を探し回る。身の回り品はコインロッカーもしくは貸し倉庫に保管するため、身軽な姿で一般客と見分けが難しい。比較的若者が多く、夜スーツ姿でネットカフェへ帰宅する青年や、小さなスーツケースをもち込む女の子などが代表的な例である。収入によって1週間でホテルとネットカフェの割合を決めて泊まるケースもあるが、けっして定住はしない。

シブヤの「外来種」と「帰化種」

ＪＲや東京メトロなどシブヤの１日の平均通行者数は約２２０万人だという。シブヤの人口の約10倍の人が毎日にシブヤに集まることになる。その中には電車の乗り換えでただ通りすぎる人もいるし、通勤や通学、買物や待ち合わせでシブヤに出る人もいる。ちなみに２００５（平成17）年の調査によるとシブヤの昼夜間人口比は約２７２％で通勤や通学だけでシブヤに来る人は定住人口の約２・７倍だという。この調査を担当した東京都総務局によると「昼間人口」は、通勤者もしくは通学者としてその地域に来る人口で、買物客などの「非定常的な移動」は考慮していないという。しかし、シブヤではこの「非定常的な移動」をする人口がそうではない人口より多

ネットカフェ（２０１０年１月筆者撮影）
漫画本の本棚に囲まれた多くの個室が一晩の宿になる。

いことは容易に想像できる。私はそこで「非定常的な移動」をする人種を探すことにした。

シブヤ人種採集　File No. 6
名称：女子高校生　通称：じょしこうせい（女子高生、ＪＫ）
見物目　常連科　うろうろ属
発見場所：マークシティ前の横断歩道
主な活動時間：平日の放課後や休日の昼
主な活動地域：センター街のマクドナルドや１０９の入り口前
特徴：主に同じ制服姿をした、２、３人が一緒に行動する。制服姿にスクールソックスと黒のスクールバッグが目印。制服は学校がない休みの日も着ている。最近は、制服が義務付けられていない学校に通っている女子高生も「なんちゃって制服」と呼ばれる、制服そっくりの私服を着ているので本物の制服かを見分けるのは難しい。この「なんちゃって制服」は外国の観光客にも人気があるそうで、女子高生のコスプレ（？）姿のおばさんもいるので間違えないよう注意。シブヤに来るのは買物よりファストフード店などで友達とおしゃべりするのが目的。ちなみに男子高生の発見率が女子高生より比較的に低いのは制服着用率が低いのが原因。そういう意味で女子高生の制服は保護色ではないと思われる。

群れで行動する女子高校生（2009年8月村松研究室撮影）
同じ制服を着た女の子たちが群れで行動する。白いスクールソックスと黒いスクールバッグが特徴。

シブヤ人種採集　File No. 7
名称：10代から20代の若い女の子　通称：ギャル
見物目　仮住民科　ギャル属

発見場所：センター街ＡＢＣマート付近
主な活動時間：特にない
主な活動地域：センター街、１０９、道玄坂、宮益坂周辺
特徴：「ｷﾞｬ|ﾚﾚょ今ﾚょ、ζ、゛ゃを象徴すゑ存在ナ=゛。」――これがなんと書いてあるか、おわかりになるだろうか。ギャル語で「ギャルは今はしぶやを象徴する存在だ。」ということだ。「ｷﾞｬ|ﾚ」＝「ギャル」、「、ζ、゛ゃ」＝「しぶや」というわけだ。彼らは、シブヤの在来種で固有種だが、生存力が強そうに見えて、意外と生息地にこだわる傾向がある。手には常に携帯をもっているが、それは友達との連絡を取っているからではなく、ネットのコミュニティ系サイトを見ているという。主に３人以上の群れで行動する。よく地べたに座っているのをみかけるが、別に体力に問題があるわけではない。種固有の言葉（ギャル語）や文字（ギャル文字）をもっている数少ない人種である。

地べたに座っているギャル（２０１０年１月筆者撮影）
よく地べたに座っているギャルを見かけるが、とくに体力に問題があるわけではない。

ギャルという言葉は１９７０年代に登場して１９８０年代後半から90年代にかけて一般化された。シブヤがギャルの街化したのもこの頃であると思われる。渋カジ族に代表される80年代後半までのシブヤから渋谷系という言葉が誕生したのも、若い女性を総称した「ギャル」から「コギャル」という言葉ができたのもこの時期である。「コギャル」は「女子高生のギャル」という意味で、村岡清子はこの頃の女子高生について「自分の若さの価値を認識し堂々とそれを全面的に表現」していると評価した。だから女子高生は自分の身分や若さをアピールできる制服姿に異常なくらいこだわるのだ。

女子高生やギャルが「生態系の機能を変えることなく定着に成功した外来種＝帰化種」だとしたら、シブヤでもっとも「非定常的な移動」を見せる「定着しない」一種がある。時には大群で、時には単独で、時にはバスで、時には電車で、いつ現れていつ去ったのかも不確かな存在。それが彼らである。

シブヤ人種採集　File No. 8

名称：外国からの見物屋さん　通称：観光客
見物目　おのぼり科　冒険家属
発見場所：ハチ公前
主な活動時間：知らないマチの夜は怖いので、主に昼間
主な活動地域：ハチ公前からセンター街周辺
特徴：夏は短パン、冬はジーパンにダウン。クロスバッグにスニーカーというように、軽く探検にでも出かけられるような格好が、シブヤ初心者にはお勧め。2、3人の群れから20から30人もの大群まで行動パターンはさまざま。また群れの規模によって探検ルートが変わるが、探検の始まりは決まって東急東横店の入り口付近。そこで地図を広げてQFRONTを目印に方角を確認する姿をよくみかける。片手に地図、もう片手にはデジカメをもち、写真を撮りながらスクランブル交差点を渡るという神業を見せる人もいる。出身国の気候によって、たまに季節外れの服装をしている人もいる。持っているカメラの種類やファッションで出身国を見分けるのも可能。

外国人の観光客（2009年8月村松研究室撮影）
大きなバッグを持ちながら、片手にサングラス、もう片手にはカメラを持って写真を撮っている観光客。

シブヤの「在来種」と「絶滅危惧種」

在来種に関する定義は、「在来と定義する地域の範囲や時間的範囲などの設定が一様にはできないため、外来種に定義付けがなされて初めて、対する存在として在来種も定義付けがなされること」となる。シブヤの人種に関してもそれは同様で、他の種より先にシブヤに定着したかということよりは、シブヤに根を張っているかという、マチ全体との関係性により定義される。彼らは、間近にいるにもかかわらず目立たない、ある意味でシブヤでは貴重な習性をもっている。

シブヤ人種採集　File No. 9

名称：ナカムラさん　通称：氷屋の金髪兄さん
住民目　飲食商売科　商売支援属
発見場所：神泉町7
主な活動時間：午前7時30分から夕方18時30分まで
主な活動地域：シブヤを中心に原宿、下北沢、恵比寿、青山、西麻布
特徴：創業昭和3年の老舗氷屋さんのスタッフ。金髪で、スタジャンもしくはTシャツ姿の若い青年。一見正体がわかりにくいが、よく見ると背中に氷屋の名前がプリントされているスタッフの制服を着ている。夜はパンクバンドをやっていて、シブヤのライブハウスで公演もする。友達の紹介で働き始めたが、体を動かすこの仕事は好きだという。取り扱っているのは氷だけではなく、おしぼり、割り箸などで、シブヤの飲食店を影で支えている存在である。取引先が飲食店のため、社員の中にはかなりのグルメもいる

氷屋の店員さん（2009年8月村松研究室撮影）
金髪でスタッフTシャツが特徴。冬になると服はスタッフスタジャンになる。

とか。氷屋は夏のイメージがあるが取引相手が飲食店のため年中忙しい。

シブヤ人種採集　File No. 10

名称：豆腐の引き売り士　通称：野口屋さん

住民目　飲食商売科　生活支援属

発見場所：猿楽町11付近

主な活動時間：9時から18時まで

主な活動地域：曜日ごとに出現場所が違う

特徴：青い旗を立てたリヤカーと帽子を被った引き売り士が目印。鳴き声はラッパの音。このラッパの音を聞いた人によると、一瞬シブヤが下町のように感じられたという、シブヤを一瞬で下町化する技のもち主で、その昔らしさが売り。実際、マンションだとラッパの音があんまり聞こえないので見逃すこともある。曜日と時間帯によって出現場所が異なるので事前にスケジュールを把握しないと捕獲は意外と難しい。引き売り士の中には役者もいて、お題を出せば演技も見せてもらえるとか。狭い範囲を歩いて回るので近隣の事情に詳しい。お客さんとのコミュニケーション（おしゃべり）が好き。活動時間帯や場所が限られているので、昼間に家にいない人には幻の存在でもある。

シブヤ人種採集　File No. 11

名称：女性会社員　通称：ＯＬ

通勤目　グルメ科　買弁当属

発見場所：渋谷３丁目

豆腐の引き売り士（２００９年８月村松研究室撮影）

豆腐屋の名前が書かれている旗と青いボックス、帽子を被った引き売り士を見かけたら声をかけてみよう。

主な活動時間：平日の11時から1時の間
主な活動地域：明治通りや六本木通りを中心に大通りから一本入った裏道のお弁当屋。
特徴：昼間、制服にサンダル姿が特徴。手に財布と携帯だけをもち歩く姿をよく見かける。男性の会社人が表のお弁当屋台やレストランに並ぶのと違い、大通りを避けひっそりした道を好む。単独行動より群れを作って動く。朝や夕方の駅前でも発見できるが、昼間との激しいギャップで見分けはかなり難しい。最近マイ弁当属のＯＬへ変属する傾向も見られるが、シブヤは他の地域よりエサ（ランチの種類）が豊富なため絶滅の恐れはないと思われる。周期的にエサを求めて活動場所を変更するが、限られたランチタイムのため、会社近くの一定領域から離れることはほとんどない。遠征する時はサンダルに財布の姿ではなく、ちゃんとした格好をする。

弁当を買うＯＬ（２００９年８月村松研究室撮影）
サンダルに財布と携帯だけ持ち歩いていることが多い。勤務先を中心に行動するので活動領域は広くない。

この場を借りてカミングアウトするつもりはないので、あくまで私の「友人」の話として聞いてほしい。４年くらい前、初めてシブヤを訪れた「友人」は最初このマチの眩しさで目が開けられなかった。人込みで溢れる駅を出て、ちょっとでも気を抜くと誰かとぶつかりそうなセンター街を通り抜けて、太陽光がまったく入らない暗い地下空間に辿り着いた「友人」は、そこでやっと気分が落ち着いた。明るい日差しと人込みが苦手な彼女は、いわば今のシブヤでは絶滅の恐れのあるその人種のひとりだった。結局その「友人」はシブヤに根を張れなくて活動場所を他のマチに移したが、今でもその地下空間には、シブヤの眩しさから逃げ込んだその人種が多く集まってくるそうだ。最近は青い目をした金髪の女の子や、リュックサックに眼鏡をした黒人の男の子も増えたとか。ちなみに、その地下空間の名前は「まんだらけ」だという。

シブヤ人種採集　File No. 12

名称：趣味に没頭する人種　通称：オタク
買物目　隠れ家科　マニア属
発見場所：渋谷東急ハンズ近く
主な活動時間：オタショップは開店が遅いため主に午後
主な活動地域：センター街を中心にスペイン坂周辺まで
特記：シブヤでは絶滅危惧種になっている人種
特徴：シブヤは、一見オタクとは程遠いマチだと思われるが、1992（平成4）年アニメイトができたことを皮切りに1990年代までのシブヤには多くのオタショップが相次いで出現した。シブヤでオタクがいなくなったのがいつからかは定かではないが、1997（平成9）年センター街のアーチが倒壊したのとその時期が一致するという説もある。未だに残っている一部のオタショップを中心に活動しているが、最近はパルコなどの大手デパートでアニメのイベントが開催されるなど、再びオタクがシブヤに集まってくる傾向もみえる。秋葉原でみかけるような姿（リュックサックにシャツインで紙袋）ではないので見分けはかなり難しい。最近は外国から来たオタク観光客の姿もよくみかける。萌えは国境を超えるとか。

まんだらけの入り口（2009年8月村松研究室撮影）
外からは店の正体がわからないし、外装から素人を近づけないオーラを感じる。

見下ろし屋からおのぼりさんへ

1日の人種採取を終えて、この本に載せる写真を撮るために一群の女子高生の後を追ってスクランブル交差点に立った。軽い不審者、もしくは犯罪者の気分を味わいながら、こっそり彼女たちの後ろ姿に携帯カメラを向けた。その瞬間、交差点の信号が変わった。人込みに押されたままスクランブル交差点を渡って、いつの間にか着いたのがモヤイ像の前。そこには去年の年末に映画「ルパン三世」の宣伝のために盗まれていたモヤイが帰ってきていた。しかも、その盗み出しには新島観光協会や渋谷警察署までがグルになって協力したとか。とにかく無事に戻って来たモヤイ像は前より顔が白くなっていた。「どうしたんだろう、その顔。30年もたつとモヤイ像の顔も変わるものだろうか。シブヤでガングロがなくなったのもずいぶん前だし、今は美白が流行っているから」。私は追いかけてきた女子高生ではなく、モヤイ像にカメラを向けた。そして、そのままカメラの向きを変えて自分の写真を撮った。東京に来て4年。いつの間にか私も「ここの人」になっていた。

白くなったモヤイ像（2010年1月筆者撮影）
ルパン三世によって2009年年末盗まれたモヤイ像が白くなって帰って来た。

【参考文献】

アクロス編集室『東京の若者――渋谷・新宿・原宿「定点観測」の全記録』ＰＡＲＣＯ出版局、１９８９年
岡山大地「相対座標系を用いた歩行者エージェントモデルの提案――渋谷駅前スクランブル交差点のシミュレーションを通じて」名古屋工業大学、２００４年
「渋谷オタショップヒストリー・べべべのべ」〈http://d.hatena.ne.jp/bebebe/20060506/ota_shibuya〉（最終アクセス２０１０年１月）
渋谷区「住民登録／外国人登録人口統計資料」２００９年
渋谷区「鉄道各駅乗降者数統計資料」２００９年
難波功士『族の系譜学――ユース・サブカルチャーズの戦後史』青弓社、２００７年
村岡清子「昔は若さが屈辱だった――表現としてのファッション」『思想の科学』第58号、１９８５年

6　シブヤで感じる「みどり」

飯田晶子　嬉野綾香

シブヤにも川がある

「みどり」というタイトルなのになぜ「川」の話になるのだろう、そう思われる人もいるかもしれない。いやそもそも、

「シブヤに川なんて流れているの?」

多くの人がそう思うだろう。シブヤは、たくさんのビルが所狭しと林立し、何本もの電車が乗り入れ、毎日何十万という人が生活をおくる舞台である。しかし、そこには歴とした川が流れている。その名も、渋谷川。新宿御苑、明治神宮、代々木公園などを水源として流れ出し、いくつかの支流と合流しながら、シブヤ、恵比寿、広尾を通り、浜松町にて東京湾へ注ぐ全長10・4kmの二級河川である。

現在の川の姿は、3面をコンクリートの垂直護岸で固められ、都市の狭間を縫うように流れている。そして、川の両側にはペンシルビルが背を向けて立ち並び、ビルの合間に生えるひょろひょろの木々以外、有機的な生き物の気配はしない【6-1】。水は下水処理水が流されているため、比較的透明でさらさらと流れているのだが、無味無臭。みどりとはほど遠い。この川からは、川としての瑞々しさがみじんも感じられないのだ。シブヤという人工的な都市空間のす

【6-1】都市の隙間を流れる渋谷川(2009年12月筆者撮影)現在は無味無臭の人工的な川であるが、再整備計画が持ち上がっている。

き間に、人の目から逃れるようにひっそりと流れる人工的な河川。現在の渋谷川とはそのような川である。

ほら、みどりなんて出てこないじゃないか。そんな声が聞こえてきそうだ。けれども、かつてのこの川は、のどかな田園地帯を流れる小川であった。渋谷川の支流のひとつで、代々木公園の西側を流れる河骨川《こうほね》【6-2】は、「春の小川はさらさら流る、岸のすみれやれんげの花に、匂ひめでたく、色うつくしく、咲けよ咲けよと、ささやく如く」と歌われた。これは、1912（大正元）年に高野辰之によって作詞された童謡「春の小川」の一節である。春の陽気の中、川のほとりに草花が咲きみだれ、小魚が泳ぎまわり、その脇で子供達が歌い遊んでいるという穏やかな日常が、ゆるやかな歌のリズムにのせて描かれている。現在のシブヤからは、当時の姿を想像することすら難しいが、昭和から平成にかけての大きな時代の変化は、のどかな春の小川の風景を、現在の無味無臭無色な川の風景に一変させた。もし、現在の渋谷川の風景を歌にするとしたら、いったいどんな歌詞にどんなリズムが刻まれるのだろうか。

そもそも、なぜ川の話からはじめたのか。その理由は、川とみどりの深いつながりにある。みどりを豊かに育む大地には、川の存在が欠かせない。また、川が存在するためにも、豊かなみどりが欠かせない。ひとつ例をとって見てみよう。原宿駅と渋谷駅の間に、代々木公園と明治神宮が位置している。合わせて120haを超える面積を有し、東京の都心にいながらにして、ゆったりと自

【6-2】河骨川に注ぎ込むワシントンハイツからの小さな流れ（池田信撮影・毎日新聞社提供）1962年代々木深町（後の代々木神園町）には、ワシントンハイツが建てられ、すでに田園の風景はない。

然の中に身をおくことができる【6-3】。これらの2つの緑地は、渋谷川の本流と支流に挟まれた台地の上にある。この台地は、かつて多摩川が形成した扇状地に関東ローム層が堆積してできたもので、武蔵野台地と呼ばれる。その台地上の代々木公園や明治神宮に降った雨は、木々の葉や根を伝わり、大地へ浸透し渋谷川へと流れ入り、やがて海へ出る。つまり、これら2つの緑地は、渋谷川への水源林として重要な存在であると同時に、水を介して連鎖するひとつの生態系を形成しているのだ。現在は、そのつながりが川の人工化によって見えにくくなってはいるものの、大都市においてもなお変わらずに存在する自然のメカニズムのひとつである。

代々木公園では、いつ訪れてもたくさんの人が思い思いに活動している様子を目にすることができる。キャッチボールをする小さな子供とお父さん、ダンスの練習をする若者たち、静かに本を読んでいるおじいさん、犬の自慢話に花が咲く愛犬家グループ、失恋をしたのか悲しそうな顔をしてひとりで歩く若い女性。楽しいひとときも、哀しいひとときも、どんな人の思いも優しく包み込んでくれる代々木公園。公園ののびのびとした樹々の中に身をおくと、心が自然の中へと溶け出し、自由になれるのだろうか。人々の顔は、とても生き生きとしている。そして、そのような大きな許容力をもった公園は、動植物を育み、人々の生活と心に潤いをもたらしてくれるだけでなく、降った雨は川となり、都市の中の生態系の一部を形成している。川やみどりはけっしてシブヤというマチにおいて目立つ存在ではないが、陰ながら私たちの生活を支えてくれてい

【6-3】広々と明るい代々木公園（2009年12月筆者撮影）日常の生活の1コマを、鮮やかに演出する都市の舞台装置となっている。

る大事な都市の要素なのである。都市の環境再生が叫ばれて久しいが、それはこのような川とみどりのつながりを見つめなおし、自然のもつ力を引き出すところから始まるのではないだろうか。

一方で、コンクリートに囲まれた現代の渋谷川が、姿を変えて私たちの生活の中に息づいている例もある。渋谷駅より北側の上流部では、コンクリートで囲まれるどころか川が暗渠化されている。暗渠というのは、川の上部に道路や建物がつくられ、川が蓋をされた状態のことをいい、実際に川の姿を目で見ることはできない。しかし、そのような場所でも、注意して見ると川の痕跡を発見することができる。たとえば、裏原宿にあるキャットストリート。ここは、現在若者向けの多くの路面店が立ち並んでいるが、旧渋谷川遊歩道という正式な名前をもっている。現在はファッショナブルな人々で賑わうこの道にも、東京オリンピックの際に暗渠化されるまでは川が流れていた。表参道から始まって、シブヤの宮下公園を抜けるまで歩いたことがある人は、道が少し曲がりくねっていることに気づいたことがあるかもしれない。そのゆるいカーブはぶらぶらと買い物をするにはうってつけでもあるが、それはかつて川がそこに流れていた記憶なのである。またある人は、道の真ん中につくられたポケットパークで、買い物ついでに一息ついたこともあるかもしれない【6-4】。これは、渋谷区が川の暗渠部分に遊具や植栽を配し遊歩道としたもので、川が下に流れるからこそ存在する空間である。どこか愛らしい、ゆるいカーブと小さな公園。それらの川の痕跡は、人々がキャットストリートへ足を運びたくなる理由のひとつとなっているのではないだろうか。

また、なんと、渋谷センター街の下にも川が流れている。この川は、渋谷川

【6-4】裏原宿のキャットストリート（2009年12月筆者撮影）
ポケットパークの下には渋谷川本流が流れている。

の支流の宇田川である。代々木四丁目付近を水源として流れ出し、代々木公園やＮＨＫ放送センターの西側に沿って南下する。そして、センター街の中心を通り、渋谷駅北側で渋谷川の本流と合流している【6-5】。キャットストリート以上に多くの人が毎日行き交うセンター街。東京の中でも多くの人を惹き付ける若者カルチャーの拠点。いわば川に蓋をすることで、シブヤのメインストリートにまでのぼりつめた。センター街を行き交う多くの人がまったく気づくことはないが、人々が闊歩するその下には、かつては童謡にも歌われた小さな川がひっそりと流れているのだ。今度センター街を訪れる際には、ふと足をとめて地下を流れる川の音に耳をすませてみてはどうだろうか。きっとシブヤの違った一面を見ることができるに違いない。

都市に生まれた「みどり」

一方、川は蓋をされ、ビルが乱立するマチなかで、目に見えるみどりはどうなっているのだろう。どんどんと消えていってしまっているように思うが、案外あるものなのだ。すき間なく立ち並ぶオフィスビルを見上げるとその姿が見えてくる。いまシブヤのみどりは空から生える。

「青空カフェ」【6-6】。それは狭い雑居ビルの上に位置する。にもかかわらず、ビルを上っていくと突如、果てしなく広がる空に面したみどり溢れる心地のいい空間が出現する。それは、ひっそりと存在していてしばし、自分だけのゆっくりとした時間を味わうことができる隠れ家的なスポットだ。私は友達と行く

【6-5】渋谷センター街（2010年1月筆者撮影）渋谷を代表する繁華街の下にも川が流れている。

よりも、本でももってひとりで行くことをお勧めしたい。これらのカフェはシブヤのいろいろな場所に隠れるように点在していてあまり知られていない。この、都市の隠れ家を愛してやまない人達が一生懸命内緒にしているのではないかと勘ぐりたくなる。しかし、ご心配なく。顔を上げて歩いていると、時々ビルの屋上が緑で溢れている場所がある。少しの勇気を振り絞ってボタンを押すと、屋上にあなただけのカフェが見つかるかもしれない。

余談であるが、あるときカフェを探してまた勝手にエレベーターのボタンを押した。あれ、何かが違うと思ったその場所はなんと屋上ジムだった【6-7】。カフェテラス付きのレストランかと思いきや、真っ青なプールに並ぶビーチチェアと緑色の木々。この、確実に高級な会員制ジムは、眼下に広がる景色も、みどりも、広がる空もすべてを手に入れることができ、それだけで健康になれそうである。もし将来私がここに通えるようになったとしても、確実に運動よりも昼寝を優先してしまいそうで、やっぱり入会はやめておこうと心に決めた。

最近では屋上緑化や、壁面緑化という言葉を聞いたことがない人はほとんどいなくなった。何を隠そう私たちの研究室がある、東京大学生産技術研究所も屋上緑化がされていて、蔦により研究所の堅い雰囲気も緩和されたように見える。また、環境負荷に配慮した生産技術への新たな取り組みとして、実際の効果もさることながらPRに一役買っているのは言うまでもない。

それとは別に建物のブランド化をまかされた緑化がある。表参道から少しセットバックして建つラルフローレンには、蔦による屋上緑化と壁面緑化がな

【6-6】青空カフェ（2009年12月筆者撮影）
何時間も話し込む友人同士。

されている【6-8】。ギリシャ風オーダーの西洋の古い洋館をイメージして作られたこの建物には、蔦が綺麗に生い茂り、なんとも整然とした印象をうけ、作り込まれたイギリス庭園を彷彿とさせる。ここにおける「緑化」は環境対策等ではなく、みどり固有の純粋性や瑞々しさを直接このブランドのイメージ作りに役立てていた。この外観はこのブランドの商品を知らなくても、入る人を選ぶくらい力をもつ。最新トレンドを発信するトップブランドひしめく表参道においてひときわ目立つ建物であることはいうまでもない。

シブヤの新たな「みどり」は、屋上、壁面だけが熱いのではない。イチョウ、ケヤキ、モミジにサクラ、これらはすべてシブヤにある並木道だ。他にも数ある公園をつなぐように10種類以上の並木道が存在し、起伏があって通勤通学には少しつらいシブヤの坂道を楽しい散歩道に変えてくれる。さらに、これら並木道は多くの人々にインスピレーションを与え、新たな「並木」を誕生させた。

2001（平成13）年「RIN RIN」という新たな並木が誕生した【6-9】。地下鉄工事のためになくなった明治通りの並木道が銀色に光り輝くモニュメントに生まれ変わったのだ。ラフォーレ原宿の20周年に造られたこのディスプレイはクラインダイサムアーキテクツが当時の若者の文化「かわいい」と、並木道とラフォーレ（森という意味）の「木」をテーマに作り上げた。それは、とても異質なものでありながら、並んで建つ姿はやはりどこか懐かしい並木風景に違いない。若者がベンチに座り友達を待ち、髪をセットしながら恋人を待つ、そんな人々の笑顔が鏡面に映り込む時、確かに設計者の「若者の心に響く元気

【6-9】RINRIN（2010年1月筆者撮影）
通称「りんりんディスプレイ」いろいろな展示をする他、人々の待ち合わせや休憩場所にもなっている。

【6-7】屋上ジム（2009 年 12 月筆者撮影）
広々とした空間にみどりとプールが設置されている。

【6-8】表参道のラルフローレン（2009 年 12 月筆者撮影）
屋上緑化と壁面緑化でディスプレイされている。

なモニュメント」を作りたいという想いは人々に伝わり、シブヤのマチを元気にしている。

表参道にも、新たな「並木」が誕生した。それが「TOD'S 表参道」である【6-10】。それは建築においても新たな試みだった。２００４（平成16）年に現れたこのビルは、表参道のケヤキをモチーフに設計された。全体で9本のケヤキをオーバーラップさせ細かい枝の重なりがそのまま構造として表現されている。「この通りに並ぶガラスのみのファサードをもつ美しいが無機質な建築にたいして、もっと表情を与えたかった」という、建築家伊東豊雄氏は、あらたな時代の抽象表現として緑のもつ複雑性を建築に取り込んだ。実際中に入ってみると、外の景色がまるで森の木々の枝を通して空を見あげた時のように複雑な表情を見せるのだ。木のもつ要素をほんの少し借りて、建築が「みどり」になったこの場所では、美しいだけではない自然がもつ抽象性が、通りにあらたな表情を生み出している。

人はみどりを目にするだけで新鮮な空気や光、四季の移ろいを感じることができる。それは公園、屋上、店先であっても同じだ。日々変化する都市に変わらず季節が巡ってきたこと、新しいみどりの出現でマチが活気に溢れること、どれをとってもみどりがマチに施す彩りはとても豊かで魅力的な生活を生み出してくれる。

都市に植える、都市に生える

たった1文字の違い。「植える」と「生える」はみどりにとって正反対の意味をもつ。「植える」はあくまでも人が主語であるのに対し、「生える」はみど

【6-10】TOD'S 表参道（2010年1月筆者撮影）
ケヤキ並木をモチーフにした新しい構造体の建築。

りが主語となり文字通り、自分の力で生きることを表す。

人々が最初に「植え」始めたのは鑑賞する庭木でも美しい花々でもなくハーブのような「食物」である。近年まで、ここ日本においても自然に生えている「野菜」と、育てられた「蔬菜」を区別していた。言葉があるということは、人々が何らかの違いを意識してみどりを「植えてきた」という歴史を感じさせる。

この都市の中心ともいえるシブヤにみどりを「植えた」人たちがいる。通称「ノギャル」。いうまでもなく「ギャル」はシブヤの流行を生み出す源の、ギャル達だ。では「ノ」はというと、なんと農業の「ノ」である。19歳で若者向けのマーケティング会社を設立した藤田志穂元社長を筆頭にカリスマ店員や雑誌モデル達が「ノギャル」として秋田で米作りを始めたのだ。きっかけは小さい頃からみてきた田舎の畑や田んぼである。手を入れる人がいなくなり放置されたこれらの土地をどうにかしたいと、立ち上がった。今回は、その「ノギャル」が作った「シブヤ米」【6-11】を一消費者として味わってみた。「甘い!!」、これは、初めて食べた時の感想だ。試食前は正直にいうとまったく期待しておらず、話題性だけのお米だと思っていたので、そのおいしさに驚いた。注文した胚芽米は玄米より扱いやすく白米より栄養価が高い。やや割高で値ははるが食の安全が気になる昨今、生産者の顔が見えるこのお米は選ぶに値すると思う。もちろん年間を通して作っているのは農家のおじさんで、あくまで「ノギャル」はプロデューサーとしての役割を果たしている。しかし、さすがは元ギャル社長のコンセプト、あくまで「シブヤ」から「食」を発信するということには迷いがない。味わっているこちら

【6-11】シブヤ米（2010年1月筆者撮影）表にはハチ公がデザインされていて裏にはノギャルと生産方法について記してある。

側としても、おいしいものが「シブヤ」で食べられることが重要であるから「秋田生まれの渋谷育ち米」をこれからも応援したい。

先に春の小川の歌の例で触れたように、かつてシブヤには田植えの光景が広がっていた、それは大正期頃から徐々に姿を消していったが、２００９（平成21）年のＧＷシブヤに、突如プランターによる棚田が出現した。「渋谷田んぼまつり」は弁護士の森田貴英氏と、渋谷公園通り商店街の人々の企画によって実現した。この祭りには武田鉄矢をはじめとした芸能人が参加するとともに、普段シブヤを利用する学生から女優までさまざまな人により「田んぼガールズ」が結成され田植えを行った。いつもは訪れるだけの場所に自分たちが一生懸命作った「田んぼ」があると、一気にそのマチに愛着を持ち、シブヤが訪れるマチからホームタウンに変わる。シブヤを大切に思うこと、それまでの過程がこのプロジェクトの最大の魅力である。

「銀座の屋上で農業体験」という、あまりにもかけ離れたイメージで有名になった屋上菜園を覚えている方も多いのではないだろうか。その会社が、今度はシブヤでも屋上菜園の貸し出しを始めた。それが「表参道彩園」。場所は青山のクレヨンハウスのすぐ近くのビルの屋上である【6-12】。青空の下、きちんと管理された便利で綺麗な畑での農作業はまさしく都市における農業という響きがぴったりだ。会社に行く前に野菜の成長を見に行き、ウィンドウショッピングの帰りに新たな種をまく。そういった自分で選んだスタイルで農業を行えるというステイタスは都市で農業体験を買っている人々の特権である。彼らは野菜

【6-12】表参道彩園（『表参道彩園』より）
青々と広がる空と整備された畑が印象的である。

をただ食べるだけではない、育てる楽しみも味わうことができるのだ。

まだまだ畑はある。みつけたのはシブヤの線路沿いの小さな畑だ【6-13】。ここは「シブヤ大学恵比寿キャンパス畑ゼミ～tane～」が育てている畑で、いろいろな野菜を試行錯誤しながら有機農法で栽培している。その奮闘記はブログでみることができる。いつも独特な授業を提供しているNPO法人シブヤ大学であるが、この飽食の時代に堆肥の作り方から真剣に学べる場所があるというのは、シブヤならではの魅力のひとつだ。

シブヤのマチには、古くからこの地に住み続けている住民の人も多く、彼らはいろいろな植物を育てている。寒空の中渋谷川沿いを散策していると、一軒家に植えられたたみかんをみつけた【6-14】。ここで上京して10年近く忘れていたことを思い出した。小さい頃、裏庭になった酸っぱいだけのみかんを採れるだけ紙袋につめて小学校の給食にもっていった。今程厳しくなかった私の小学校時代は友達がもってきてくれたミニトマトが夏を教えてくれたり、サクランボが少し贅沢な気分を味わわせてくれたりした。それは自然の恵みのお裾分けで、その日の給食はちょっとだけ特別なものとなった。勝手にシブヤのみかんを食べることはできないが、身近に食べられる食材があるというのは安心や安全性を超えて嬉しいものだったのだと気づかされる。

人々が作り上げてきた都市、このシブヤというマチではみどりはほとんど「植え」られてきた。しかしこの都市の中にも「生える」みどりがあった。ビルとビルの合間から生える椿である【6-15】。椿の歴史は古く、万葉集にも載ってい

【6-13】シブヤ大学恵比寿キャンパス畑ゼミ～tane～の畑（『シブヤ大学恵比寿キャンパス畑ゼミ～tane～ブログ』より）いろいろな野菜を日々試行錯誤しながらつくっている。

るほどで、東京においては徳川秀忠の名花献上により「江戸椿」が生まれ、マチの人々に親しまれてきた。この椿が30㎝ほどのすき間から一生懸命枝をのばし、立派な花を咲かせる姿は、マチ行く人の目を楽しませると同時に土地の歴史を伝えてくれる。もちろんビルが建つ前からあったわけではないだろう。誰かが家の植木をこっそりおいたものが根付いたのかもしれない。しかし、そこには確実に力強く「生えて」いる姿が見て取れる。「植える」が「生える」に変わったとき、人は意図せずに「みどり」の秘めた生命力を知ることとなる。

私たちは、「みどり」を鑑賞し、心地よさを味わうだけでなく、日々食し、生きる源として「みどり」を味わってきた。「みどり」は自ら大地のエネルギーを力強く蓄え、私たちの生活を支えてくれているのである。人の生活になくてはならないものだからこそ、今日もまた新たなみどりが「植え」られるのだろう。

これからの「みどり」

私たちが今回このシブヤでみつけた「みどり」は植物だけではなかった。

それはマチに潤いをもたらす川であり、四季折々彩りを添える公園の木々や空間、シブヤで育まれた豊かな恵みや味わい、人々の想いを込めた建物に至るまですべてのものが「みどり」であった。「みどり」の存在は常に新しい価値を生み出し、私たちに柔らかく温かな生き生きとした視点を提供してくれる。

コンクリートで囲まれたあの渋谷川では、現在再び生命を取り戻そうという

【6-14】みかん（2009年12月筆者撮影）
民家に旬を届けている。

動きが、国、都、区、関連事業者の連携のもとに進められている。これは、渋谷駅南側から河口までの空間において、今後20～30年の間で再整備していこうというものである。とくに、渋谷駅付近では、現在進行中の東急東横線の工事により生まれる高架駅舎の跡地に、親水空間を創出することが検討されているそうだ。みどり溢れる渋谷川へ、買い物の際に一休憩しに訪れたり、近隣のオフィスで働くＯＬさんがランチをしに来たりと、再び人々が川へ憩うようになる日もそう遠くないかもしれない。

東京が高度に近代化を遂げる中で、見過ごされてきた大切なもの。そのひとつは、日本人が長い月日の中で培ってきた自然と共生する心であっただろう。なくなってしまってから気づくのではなく、日々の生活で感じることが何よりも大切なのである。一見見えなかったり、弱っていたりする「みどり」もあなたが見つけ、日々小さなことに驚き、感動することで生き生きと蘇るのだ。「みどり」は大切にするものではなく、一緒に生きるものだ。

私たち都市に生きる人間も、マチに潤いを与え、彩りを生み出せる「みどり」のひとつでありたい。

【6-15】椿（２００９年12月筆者撮影）
ビルのすき間から懸命に枝をのばし季節を知らせ、まちを彩る。

【参考文献】

五十嵐太郎編『建築と植物』ＩＮＡＸ出版、２００８年

川口葉子『屋上喫茶階』書肆侃侃房、２００８年

クラインダイサムアーキテクツ『-FUL クライン ダイサム アーキテクツ』ＴＯＴＯ出版、２００９年

近藤三雄『緑化建築論　緑で建築と都市を潤す環境ビジネス』創樹社、２００６年

真田純子『都市の緑はどうあるべきか―東京緑地計画の考察から―』技報堂出版、２００７年

田島則行＋久野紀光＋納村信之編『都市／建築フィールドワーク・メソッド』ＩＮＡＸ出版、２００２年

半田真理子『都市に森をつくる　私の公園学』朝日新聞社、１９８５年

藤田志穂『ギャル農業』中央公論新社、２００９年

landscape network901 編『ランドスケープ批評宣言』ＩＮＡＸ出版、２００２年

『東京青空カフェ』角川クロスメディア、２００７年

『「春の小川」の流れた街・渋谷』白根記念渋谷区郷土博物館・文学館、２００８年

『ＰＬＯＴ 03　伊東豊雄　建築のプロセス』Ａ.Ｄ.Ａ.ＥＤＩＴＡ Ｔｏｋｙｏ、２００３年

表参道彩園〈http://www.iknowledge.jp/ginza_farm/saien/saien_1.html〉（最終アクセス２０１０年１月）

シブヤ大学恵比寿キャンパス畑ゼミ～ｔａｎｅ～ブログ
〈http://ameblo.jp/hatake-tane/〉（最終アクセス２０１０年１月）

東京都建設局流域連絡会ＨＰ〈http://www.kensetsu.metro.tokyo.jp/kasen/ryuiki/〉（最終アクセス２０１０年１月）

緑の東京計画〈http://www2.kankyo.metro.tokyo.jp/sizen/tokyokeikaku/index.htm〉（最終アクセス２０１０年１月）

「シブヤにおけるみどりのネットワーク」
シブヤには意外にも多くのみどりが存在し、代々木公園を源流とする川が流れ、その近くには公園や並木が整備されてきた。近年、オフィスビルが建ち並ぶ緑が少なかった地域にも屋上緑化が生まれ、私たちの生活を潤わせてくれている。

【出典】
暗渠、開渠（川）……『「春の小川」の流れた街・渋谷』白根記念渋谷区郷土博物館・文学館　2008 年
屋上緑化……「渋谷区緑の実態調査報告書」渋谷区　1993 年
並木、公園……渋谷区『区制 70 周年記念　図説渋谷区史』渋谷区、2003 年

7 渋谷シックスセンス——見えないシブヤ遺産からのメッセージ

原田 萌

ハチ公の伝説

シブヤ駅のシンボルとして君臨し続けてきた忠犬ハチ公が、忠犬として全国の注目を集めるようになったのは、1932（昭和7）年10月4日の東京朝日新聞の記事がきっかけだった。駅でいじめられているハチ公を不憫に思った日本犬保存会の斎藤弘吉氏による投書をもとに、記者が駅の人々へ取材して書いたのがその記事【7-1】であった。ハチ公の伝説が〝創られた〟瞬間である。これは「創作された物語」であるにもかかわらず、戦前は、「オンヲ　忘レルナ」というタイトルで、ハチ公は小学校2年生の修身の教科書にまで登場する。記事が出てからハチを一目見ようと客の増えた渋谷駅近くでは「ハチ公せんべい」「ハチ公チョコレート」「ハチ公ソース」「ハチ公唱歌のレコード」が売られ、ひな人形も作られるほどであった。1987（昭和62）年につくられた映画「ハチ公物語」も配給収入20億円を超える大ヒットとなり、2007（平成19）年にのアメリカでのリメイク版「HACHI 約束の犬」では、ハチ公の飼い主をリチャード・ギアが演じた。死後70年以上経った今でも、ハチ公はみなから愛されている。

その一方、「昭和の軍国主義に利用するために、忠犬にまつりあげられた」といった軍国主義利用説や、死後に胃の中から焼き鳥のくしが数本見つかったこと等から「ハチは、駅へ先生を迎えに来ていたのではなく、食い物欲しさにやって来た」といったヤキトリ説、晩年は駅での滞在時間が増えたことからハチ公は単なる野良犬だったという忠犬を否定する説といった悪評も多数存在する。ハチ公が、本当に先生を迎えにいっていたのかどうかの事実さえ誰にもわからない。しかし、私たちはシブヤのマチに佇む時、あるいは、銅像の前でハチ公を見る時、ハチ公という一匹の犬に関するさまざまな物語を想起する。

「見えないシブヤ遺産」とシックスセンス

ハチ公をはじめ、シブヤのマチには人々によって語られてきた物語が多く存在する。本章では、これらもシブヤを形づくる大切な要素のひとつと考え、「見えないシブヤ遺産」と呼ぶことにする。根拠はないのに、その場所に行くと何か感じてしまう、信じてしまう。「見えないシブヤ遺産」は、陰ながらシブヤを訪れる人々の心を動かしているのだ。

私たちは「見えないシブヤ遺産」を五感以外の何で感じとっているのだろうか。ここで、その感覚を「シックスセンス」と呼ぶことにしたい。日本語訳にした「第六感」を手近にあった『大辞泉』で引いてみると、以下のように掲載されている。「五感以外にあって五感を超えるものの意。理屈では説明のつかない、鋭く本質をつかむ心の働き。インスピレーション。勘。直感。霊感。『―が働く』」つまり、「シックスセンス」は予知能力、霊感、といった霊感のない人には備わっていない特殊な感覚のみならず、「五感だけでは説明できない心の働き」全般

いとしや老犬物語
今は世になき主人の帰りを
待ち兼ねる七年間

大切な育ての

心根を憐れみ

弱いもの虐め

【7-1】記事「いとしや老犬物語」(『東京朝日新聞』1923年10月4日)
東横電車の渋谷駅、朝夕真っ黒な乗降客の間に混じって、人待ち顔の老犬がある。大切な育ての親だった故上野教授に逝かれてから、ありし日のならはしを続けて、雨の日雪の日の7年間をほとんど1日も欠かさず、今はかすむ老いの目をみはって、帰らぬ主人をこの駅で待ち続けているのだ。と、同情を誘う物語として書かれている。

を意味する。本章では、「シックスセンス」を「見えないシブヤ遺産からのメッセージを受け取る感覚」と定義し、誰でも感じることはできるが、実態はわからない、だけど無視できない。そんな感覚をおこさせる、シブヤ遺産からのメッセージに耳を傾けてみようと思う。

しかし、なぜメッセージに耳を傾けた方がいいのだろうか。ここでいう「見えないシブヤ遺産」とは、土地に染み付いた人々の営み、過去の記憶や、大地の持つ神秘的な力のことを意味する。それぞれのマチに根付いた感覚、精神等は、記録として残すことが難しいものだ。近年の都市づくりでは合理性が追求されるがゆえ、そういった記録できない精神的な土台の重要性が軽視されているのではないかと感じる。

妖怪学や神秘学に詳しい荒俣宏は小松和彦との共著、『鬼から聞いた遷都の秘訣』の中で、現在の都市づくりに対して「ものをつくるときには、裏と表、嘘と誠がセットになっていないと立体的にはならない。精神的、霊的な部分を表の人が単独で担うことはなかなか難しい。そこを担うネットワークがないと文化にならない」と述べ、都市における精神的なよりどころとしての裏文化や、霊的なものの必要性を主張している。さらに、同書では民俗学者の小松も「都市の見えない要素、それでいて都市として成立させてきた要素、いってみれば鬼や妖怪の視点からの都市イメージが提示できるかもしれない」「100年ほど前までは目に見える遺産より見えない遺産の方がはるかに大きかった」とも述べている。そう、見えないシブヤ遺産を感じとり、それを都市づくりに反映することで、現代の都市の中で、私たちが人間らしく豊かに生きていく突破口が見えてくるはずだ。

見えないシブヤ遺産の伝え方

記録として残すことが難しい「見えないシブヤ遺産」を、我々人間は物語という形で伝えてきた。都市における口承形態のひとつとして、「都市伝説」がある。アメリカの民俗学者ジャン・ハロルド・ブルンヴァンは、その著名な都市伝説の書『消えるヒッチハイカー ー都市の想像力のアメリカ』の中で、噂や伝説、神話等が、民間の「普通の人々」によって語られるうちに、物語として完成し、現代の都市で信じられている物語のことを「都市伝説」と定義している。つまり、「都市伝説」の生成過程を溯って辿ることで、「見えないシブヤ遺産たちからのメッセージ」の断片を拾うことができる。

「都市伝説」はシブヤで生まれ、伝えられてきた。ネットやインタヴュー、各種の本で、シブヤにまつわる「都市伝説」を集め、シブヤ遺産からのメッセージに耳を傾けてみることにしたい。「シブヤ経済新聞」というサイトの都市伝説の特集「「噂」も消費するパワーゾーン、渋谷「都市伝説」はこうして生まれる?」では「都市伝説」を(1)過去の事件、事故に由来するもの、(2)場所に由来するもの、(3)発祥が不確定、あるいは特定しづらいものの3つに分類し、渋谷の都市伝説を収集、分析している。この記事を参考に、収集した都市伝説をリスト化、根拠の所在をもとに分類し直し、本章では「風水系都市伝説」、「歴史系都市伝説」、「根も葉もない都市伝説」の3種類に分けることにした。

第1の「風水系都市伝説」とは、実際に起きた現象に対して風水の観点から理由をつけたものである。第2の「歴史系都市伝説」とは、もととなるできごとは事実だが、派生した現象や物語に信憑性がないもの、そして、3番目の「根も葉もない都市伝説」とは、発生根拠を見いだし難いものである。以上3つの切り口で、シブヤ遺産からのメッセージを紹介していきたい。

風水系シブヤ都市伝説

まずは、風水の観点からシブヤの現象を読み解いた話である。風水とは、古代中国で、大地や都市、墓の気の流れを制御するために考案された術であって、朝鮮半島、ベトナムに広がっている。風水は大別して、土地の地形や地質等目に見える情報から読みとる「巒頭《らんとう》」派、陰陽五行や八卦、易理（易）、方位など目に見えないもので判断する「理気《りき》」派という2派がある。日本の家相は、風水思想が退化したものだといえる。

1　ハチ公像の向き

「ハチ公の向き」がシブヤの変化するカギを握っているという説がある。加門七海『うわさの神仏　其の三　江戸TOKYO陰陽百景』によると、陰陽道の視点から「渋谷が若者の街になったのは、ハチ公の向きが変わったため」といえるそうだ。土地に強い影響力を及ぼすものは、有名なもの、古いもの、大きなもの、目立つものである。

シブヤのまちに長く影響力を及ぼしてきたシンボル「ハチ公」の変化は、当然土地の体質を変える。陰陽道では、万物は陰陽五行（陰と陽、木火土金水の性質）で成立・解釈できるとされている。犬は五行において金性の動物、これと同じ法則を使うと、東は木性、南は火性に相当し、この五行はお互いに強弱の関係を結んでいるのだ。たとえば、火は水に弱いが木には強いというように。

この法則を金性の犬であり、金属でできているハチ公像と、新旧の方位に当てはめてみると……東向きだった時のハチ公は、金属の斧が木（東）を伐るように強い力を保ってた。しかし、火（南）の向きに顔の向いた今、金属が火で溶かされてしまうと同様、弱い存在となってしまったのである。

加門は、犬は魔除けであり、子供の守りともいう。つまり、渋谷駅という「街の入り口」に立つ強力魔除け門番「ハチ公」の力が弱ってきている。東は若者に相当し、金は熟年に相当する。〝忠犬〟ハチ公は、戦前から続いていた古い価値観のシンボル。それが向きの変化によって古い価値観は崩壊し、渋谷は若者の街になったと考えることができそうだ。しかし、実際ハチ公の方角をよく調べてみると、東向きから南向きではなく、北向きから東向きに変わっている。やはり、都市伝説の根拠は深く考えないのがよさそうだ。

2　オタクがいなくなった理由

渋谷は秋葉原にお株を奪われる前までは、オタクの聖地だった。それが、1997（平成9）年の「センター街のアーチ倒壊事故」がきっかけで、渋谷にオタクの居場所がなくなったという説がある。センター街のアーチは何か風水的なシンボルだったのかもしれない。

シブヤのまちを風水の視点で見てみたい。なんといっても、シブヤの特徴

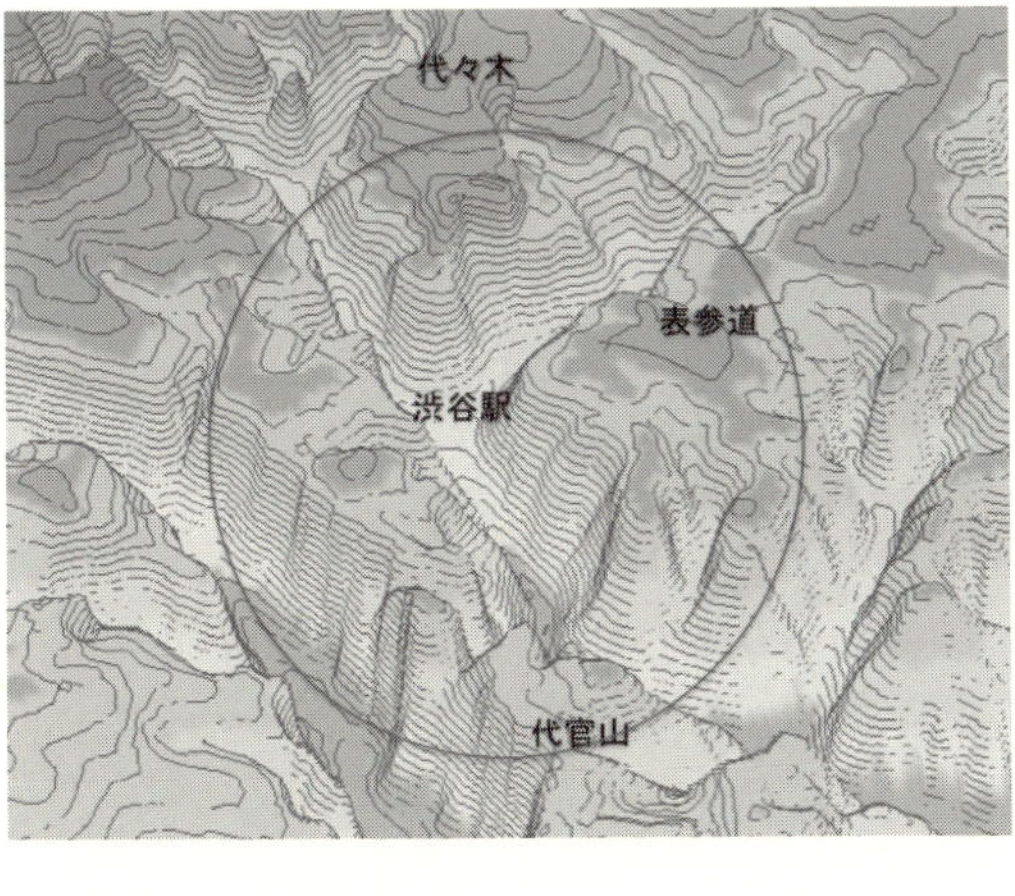

【7-2】シブヤの谷（国土地理院基盤地図を元に筆者作成）
円内が渋谷駅からおよそ半径1km圏を表している。周りの地域からさまざまな気を引き込む谷底の地形を見て取ることができる。

は〝谷〟の地形にある【7-2】。周囲を谷に囲まれた地形には、あらゆるものを引き込む力があり、人が集まって、新たな文化が芽生える力をもっているそうだ。その反面、悪いものも引き込み、悪い気が充満し、風俗や酒、犯罪といった負の要素も栄えてしまう側面ももっている。また、シブヤは方角的には東京の南西に位置する。陰陽道では、北と西は陰、東と南は陽とされており、陰陽の境になる南西は、不安定だと考えられている。一方で、気の破れ目でもある南西には、先端的な活動、流行が芽生える素地があり、色事も多く発生するといわれている。若者文化がシブヤで栄えたことも風水の視点から説明できてしまうのである。

歴史系シブヤ都市伝説

ここで紹介するのは、史実や実際に起きた事件がもととなって作られた都市伝説である。そのシブヤ遺産からのメッセージとは何か、そして、人々が過去の出来事をどう解釈し、伝えてきたのか紐解いていきたい。

1　酒呑み地蔵

新宿に近い渋谷区本町の住宅街の一角に小さなお地蔵様がある。その名も「酒呑み地蔵」。お酒を断ちたい人がしばしば祈願に来るそうだ。でもこのお地蔵様、けっして〝のんべい〟を祀ったものではない。1708（宝永5）年、まだこの地が江戸近郊の幡ヶ谷村だった頃のこと。この村の農家に雇われて農作業や

【7-3】酒呑み地蔵（2008年7月筆者撮影）
小学校の裏、住宅に囲まれた所にある。立派なお堂や旗からも、お地蔵さまが大切にされてきたことがよくわかる。

子守りなどをしていた中村瀬平という者がいた。瀬平の勤勉な働きぶりに感心した村人は、ある正月、31歳になった瀬平を酒の席に招いて御馳走をすることにした。しかし、酒を呑み慣れない瀬平は酔って川に落ちて水死してしまったのである。その後、瀬平は村人の夢枕に現れて「この村から酒呑みをなくして欲しい」と願ったので、村人たちは地蔵を建て〝酒呑み地蔵〟と呼んで守ってきたそうだ【7-3】。

2 鼠塚

1900~1901(明治33~34)年、東京でペストが流行し、その感染源として疑われた多くのネズミが片っ端から殺されてしまった【7-4】。広尾の祥雲寺墓地入り口には3匹のネズミの絵が刻まれた大きな慰霊碑があり、虐殺された鼠たちが供養されている【7-5】。

3 「神泉」の弘法大師伝説

「神泉」という神々しい地名には様々な由来があるようだが、ひとつには「弘法大師(空海)が来て、霊泉を湧かせた」という伝説がもとになっているといわれている。ただしこの伝説は比較的に新しく、明治に入り今弘法という僧が弘法大師像を背負ってここに来て、浴室を建て「弘法大師のご利益がある」という触れ込みで薬湯治療を行っていたといわれる。江戸時代この地には「昔、仙人がここの湧き水で不老不死の薬を練った」(『新編武蔵風土記稿』)などの神聖な水にまつわる言い伝えがあり、今弘法もその言い伝えをベースに浴場経

【7-4】(2008年7月筆者撮影)
祥雲寺の墓地入り口にそびえている明治35年に建てられた鼠の供養塔。同墓地には黒田長政をはじめ文化人、政治家らが多く眠る。

営を始めたのであろう。

その後、地元の人が経営権を継いだ頃、鉄道開通にともなって、富士講や大山講の人たち、練兵場の軍人らで道玄坂界隈がにぎわうようになり、弘法湯も繁盛した。その浴客を目当てにした花街が弘法湯前に形成され、今なお円山町や道玄坂の賑わいとなって残っている。神泉駅をおりてすぐのコンビニの角に今でも小さな碑があり、「弘法大師・右神泉湯道」と書かれている【7-6】【7-7】。

4　二・二六事件の慰霊碑付近での心霊現象

ＮＨＫがある場所にはかつて東京陸軍刑務所があり、二・二六事件の反乱将校はここで処刑された。現在は慰霊観音が建てられており、「近くの小学校では、深夜隊列を組んだ軍靴の音が響く」「ＮＨＫの古いスタジオに幽霊が出る」等、付近では幽霊の噂が絶えない。

5　代々木公園での心霊現象

代々木公園は戦前には陸軍代々木練兵場だった。この地で命を落とした人や無念の死を遂げた人々の悔しい思いも多く染み込んでいるだろう。敗戦に当たってこの地で自決した方々を慰霊する鎮魂碑も建っている。そのためか、「軍人亡霊の宝庫」といわれ、心霊現象の報告が後を絶たない。

6　千駄ヶ谷トンネル

国立競技場から原宿方面に向かう途中にある「千駄ヶ谷トンネル」。都内の心霊スポットとしても有名で、この近辺では心霊現象が起こるという噂がいくつも存在する。たとえば、トンネル

【7-5】鼠の供養塔に描かれた絵（2008年7月筆者撮影）鼠塚らしく、裏には3匹の鼠の絵が彫られている。

内で心霊写真が撮れる、天井から幽霊がぶら下がっている、タクシー運転手が付近で女性を乗せたはずなのに後ろを見ると誰も乗っていなかったという話。それ以外にも、近隣にあるビクタースタジオでレコーディングした有名な歌手のＣＤに奇妙な声が入っていた等、近隣のオフィスやマンションでの怪奇現象を挙げていくときりがない。

その原因は１９６４（昭和39）年の東京オリンピックにさかのぼる。もともと、この一帯には仙寿院というお寺の墓地が広がっていた。しかし、東京オリンピックに向けて道路を通さざるを得ないということで苦肉の策を用いた結果、墓地の下にトンネルを掘って通すことになったのである。そのために、安らかな眠りを邪魔された方々が怒っていらっしゃるのだ。

7　コインロッカーの赤ちゃん

以前、不本意に妊娠、出産してしまった女性が、自分の生んだ子どもを渋谷駅のコインロッカーに入れ、放置してしまうという悲しい事件があったそうだ。それから5年たったある日、彼女は普段避けていたそのロッカーの付近を通る機会があった。すると、ロッカーの近くでひとりの男の子が泣いている。不憫に思った彼女が「ぼく、どうしたの？」と聞いても、「……」男の子は何も答えない。「大丈夫？」「……」「ぼく、おかあさんはどこ？」すると男の子は振り返り、「おまえだ!!」と。

１９７０年代当時、全国的にコインロッカーが普及。それと同時に新生児を放置するという事件が頻発した。おそらく、シブヤでも発生したのだろう。こ

【7-6】明治末期に賑わう弘法湯（白根記念渋谷区郷土博物館・文学館）
多くの湯治客で賑わう明治末期の弘法湯。

の話は、シブヤのあちこちのコインロッカーで囁かれている。

8　青山劇場

青山劇場は、以前、墓地があったところに建っているといわれている。その柿落としの打ち上げが、劇場の中で行われた時のこと。外部からは誰も入って来ないはずなのに、なぜかカウボーイ・ハットをかぶった見しらぬ人たちが大勢参加していたという。それ以降も、ここには、よく出ると囁かれてきた。霊たちも劇が見たかったのだろう。

心霊現象ばかりだが、幽霊は必ずしも「恨み」「怨念」で出没するわけではない。自分のような辛い思いを未来のシブヤ人に味わってほしくない、悲惨な事件を2度と起こさないでほしい、といった強いメッセージをもってわざわざ出てきたといえるのではないだろうか。

根も葉もない都市伝説

最後に紹介するのは、根も葉もない噂である。何が起源で、誰が言い始めたのかわからないものばかりだが、そんな噂からもシブヤ遺産の片鱗は見える。

1　恋文横丁で恋愛成就

恋文横丁の名前を聞いたことがあるだろうか。戦後、代々木にワシントンハイツができた時、シブヤのマチでアメリカ兵と日本人女性が恋仲になることも

【7-7】「右神泉湯道」と書かれた石碑（2008年7月筆者撮影）
神泉駅をおりてすぐのコンビニの角にある。

少なくなかった。しかし、そこには言葉の壁があり、ラブレターを書こうにも、当時多くの日本人女性は英文が書けなかったのである。そこで、この横丁にあった小さな商店主の菅谷さんという男性が代筆していた【7-8】。

史実がもとになって物語ができたのは、1953（昭和28）年。丹波文雄が小説『恋文』を新聞に連載したことが最初である。のちに田中絹代監督によって映画化されたことで、話は全国に広まった。代筆屋がなくなった後も、センター街に「恋文食堂」というポストの形をしたレストランが出現し、若い女性に人気を博した。郵便ポストをモチーフにした店構えのみならず、店内には本物のポストが設置されており切手まで販売していた。残念ながら2005（平成17）年に閉店してしまったが、ここからラブレターを出すと恋が叶うといわれていた【7-9】。しかし、今でも、「恋文横丁跡地付近にあるポストから手紙を出すと恋が実る」という噂だけは残っている。ポストを探そうにも、恋文横丁はもはや跡形もなく、家電量販店になってしまったが、つい最近「恋文横丁ここにありき」の碑が量販店のビルの隙間、コンクリートに囲まれて密かに復活していた【7-10】。

2　耳かじり女

1993（平成5）年頃、「ピアスをしている女性の耳を食いちぎる女が渋谷に出現する」という噂があった。この噂はなぜかシブヤだけで広まったそうだ。

ピアスの穴をあけた際に、耳から出ていた糸を引っ張って失明してしまった

【7-8】昭和28年頃、恋文を代筆する菅谷さん（「道玄坂写真館」〈http://www.shibuyadogenzaka.com/rekishi/photo1.html〉）
古着屋経営の傍ら、ラブレターの代筆にいそしむ菅谷さんの手紙がもとになり、多くの女性が国籍を超えて結ばれた。以前のこの通りは、「すずらん横丁」と呼ばれていた。

女性が恨んで出没したといわれていたが、ピアス人口が増える中で自然に消滅していった。口裂け女の正体が教育ママだといわれるように、ピアスの穴をあけることへの誰かの戒めがもとになって話が膨らんだのかもしれない。

3　スペイン坂の恋の女神

かつて、スペイン坂のイタリア料理店の脇に女神の像があった（今は確認できない）。それは、恋の女神様と信じられ、その女神様にプリクラを貼って好きな人の名前を書くと両想いになれるといわれていた。

4　二・二六事件の慰霊碑が恋愛成就に効く

「HNKの向かいにある二・二六事件の慰霊碑の前で告白すると、そのカップルは上手くいくらしい」というなんとも奇妙な噂がある。昭和維新を叫びながらも、夢半ば処刑された将校たちがなぜ他人の恋愛まで助太刀してくれるのか。二二六（ににろく）を別な読み方にすると「ふうふロック」。つまり夫婦をロックしてくれるということが由来だそうだが、そんな駄洒落で祈願されても困ってしまうだろう。

5　シブヤのまちの幸せポイント

シブヤのまちにはいくつか幸せポイントが存在し、そこに両足をそろえて立

【7-9】恋文食堂
（「Let's Enjoy TOKYO」
<http://www.enjoytokyo.jp/id/sator32/26990.html>）
ポストを模してデザインされた在りし日の恋文食堂。店内では便せんや切手まで販売しており、恋する女性達から熱い支持を得ていた。

つと願いが叶うという噂がある。「スペイン坂のベネトン前」「パンテオン横の横断歩道の中央」が有名だったが、今はなくなってしまった。すぐに実践したいなら理由や真意はわからないが、原宿の橋に花束をおくと恋人ができる、ハチ公の頭をなでると願い事が叶う、等の新たなポイントが生まれている。恋のキューピッドは移り気だ。

こうして挙げてみると、シブヤのマチでは、随分と多くの伝説が生み出されている。しかし、その大半が色恋沙汰の〝デマ〟と言えそうだ。

社会心理学者オルポートとポストマンは著書『デマの心理学』の中で、デマの流布量の公式を「当事者に対する問題の重要さ×情報のあいまいさ」と定義し、例外として、重い禁制下や、自己判断力をもつ人々の間では当てはまらないとする。また、性的興味や、不安、欲望、嫌悪といった人間の諸欲求がデマの発生する主な原動力になるとも述べている。ネットで、「都市伝説」のキーワードと一緒に、地名を並べて検索してみると、シブヤは、秋葉原、六本木の次に多くヒットする。新宿、銀座よりも、はるかに数が多い。上記の方程式でいうならば、シブヤでは色恋沙汰の重要度が高く、様々な欲が渦巻いていると同時に、多くの人たちが、あいまいな情報に流され、判断力が鈍っているとも読みとれる。

【7-10】恋文横丁ここにありき（2008年10月筆者撮影）
大型量販店建設にあたり、一時は撤去されていた恋文横丁跡地の碑だが、最近復活し、ビルの隙間にひっそりと建っている。

見えないシブヤ遺産のこれから

時系列に沿って、見えないシブヤ遺産からのメッセージを聞いていくと、最近、メッセージの力がどんどん弱っているように思える。怨念や魂といった、土地や大地に染み込んだ強いエネルギーや思いが減り、噂やネタといった表層的な伝説が増えている。これらを、ゆたかな都市づくりに活用できる遺産といえるのだろうか。そもそも、近年の都市伝説は、ネット上で語られ、匿名で広まることが主流となり、実際に身体的なシックスセンスで感じとることができないものが多い。

ここでは、都市伝説を、信じるか、信じないか議論しているわけではない。都市伝説から、見えないシブヤ遺産たちの思いを少しでも感じとり、未来のシブヤの糧にしていってほしいのである。これらの都市伝説は、シブヤという土地、地域の文化の中で育ち、継承されてきたものだ。その土地の魂を大切に守ってきた人々がいる、ということが大事なのではないだろうか。そして、見えないシブヤ遺産を継承し、これからの都市づくりに活かす。彼らのメッセージに耳を傾ける第1歩として、私たちは鈍ったシックスセンスを鍛えていかなくてはならない。

シックスセンスと聞くと、特別な人にしか備わっていない不思議な感覚に見える。しかし、本章で定義するシックスセンスは街に関するちょっとした知識と、研ぎすまされた心があれば誰もが持ちうるものだ。シブヤを訪れる際は、いつもよりちょっと敏感に第六感を働かせ、見えないシブヤ遺産からのメッセージを感じ取ってみてほしい。そして、それが都市の未来を造り出す。

【参考文献】

G・W・オルポート、L・ポストマン、南博訳『デマの心理学』岩波書店、1952年、42～59頁

荒俣宏、小松和彦『鬼から聞いた遷都の秘訣』工作舎、1997年、56、165頁

株式会社インターソース「幸せの都市伝説」〈http://www.ybd.info/jp/happy/〉（最終アクセス2010年1月）

加門七海『うわさの神仏　其の三　江戸TOKYO陰陽百景』集英社、2007年、186頁

河西保夫&トーキョウ・ルーマーズ『東京の噂スペシャル』クラブハウス、1995年、116頁

有限会社KMネットワーク「渋谷WEST」〈http://www.shibuya-west.com/〉（最終アクセス2010年1月）

広坂朋信『東京怪談ディテクション—都市伝説の現場検証』希林館、1998年、29、81、187頁

現代伝説考〈http://www.eonet.ne.jp/~log-inn/txt_den/densetu1.htm〉（最終アクセス2010年1月）

島村知里『風水学入門』棋苑図書、2008年

ジャン・ハロルド・ブルンヴァン　大月隆寛、重信幸彦、菅谷裕子訳『消えるヒッチハイカー—都市の想像力のアメリカ』新宿書房、1988年

成城大学大学院文学研究科川上善郎研究室うわさとニュースの研究会〈http://homepage2.nifty.com/rumor/index.html〉（最終アクセス2010年1月）

忠犬ハチ公博物館〈http://www.da-chan.com/friend/hachikou/index.html〉

東邦大学付属東邦高等学校国語科「東京「探見」・物語散歩」〈http://www.icnet.ne.jp/~seikoh/〉（最終アクセス2010年1月）

野村純一『江戸東京の噂話』大修館書店、2005年

花形商品研究所「シブヤ経済新聞」〈http://www.shibukei.com/special/69/〉（最終アクセス2010年1月）

早川洋行『流言の社会学—形式社会学からの接近』青弓社、2002年、74～76頁

福谷修『渋谷怪談』竹書房、2004年

松村明監修『大辞泉』小学館、1998年

松山巌『うわさの遠近法』青土社、1993年

三善里沙子『東京魔界案内』光文社、2003年

宮田登『都市空間の怪異』角川書店、2001年

8 シブヤの1分、1日、1年

林 憲吾

マチの息づかい

ＪＲ、東急、京王、メトロと、さまざまな電車の路線がシブヤでは交錯する。西からは、地上を井の頭線と東横線が終着し、地下では田園都市線が半蔵門線へとリレーする。東からは、銀座線が上空を通り、これら東西の交錯を縫って南北にＪＲの路線が突っ切る。そんな何とも複雑な路線をまとめ上げているのが、戦後の闇市を発端とする地下街、東急百貨店東横店（１９５４年）や京王線連絡通路（１９６１年）など、１９５２（昭和27）年に建築家・坂倉準三によって立案された「渋谷総合計画」による一連の建物、そして２０００（平成12）年に竣工した日本設計による高層ビル・マークシティだ。さらに２００８（平成20）年６月には、安藤忠雄が設計した地下空間により、新たに東京メトロ副都心線がそこにドッキングされた。こんな風に、地下や地上を縦横に走る鉄道路線、地上にそびえ立つ建物、そして地下空間とが、それぞれタッグを組んで、成長する巨大な結節点「渋谷駅」をつくっている。

この結節点を利用する人の数も膨大だ。たとえばＪＲ東日本の統計によると、ＪＲの渋谷駅だけに限ってみても、この駅から乗車する人の数は１日40万人（２

【8-1】京王線連絡通路（2010年1月筆者撮影）京王井の頭線のあるマークシティ側とＪＲや銀座線などがある東急百貨店東横店をつなぐ歩行者用通路。

００８年時点）にもおよぶ。１日数十万もの人々が、各方面から電車に乗ってここにやってきては、ある人は別方面へとシブヤを離れ、ある人はここからシブヤのマチへと散っていく。

そんなシブヤ来訪者のひとりとして、井の頭線のホームから改札を抜け、ＪＲや銀座線に乗り換えようと連絡通路を歩くとき【8-1】、「これぞシブヤ（ざっしぶ！）」な光景がよく見える。右手にある岡本太郎の壁画「明日の神話」もいいが、ここで触れたいのは、その逆、左手の窓越しに見下ろす光景だ。すなわち、ビルや巨大モニターに囲まれた中を大量の人がダイナミックに横切る、あのスクランブル交差点である。連絡通路の窓際をつぶさに観察するならば、しばしば外国からの旅行客が、交差点にカメラを向けているのを見つけるだろう。こんな風に、一般人のカメラから映画やテレビのマスメディアに至るまで、海外から注目をあびる被写体となったこの交差点の光景は、いまやシブヤの代名詞的存在である。その証拠に昨年、秋（２００９年11月）、ロンドンでこのシブヤをモデルとしたスクランブル交差点がつくられ、ＢＢＣや朝日新聞がインターネットで取り上げた。

シブヤに集まり、シブヤの外へと出て行く起点が、駅だとすれば、シブヤに集まり、シブヤのマチへと拡散していく起点が、この交差点だともいえるだろう。そこで試しにここの信号が赤に変わる間隔を測ってみた。車が走る方が80秒で、人が歩く方が45秒。それぞれが切り替わるインターバルに5秒弱。（２０１０年1月19日17時測定）そんな大体1分程度のリズムとともに、車の流れと、大量の人が生み出す縦・横・斜めの歩行の流れとが、交互に入れ替わる。

【8-2】スクランブル交差点（２０１０年1月筆者撮影）
一度に多くの人々が往来する様子が、海外からも注目を集めるハチ公口前の交差点。

そんなダイナミックな動きに多くの人が心を奪われるのだ【8-2】。

『TOKYO NOBODY』という写真集がある。銀座、新宿、渋谷など、それぞれの写真には東京のマチが写っている。ただし、そのどれにも一切人が写っていない。想像してみてほしい、人が消えた東京を……。ぜひ一度実際に〝モノ〟を見ていただきたいが、それを見ると何とも不思議な気持ちになる。東京に流れていた時間が、止まったような感じすら覚える。はっと、息を飲んだ一瞬が、凍結されたような印象だ。いわば、息がずっーと止まっていて、「マチの息づかい」のようなものがそこにはない。物理的なものだけが残された風景。もちろん建物などは、普段目にするものと何も変わっていない。なのに、「誰もいないTOKYO」は、どこか「廃墟」のような趣さえするのである。

歴史的な時の流れの中で、シブヤの物理的な姿は変化してきた。そして、その姿に時代時代のシブヤの雰囲気が表れているだろう。しかし、単にまちを物理的に構成しているものだけでは、生きたマチは成立しない。そこには、立ち現れては消えるさまざまな現象が不可欠である。それがきっと「マチの息づかい」として感じられるに違いない。

そしてもうひとつ注目してほしいのは、こうした現象の多くが、ある周期性を持っていることだ。たとえば、スクランブル交差点の光景は、1分ほどの周期で繰り返しシブヤの中に現れる。もちろん、ここを歩いている人や歩き方、その流れの方向は毎回違う。しかし、まったく同じ光景ではないけれども、どこかに共通性を感じ、ある一定のリズムを伴いながら繰り返し現れるように見える。これは、人の成長と似たようなものだろう。寝て起きて、日々循環的

【8-3】ティッシュ配り（2008年7月村松研究室撮影）マークシティのエスカレーター前で通行人にティッシュを配る人々。

な行動をとりながら、日々変化していく。サイクルを繰り返しながら進んでいく「らせん構造」。これは、ある種、生命の本質なのかもしれない。
そんなマチに現れる循環的現象、「マチの息づかい」をここでは取り上げてみたい。

フォト・ルポルタージュ in シブヤ

マチで起こる現象は、日々異なり、ひとつとして同じ日はない。しかしながら、交差点を行き交う人々と同じように、ある特定の波長（リズム）を持っている。そう思ってシブヤで繰り広げられる光景を眺めると、いつも目にする光景も、シブヤの息づかいとして聞こえてくるだろう。

渋谷駅周辺の朝は、7時台から9時台のラッシュアワーににわかに活気づく。足早に仕事場へと向かう人たちで、マチの速度は一気に高まる。それに併せて、彼らを目当てに人が集まり、流れを捉え、ティッシュやチラシを配ろうとする【8-3】。この時間帯を過ぎるにつれて、激しかった流れが落ち着きを見せるのと対照的に、今度は個々の建物が次第に賑やかさを増してくる。

渋谷区の統計によると、渋谷駅から半径８００ｍ圏内という、ほぼシブヤ遺産を包括する領域の中には、４０００近くの卸・小売業・飲食店といった事業所が存在する。この数は、８００ｍ圏に存在する全事業所のうち、半数以上を占める。シブヤは、戦後、商業地区として栄えてきたが、「卸・小売業・飲食店」の分類に含まれるさまざまな商店が、昼前ともなれば商売人たちの手によって

【8-4】マルナン渋谷（2008年7月村松研究室撮影）スクランブル交差点脇に位置する創業60年以上におよぶ老舗の生地屋。

オープンするのだ。

スクランブル交差点の南西脇、道玄坂をはさんで１０９の反対側にある「マルナン渋谷」も、10時半に開店する【8-4】。この店は、シブヤで60年以上も服飾用の生地を販売しつづけてきた老舗である。『渋谷界隈懐古図』という１９５２年のシブヤの様子を表した地図を見ると、しっかりと「丸南」と刻印されている。こうしてみると、何気ない開店の作業も、戦後のシブヤの中をほぼ毎日この循環を繰り返し、通り過ぎてきたという深みを感じさせるだろう。

一方、道路に目をやると、シブヤのお店を訪れる人々に混じって、宅配便やメッセンジャーなどが目立つようになる。もはや彼らは、東京のオフィスネットワークには欠かせないインフラである。あるいは、ふと見上げてみれば、アクロバティックにオフィスの窓を拭いている清掃業者の姿に出くわす日もあるだろう【8-5】。

ランチタイムが近づいてくると、再びストリートが賑わい出す。ランチを準備する飲食店と並んで、外からお弁当屋がやってきて、路上で一時的に店を開く。とりわけ12時台は、オフィスから出てくる人々が列をなし、幾人かは昼食後の休息にと一服する。

シブヤは、働く人、商う人、興じる人が闊歩するだけのマチではない。もちろん昼間は、シブヤには住まずに外からやってくる人が多い。いわゆる「流動人口」。渋谷区全体で見てみると、昼間の人口は、夜間の人口の２・８倍（２０００年時点）である。この比率は東京23区内でも４番目と上位に位置している。それでも渋谷区には、10万世帯以上、20万人近くの人が住んでいる（２０

【8-5】清掃業者（２００８年7月村松研究室撮影）
ベランダのないオフィスの窓の清掃には欠かせない業者。ゴンドラに乗るタイプもある。

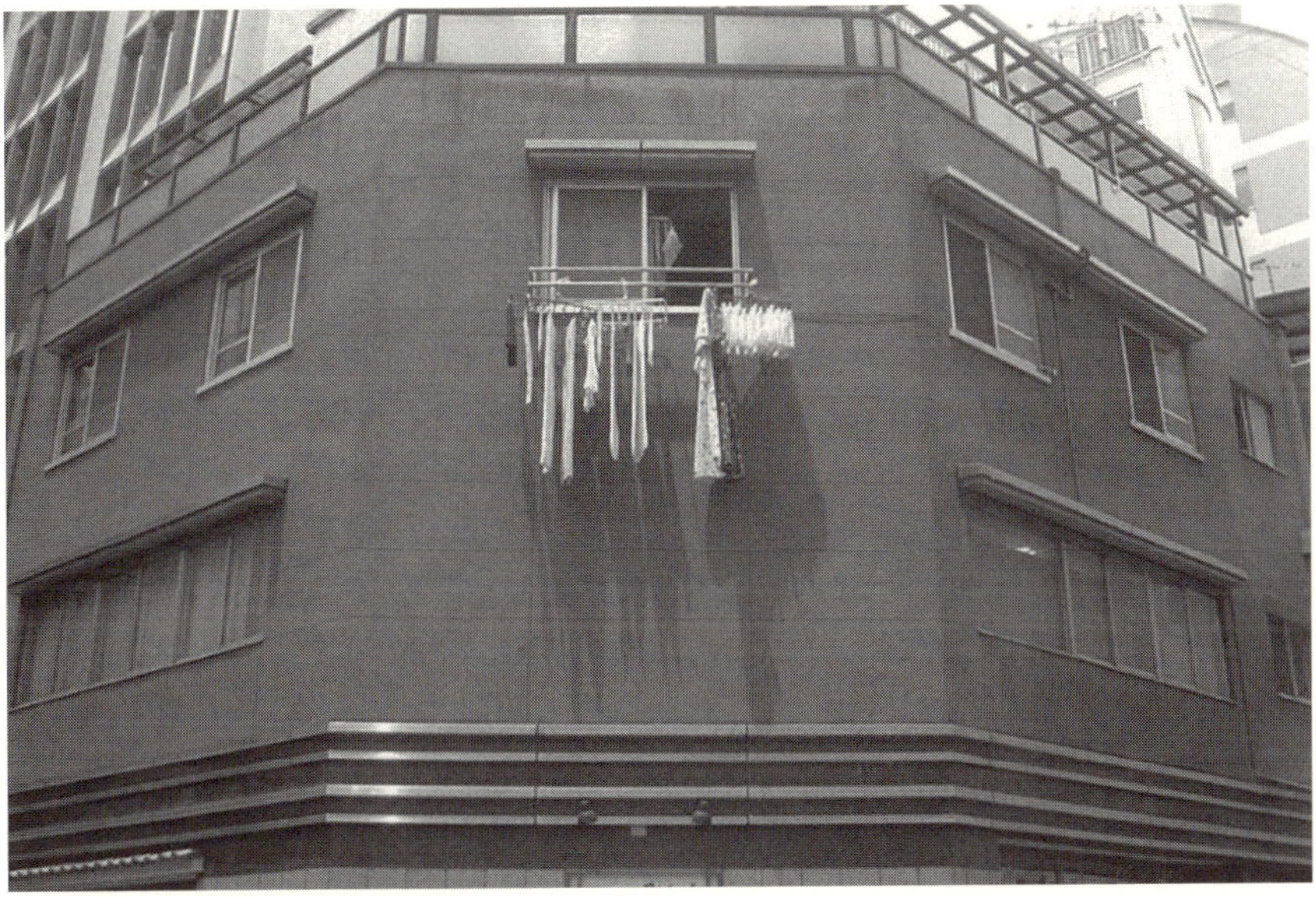

【8-6】洗濯物（2008 年 7 月村松研究室撮影）
商業地シブヤに現れる住宅地シブヤの日常。

【8-7】行商（2008 年 7 月村松研究室撮影）
車で産地から直接野菜を届ける現代の行商。

09年時点)。このような「住まう人々」の日常を、窓から顔を出した洗濯物から伺い知ることもできるだろうし【8-6】、あるいは逆に、車で巡回する八百屋のように彼らの暮らしを支える「商い」を発見することもできるだろう【8-7】。

一方こうした光景のなかで、時に不定期の突発的な事件にも出くわすこともある【8-8】。あるいは、代官山界隈では、テレビのロケ班を見かけるかもしれない。

そうこうして夕刻に近づくにつれて、駅周辺の賑わいは、さらに勢いを増す。ストリートミュージシャンが路上で歌い【8-9】、QFRONTやハチ公前などのおきまりの待ち合わせ場所には、携帯片手にたくさんの人が溜まる。朝のチラシ配りの付近には、唐辛子の着ぐるみ「ホットペッパーくん」(実際の名前は不明だが)が、現われることもあるかもしれない。時間の経過とともに、のんべい横丁あたりでは罵声があがり、道玄坂や円山町のあたりでは、朝は消えていた風俗街のネオンが灯り【8-10】、ラブホテル街は活況を呈する。

酔っぱらいでにぎわうシブヤのマチは、終電の時間を過ぎてもおさまらず、朝方まで、夜通しマチで楽しむ者たちが残る。そんな人々も始発あたりでシブヤを立ち去り、しばし、落ち着きを取り戻すと、再び、あの朝のラッシュを迎えるのである。

こんな風に、シブヤを歩けば容易に出会うことができる光景は、ある日のシブヤとして周期的に生み出されている。そうした当たり前の風景こそが、シブヤの日常の息づかいとなり、生き生きとしたマチをつくりだしているのだ。

当然ながら、このような現象は、あるものは時代とともに次第になくなり、

【8-10】渋谷案内所(2008年7月村松研究室撮影)風俗街の情報を盛り込んだR指定の無料案内所。

【8-8】自転車事故（2008 年 7 月村松研究室撮影）
自転車横転の一瞬。

【8-9】ストリートライブ（2008 年 7 月村松研究室撮影）
路上を舞台に活躍するミュージシャン。

別の現象に変わってしまうだろう。しかしそれとは逆に、あるものは非常に長い時を経て、現在までその循環を維持しているものもある。この部分に触れたければ、より長い周期、1年に目を向けてやるのがちょうどよい。

シブヤ歳時記

シブヤにある最も古い神社と言えば、金王八幡宮と渋谷氷川神社。どちらも江戸時代より前からそこに鎮座し、金王八幡宮の方は、江戸時代にも名をはせた区指定の天然記念物「金王桜」が有名だ。

神社といえば、通常、年に1度、最も重要な祭祀である例祭が開かれる。当然のことながら、これら2つの神社でも例祭が開かれ、江戸時代から非常に名が知れていた。とりわけ、渋谷氷川神社の例祭に併せて行う金王相撲は、江戸にとっては「郊外」のイベントであるにもかかわらず、「江戸郊外三大相撲」として江戸の中心地でも知られる有名なものだった。儒者松崎慊堂《こうどう》（1771〜1844年）が記した日記『慊堂日暦』にも、この例祭や相撲の様子が取り上げられている。この相撲は氷川神社境内の土俵で行われ、現在でも同じ場所に改修された土俵を見ることができる。しかし、いまでは例祭と同時に相撲大会が開かれることはなくなってしまった。それでも時折夏休みなどに、少年相撲大会などが行われるそうではあるが。

【8-11】渋谷氷川神社例祭（2008年9月村松研究室撮影）氷川神社で行われるお祭り。神社付近では、「渋谷音頭」が繰り広げられる。

他方、江戸から続く例祭の方は、神社が存続していると同じように、いまでも年に一度の循環的な営みとして続いている。9月のその日には、御輿がシブヤを練り歩くなど、いつもとは違う活気と様相をマチにもたらす【8-11】。

こうしたお祭りは、他にもたくさんシブヤで見ることができる。とくに9月、10月が豊富で、先述の金王八幡宮、NHK近くの北谷稲荷、宮益坂は百軒店にある千代田稲荷は、それぞれ9月に、田中稲荷と豊澤稲荷が合併した豊栄稲荷は、10月に行う。開催に合わせて、浴衣に着替えてシブヤを訪れ、いつもと違うマチの様子を味わってみるのも一興だろう。

私たちにとってより親近感があるお祭りのひとつといえば、7月7日の「七夕」が挙げられよう。本来は、旧暦の7月7日に行われたもので、江戸時代には、すでに短冊を笹に飾る風習がはじまっていた。短冊をつけた笹が屋上に飾られる光景は絵にも描かれ、『江戸庶民風俗絵典』に見ることができる【8-12】。七夕はお盆行事のひとつでもあり、笹は精霊が宿る依代《よりしろ》とされ、シブヤでも、旧暦7日の朝に、短冊をつけた笹が渋谷川に流されたという。

現在も7月7日になると、皆の願いが込められた短冊付きの笹が飾られる様子をマチのどこかしらで目にすることができる【8-13】。ときには目にしたついでに、自分の願いを短冊に託したりもする。もちろん、七夕が本来持っている昔からの風習の意味が、一般にどこまで継承されているかはわからないにしても、人々に共有された特別な行事は、その形を変えつつも、長い間シブヤ

【8-12】江戸時代の七夕風景（『江戸庶民風俗絵典』渋谷区『図説渋谷区史』2003年）短冊をつけた竹が屋根の上に立てかけられた。

【8-13】現在の七夕風景（2008年7月村松研究室撮影）家の前に色鮮やかに飾られた笹。

での豊かな交流を生みだしてきた。
『図説渋谷区史』によると、1956（昭和31）年にシブヤでは、「渋谷区日米連絡協議会」が発足し、これを皮切りに、日米の友好な関係をつくろうと戦後の国際交流が始まった。その流れか、1963年（昭和38）には、「日米婦人交歓七夕まつり」が行われている。こんな風に七夕は、国際交流に一役買ったりもしているのだ。

祭りは、例祭などの神事として古くからの伝統的行事として続いているだけ……なんてことはけっしてない。祭りの意義はさまざまな形で拡大し、現代の生活に浸透している。新しい祭りが企画され、創始されることだってたくさんある。たとえば、亡くなった忠犬ハチ公を偲ぶため、1936年（昭和11）、「忠犬ハチ公まつり」が創設され、以来ハチが亡くなった翌月の4月8日に毎年行われ、いまやシブヤの年間行事のひとつとなっている。

また、より現代風な感覚で祭りを捉えてみれば、パルコ、マルイ、109、百貨店、路面店などなどが、夏と冬の年に2度、こぞって行う大バーゲンセールもシブヤにとっては欠かせない周期的なお祭りといえるかもしれない【8-14】。いまや正月の2日であっても、セールに繰り出す若者で、シブヤは混雑するくらいだ。これも「慶太と清二の手腕」によるファッション商業地・シブヤの形成がなければ、見られなかった光景かもしれない。

さらには世界全体のお祭りが、ときにマチへと到来することもある。4年に1度の世界の祭典・オリンピックが、ここを賑わしてから既に半世紀近くたとうとしている。けれども、あの壮麗な代々木体育館は、「名作」としていまで

【8-14】セール広告（2008年7月村松研究室撮影）
夏と冬に一斉にマチに現れるバーゲンセールの宣伝。

も健在で、多くの競技が行われ、マチのシンボルにもなっている。このように、祭りや年中行事などの比較的スパンの長い循環的な営みは、たとえマチに現れるのがほんの一時期だとしても、「祭りのあと」としてマチに持続的な余韻を残すのである。

一方、年中行事には、ほとんど消えてしまったものもある。たとえば、江戸時代のシブヤであれば、毎年繰り返しみることのできたであろう田植えの様子は、いまでは見ることが難しい。大正期ごろから徐々に田畑そのものがどんどん宅地へと変わってしまったからだ。いまではその余韻すらもすっかり消えてしまったのだろう……と、そんな風に思っていたら、下火になった農業が、どうやらシブヤで再興しているらしいという話がある。こうした動きも、シブヤに眠っていた営みと関係あるかもしれない。

ここで取り上げてきたように、シブヤの年中行事といっても遠い昔から着実に継承されてきた行事から、マチの移り変わりとともになくなってしまった行事もある。あるいは何かの拍子に新たにスタートし、馴染んでいく行事もある。そこで試しに現代版「シブヤ歳時記」でも書いてみれば、次のようになるだろうか。

正月、元旦過ぎるやセールにいそしむ。
二月、チョコ買う女子でデパ地下は賑わい、チョコなし男子は、試食でがまん。
三月〜四月に春の陽気が漂い出せば、金王八幡宮で桜を堪能。
五月、区境を一歩またいで駒場祭。
六月、じっとこらえて梅雨明けを待ち、七月、笹に願いをかける。

八月、お隣、神宮花火で浴衣を着たら、九、十月と、祭り、祭りで御輿を担ぐ。十一月、少し休んで英気を養い、師走が始まるや、年を忘れんと夜通し賑わう。そして、最後の大晦日。戦後年越しの代名詞「紅白歌合戦」。NHKホールからの歌声で、うたた寝したら、そのまま元旦、寝正月。

脈打つシブヤ

1分、1日、1年と波長の幅をグイグイと拡げながら、シブヤに昔からあったり、なくなったり、新たに生み出されたりした、現れては消え、また現れる循環的な現象を取り上げてきた。こうしたシブヤの息づかいには、郊外から中心へと東京の中で立ち位置を変えながら存続してきた「脈打つシブヤ」の生命力が表れている。短から長までさまざまな周期のものが寄り集まり、マチに鼓動は生まれる。違う波と波とが随時重なり合うことで、鼓動は高まったり、小さくなったりする。もちろん、存在する周期は実にさまざまである。これまで取り上げたのは、ほんの一部に過ぎない。景気の波だってそうだが、1年よりもずっと長い、何十年という周期のものも普通だ。

いまシブヤのマチを歩いていると、クレーン車がよく目につく。東京では「再開発」という言葉があちらこちらで聞こえる。建物の老朽化、在地商業の衰退、あるいは逆に床需要の高まりや新興勢力の参入といった理由で、建物は建て替わっていく。冒頭で紹介した渋谷駅も変化の途上だ。銀座線で渋谷駅に到着する少し手前で、わずかに地下から開放されて景色が開けるとき、246方面では工事風景が目に飛び込む。「渋谷総合計画」の一環としてつくられた東急文化会館（1

956年）の跡地がここにある。戦後のターミナルの姿も徐々にその表情を変えつつある。

このように、マチの建物の多くは何十年と時を経て随時建て替わっていく。その結果、目に映るマチの姿は変化していく。しかし、見える姿は違えども建て替えるという行為そのものは、古来よりマチに何度となく現れる循環的な営みだと言えよう。壊して建て、壊して建て……。円山町にあるちょっとあやしげなホテル「HOTEL DIXY inn」の片隅には、「宮よし」と書いた礎石がぽつんと残っている【8-15】。これは、かつてここにあった料亭「宮よし」の名残である。いうなれば、壊して建てる循環的営みが残していった欠片である。

と、ここで唐突だが、話題をカラスに振ってみたい。しばしば耳にすることではあるが、東京にはカラスが多い気がする。シブヤでも同じく、よく見る。なにぶん彼らは私たちのゴミと分かちがたく結びついている【8-16】。やはり大量の人口が集まる東京だからか？

ものを消費したら、もちろんそれだけゴミがでる。物質循環。あるいはマテリアル・フローというやつだ。『渋谷区一般廃棄物処理基本計画』での数字を基に計算すると、渋谷区では1人1日926g（2004年時点）、東京23区では平均して1人1日734g（2004年時点）のゴミを出す。

ようするに、繰り返し営みを続けようとするには、その分だけ、新しいものを消費、吸収し、古いものを排出していかなければならない。この大きな循環によってマチは支えられている。いまやゴミは埋め立て地へとシブヤの外に運ばれるが、縄文人であれば、そこに貝塚をつくっただろうし、過去のいろいろ

【8-15】料亭「宮よし」の跡（2008年7月村松研撮影）
円山町のホテルの脇に残る「宮よし」と刻まれた石。

な痕跡は「宮よし」のように、いまだってマチの至るところに蓄積されている。実は、その蓄積が、シブヤの魅力を保っていたりするのだ。

だからこそ、生き生きとサイクルを描きながら、らせんのように次から次へと新しい波を吸収していくシブヤの「変化」にみとれる一方で、その影でなされている「蓄積」にも注意を向けた方がいい。ゴミ問題さながら、この「蓄積」の仕方が悪ければ、脈そのものが止まってしまいかねないのだから。

とはいえ、今日もシブヤはラッシュアワーともなれば、行き交う人々で混み合い、スクランブル交差点ではダイナミックな横断が繰り返されているだろう。そして傍らには、こんな光景もあるだろう【8-17】。人のいないただ自転車が並んだだけのこの光景も、あなたであれば、いまではきっと日々の息づかいの一幕として感じられるに違いない。そんな生きたシブヤにふれる旅に、いま一度繰り出してみたらいかがだろうか。

【8-16】(2008年7月村松研究室撮影)
カラス対策として防護ネットにくるまれたゴミとその傍らに立つカラス。

【参考文献】

朝日新聞社「ロンドンにスクランブル交差点　渋谷駅前を参考に」『asahi.com』
〈http://www.asahi.com/international/update/1103/TKY200911030330.html〉（最終アクセス２０１０年１月）

神奈川県立近代美術館『建築家坂倉準三　モダニズムを生きる－人間、都市、空間』アーキメディア、２００９年

ＪＲ東日本旅客鉄道株式会社「ＪＲ東日本　各駅の乗車人員（２００８年度）」
〈http://www.jreast.co.jp/passenger/index.html〉（最終アクセス２０１０年１月）

渋谷区『渋谷区一般廃棄物処理基本計画』渋谷区、２００６年

渋谷区「渋谷区の駅周辺毎産業大分類別事業所数（平成13年）」『平成13年事業所・企業統計調査（指定統計第2号）』

渋谷区「住民登録／外国人登録人口（平成21年12月31日現在）」
〈http://www.city.shibuya.tokyo.jp/data/statics/base/jumin.html〉（最終アクセス２０１０年１月）

渋谷区『新修　渋谷区史　上・中・下』渋谷区、１９６６年

渋谷区区制施行70周年記念事業準備会『区制70周年記念　図説渋谷区史』渋谷区、２００３年

シブヤ経済新聞「シブヤ経済新聞」〈http://www.shibukei.com/〉（最終アクセス２０１０年１月）

白根記念渋谷区郷土博物館・文学館『開館記念特別展「ハチ公のみた渋谷」展』白根記念渋谷区郷土博物館・文学館、２００５年

東京都総務局「東京都の地域別昼間人口（推計）（平成12年）」『平成12年国勢調査（指定統計第1号）』

中野正貴『TOKYO NOBODY』リトルモア、２０００年

日本設計「株式会社日本設計」〈http://www.nihonsekkei.co.jp〉（最終アクセス２０１０年１月）

ぶよう堂編集部『渋谷界隈懐古図（１９５２年）』ぶよう堂

BBC. Oxford Circus crossing redesigned. BBC NEWS. 14 April 2009 UK.
〈http://news.bbc.co.uk/2/hi/uk_news/england/london/7997569.stm〉（最終アクセス２０１０年１月）

【8-17】駐輪場（２００８年７月村松研究室撮影）
マチへと出かける間、一時的に保管された自転車群。

9　シブヤの中心で都市を視る

三村豊

「明日は19時にハチ公前に集合で」

久しぶりに大学時代の友達に会うことになったぼくは、いつもより少しおしゃれな洋服を選んで玄関へ向かう。靴のかかと部分を踏みながら、玄関の戸を開く。ドアの鍵を閉めると同時に、つま先を地面にトントンとぶつけて靴を履く。よく遅刻するぼくは、最寄り駅の明大前へ急いだ。明大前から渋谷まで、30分前に家を出れば十分に間に合うだろう。家を出てすぐに携帯をパカッと開いて時計を見るが、間に合いそうにない。ぼくは「店の予約を19時半にお願いしといたから、明日は19時にハチ公前に集合で」と昨日送られてきたメールに返信した。ごめん。10分遅れると。

5分遅れて渋谷駅に到着。いつ来てもここは混んでるなと思いながらも、夜のスクランブル交差点を横目に、ハチ公へ向かうことにした。人混みで見え隠れするハチ公像を確認して、ぼくはポケットにしまってあった携帯を取り出した。

ぼく：今どこ？
友達：ハチ公前。
ぼく：おれもハチ公前だけど。
友達：じゃー宝くじが売っているとこにする？
ぼく：了解。

結局、ぼくらはハチ公前でなく、近くの宝くじ販売店で落ち合うのだ。

シブヤのどこで「待ち合わせ」をするか。

ここで、少しシブヤの風景を思い出してほしい。渋谷駅近くのハチ公像やスクランブル交差点の人波、センター街の若者、公園通りやスペイン坂のおしゃれなお店。シブヤの代名詞とも言えるこの風景は、少なからずシブヤを訪れた人であれば、すぐにイメージできるであろう。「風景＝シブヤのイメージ」には、自ずと好きな場所や嫌いな場所、もしくは楽しい・元気になる場所といった、各個人の感覚的な違いがある。こうした、さまざまなイメージこそ、「シブヤ」なのであろう。もしかすると、ぼくと友達は、次から宝くじ前と約束するかもしれない。ハチ公前で会うことに手間取ったぼくらは、その経験を共有して、シブヤを乗り熟《こな》していく。この熟す行為こそシブヤの面白さであって、ぼくらを魅了するのであろう。すでにお気づきのように、ハチ公前での待ち合わせは、まだまだビギナーである。そう、シブヤにはたくさんの待ち合わせスポットがあるからだ。セルリアンタワー40階のバーやセンター街の八百屋の前など、その日の目的や相手によって変化する。いかにシブヤを熟知しているか、そのセンスが問われるのである。

「シブヤ」のイメージ

シブヤのイメージとは、どのようなものか、そこで昔のガイドブックを眺めることにした。ガイドブックは、その場所の象徴するものを広く一般的に紹介しており、特徴的なキャッチフレーズやその当時の風景が容易に理解できることで、なかなか面白い。１９６９（昭和44）年のハチ公前の写真【9-1】を見てみると、ハチ公像の背後に東急東横店が見えることから、現在のハチ公像が置かれている場所とは違うようだ。また、ハチ公像周辺にたくさんの人がいることから、当時も今と変わらず待ち合わせの場所であったのであろう。と、最初はその程度の認識で終わったのだが、数回この写真を見ていると、明らかに現在とは異なった風景であることに気がつく。それは、ワイシャツ姿のサラリーマンが多いことである。「新宿のように、遊びにくる目的地という要素は少なく、……（中略）……サラリーマンがそれぞれ家路につく前にもう一度別れを惜しんで……」と紹介されているように、現在のシブヤのイメージとは、違った様子であったことが伺える。

　シブヤの風景は時代の経過に伴い、さまざまなイメージが付与され、変化しているのが特色である。コギャル文化は、１０９を中心にした若者ファッションの流行発信地として、新たな現象を生んだよい例である。すなわちシブヤの流行がそのままシブヤのイメージとなり、流行そのものがシブヤの中心的存在となっていく。では、シブヤを歴史的に視た場合は、どのような中心的存在ができたのであろうか。シブヤの発展の背後に、その中心地の周辺で何が起こっていたのか。ここでは、とくに娯楽や流行、商業に着目して、少し前のシブヤへ、タイムトリップしようと思う。

【9-1】1969年の渋谷駅の様子（日本交通公社『最新旅行案内〈第5〉東京』1969年）50年前のシブヤは、「サラリーマンや学生の街」というイメージが定着していた。

道中記で描かれた風景

シブヤが観光ガイドで紹介されるのは、意外にも古く、江戸時代まで遡る。この当時は、旅路の宿駅や名所等を記した、道中記と呼ばれる観光ガイドが利用されていた。とくに鳥瞰的な絵図が必見で、名所と全体像が立体的な地図のように把握できる、素晴らしいものであった。シブヤを題材にした絵図は、すでに「大地の記憶」や「都市の周縁」で紹介しているので、ここでは、2枚の絵図を使ってシブヤのイメージを追っていこうと思う。ひとつは『江戸名所図会』の富士見坂（渋谷）方面を描いた「富士見坂一本松」【9-2】と、もうひとつは、『東京近郊名所図会』の氷川神社（目黒）方面を描いた「上目黒大阪の図」【9-3】である。これらの絵図は江戸時代の地図に照らし合わせてみると、同じ場所で、違った方向を描写していたのであった【9-4】。なぜこのようなことが起こったのか紐解いていく必要がある。まず、富士見坂一本松の絵図では、巨松とお地蔵さんが右下にあり、左上の方に小さくだが「ふじみ坂」の文字が書かれている。次に、上目黒大阪の図では、大阪を下った先に、氷川神社の文字があり、右の全面がめし屋で、一休みしている風景と見てわかる。ここが目黒村から渋谷村へ入る丘の上の場所であることに注意してほしい。これらの絵図が描写された背景には、見晴らしのよいところで、道中の疲れを養う場所であったと同時に、両村の特徴的な氷川神社や富士見坂などを描くことで、マチのイメージの境界を引いたのだろうと考えられる。この場所

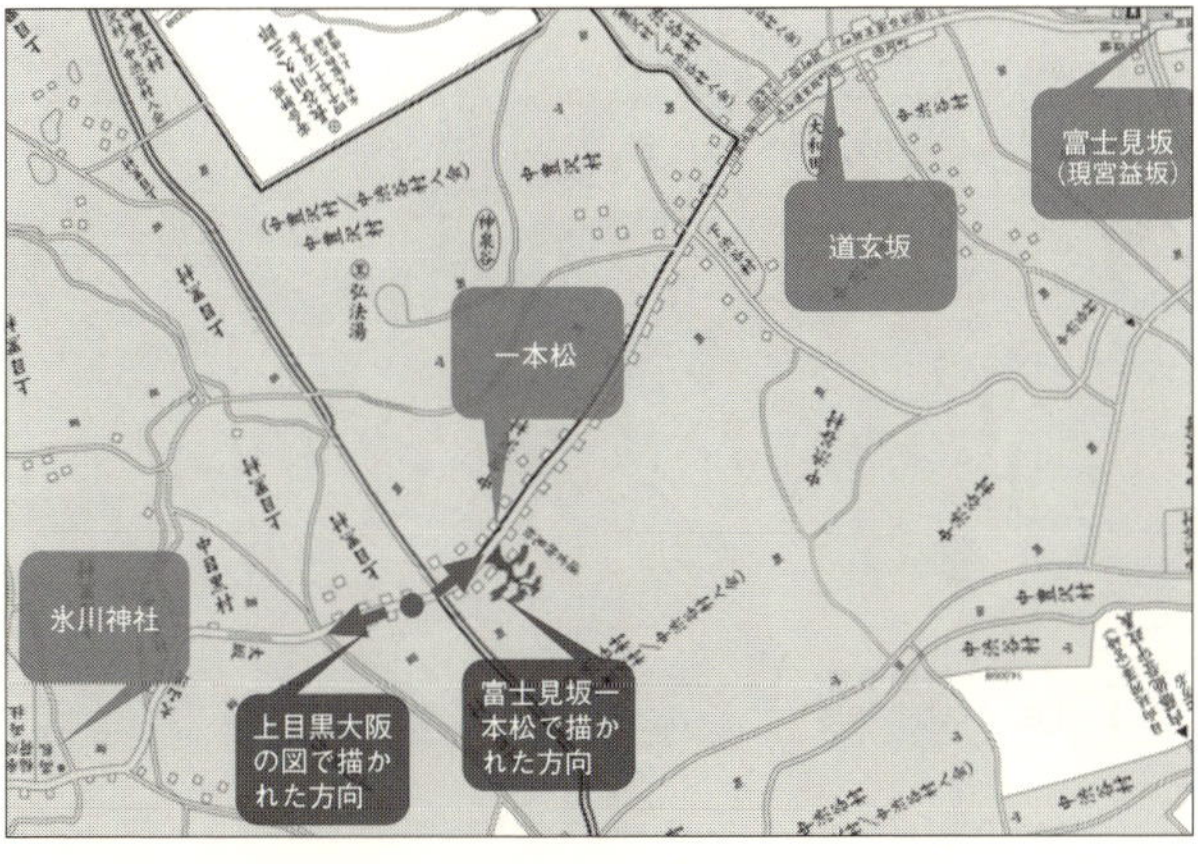

【9-4】絵図に描かれた場所（エーピーカンパニー『江戸明治東京重ね地図』2004年をもとに筆者作成）
2枚の絵図の場所を江戸時代の地図に記す。絵図は同位置で異なった方向を描写したことが理解できる。

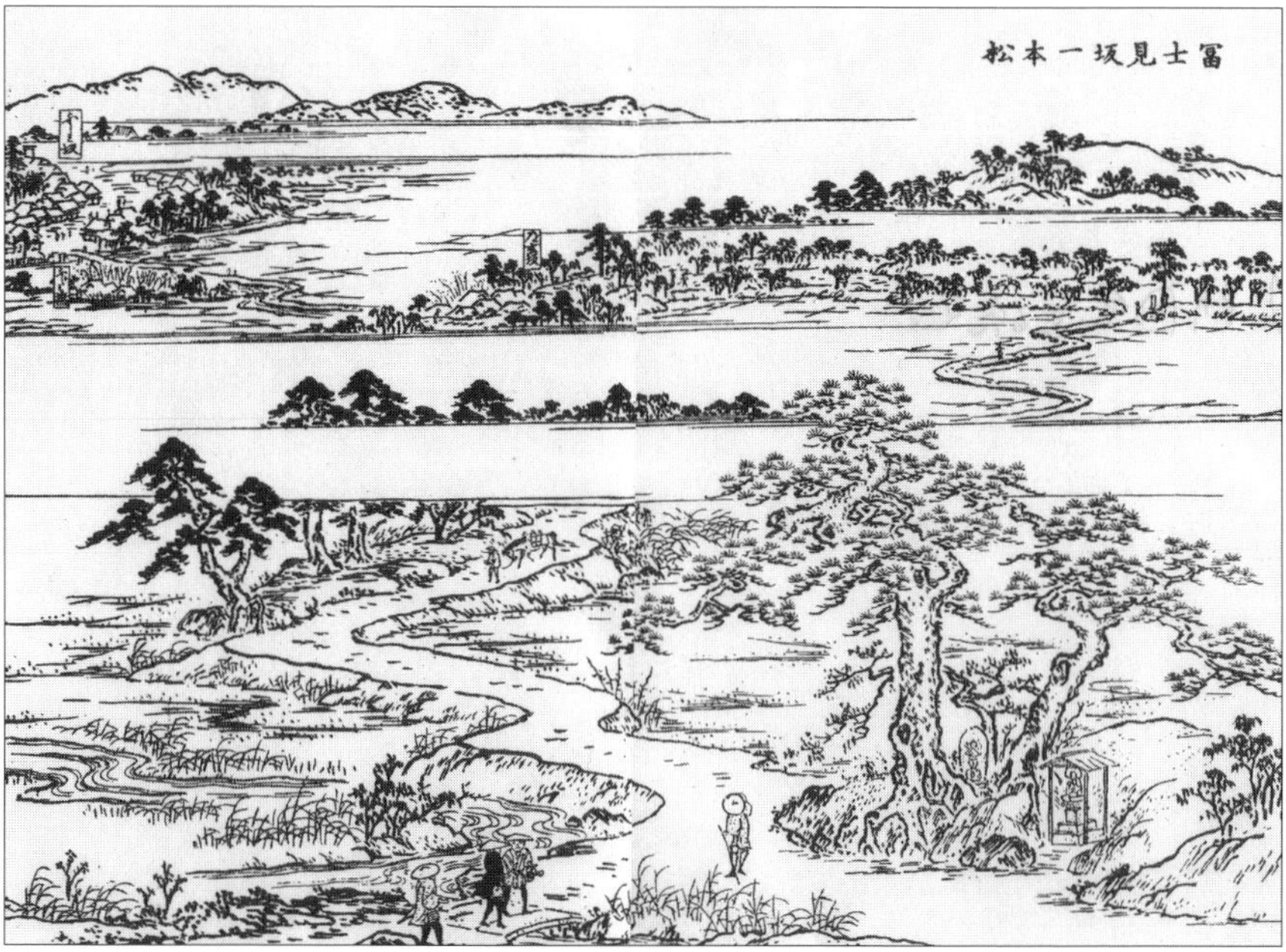

【9-2】絵図：富士見坂一本松（川田寿『江戸名所図絵を読む』東京堂出版、1990 年）
富士見坂と一本松が描かれた絵図。道玄坂の坂を登った場所から渋谷駅方面を描く。

【9-3】絵図：上目黒大阪の図（朝倉治彦、槌田満文『明治東京名所図絵　下巻』東京堂出版、1992 年）
上目黒の風景。道玄坂の坂を登った場所から氷川神社方面を描く。

が現在の渋谷区と目黒区の行政区としての境目であることからも、シブヤの玄関としての入り口として旅人達にイメージされていたのではと思われる。

賑わう花柳街と明治神宮

明治から昭和初期にかけて、シブヤの中心地と呼べる場所は、花柳街として発展した円山町周辺と明治神宮だろう。京王井の頭線神泉駅近く、円山町や道玄坂にラブホ街がたくさんあるのは、大正時代にシブヤが花街として発展したことに起因している。明治後期は、道玄坂にわずかの露店が軒を連ねていた。まだまだ下町の盛り場程度で、道玄坂の道路は舗装されていない。しかし、夕方のひとときは夜の活気で賑わっていた。また、現在の東京新詩社跡の碑あたりに位置する大和田横町には、料理茶屋があり、芸妓が住んでいた。その後、1919（大正8）年2月の渋谷三業株式会社が創立されたことで、円山町周辺がシブヤの花街として発展することに拍車をかけた【9-5】。この頃からシブヤの繁栄の中心が、円山町周辺で定着していたことになる。しかし、戦後にカフェやバー、キャバレーが増加することで、シブヤの娯楽施設として隆盛期を迎えていた円山花街は、その幕を閉じていく。現在は、その記憶を継承した芸妓が2人になってしまったが、今もなお、その面影がシブヤに残っている。

もうひとつは明治神宮だが、ここに1枚の興味深い写真がある【9-6】。一見

【9-5】円山町の芸者（白根記念渋谷区郷土博物館・文学館）
円山町界隈が花柳街として栄え1921年の芸妓数は400名以上であった。

すると、鳥居の奥に本殿が見え、参拝者が写されている、ごくごくふつうの古写真に見える。この写真は、明治神宮を知る貴重な写真であることはいうまでもないが、当時のシブヤをイメージすることのできる、貴重なものが写っているのだ。興味深い部分について追っていこう。写真の左に3人の着物姿の参拝者がいるが、男性らしき風貌の2人がパナマ帽を被っていることに注目していただきたい。まず、この写真が掲載された書籍について紹介する必要がある。写真は、1930（昭和5）年に『日本案内記』と呼ばれる観光用の書籍に掲載され、その内容は日本全域の名所が網羅的に紹介されたものであった。『日本案内記』は、A6判程度の大きさで、持ち歩いて観光する際にちょうどいいサイズの代物でもある。このような観光ガイドは少なく、幅広く重宝されたことであろう。次に、パナマ帽は、夏目漱石が手にした原稿料のすべてを注ぎ込んで購入したほど熱望したことで有名で、この1枚の写真からも理解できるように、着物に海外の帽子を被るといったアンバランスな格好が、ちょっとした「おしゃれ」であったことが理解できるのだ。シブヤの観光名所の紹介だけでなく、「おしゃれ」も同様に紹介されたことは、シブヤが流行の発信地として歩み始めた、そんな1枚の写真である。余談ではあるが、当時のパナマ帽が白根記念渋谷区郷土博物館に保管されているので、興味のある方は足を運んでいただきたい。

【9-6】明治神宮の風景（鉄道省『日本案内記関東編』1930年）
明治神宮本殿前の鳥居を撮影した写真に、パナマ帽を被った着物姿の男性を発見。

開発を支える娯楽や飲食店

1885（明治18）年、シブヤの近代化に欠かせない渋谷駅が設置され、1934（昭和9）年に東急東横百貨店が開業したことで、駅を中心に繁栄するようになる。また、このころから円山町周辺で栄えていた料亭や旅館の数が減少し、新たな変化を遂げようとしていた。その仕掛け人が、現在の西武の創始者堤康次郎である。康次郎は、道玄坂の旧伯爵邸を宅地として分譲するために買い取り、下町の有名店を招いてそのエリアを百軒店《ひゃっけんだな》と名付けた。しかし、客足が予想より遙かに少なく、下町へ戻っていく店舗が多数であった。この失敗が結果的に、喫茶店やクラブ、バー、ストリップ劇場などの小規模店舗の参入を促し、意外にもよい方向へ動き出す。次第に百軒店は賑わいを取り戻し、さらに、映画館の開業に伴って、百軒店付近がシブヤの中心地になる。

戦後に入っても映画館の数は増加の傾向にある。1949（昭和24）年と1955（昭和30）年の統計によれば、合計9館から25館へと約3倍近くの増加であった。戦後すぐの渋谷駅周辺の賑わいは、一時露天商によるヤミ市【9-7】によってシブヤの活気が復活するものの、1949年にGHQは、公道上の露店を翌年までにすべて撤去させるよう指示する。そこで、すでに東急東横百貨店で成果を上げていた五島慶太は、日本で最初の渋谷地下街を計画するのであった。今では、「しぶちか」という名で定着している地下街は、1957（昭和32）年に63店舗が一斉にオープンした。しかし、シブヤは戦後の整備が進められるものの、複雑な地形にあり、当時としては商業集積地に適さない場所として考えられていた。

【9-7】戦後のヤミ市（白根記念渋谷区郷土博物館・文学館）
戦後の渋谷駅周辺の様子。「闇値」で物品が取引されていた。

次に1970（昭和45）年の地図【9-8】を参照していただきたい。これは西武百貨店の完成後、日本交通公社（現ＪＴＢ）より出版されたシブヤの観光マップである。西武百貨店は、戦後すぐに増加した映画館の中でもとくに象徴的だった渋谷松竹跡地に建設された【9-9】。この写真の左隅に「渋谷食堂」と縦に書かれた看板があることに気がついてほしい。渋谷食堂は、安くてボリュームと種類が豊富であると学生やサラリーマンに評判であった。このあたりは、センター街を中心に飲食店や喫茶店が多数密集していた場所で、「白馬車」や「十戒」、「でんえん」など人気が高かった。現在も人で賑わうこの場所は、こうした学生やサラリーマンの街として定着していた場所を、百貨店という新たな展開によって変化させたのである。このように、シブヤの中心は、渋谷駅に東急東横店が開店したことによって生まれた。次には、百軒店の映画館や喫茶店による増加が、芸妓で栄えた円山町周辺の特色を変え、さらに渋谷駅周辺の映画館の増加を促す。その後、すでに飲食店や喫茶店が密集して賑わっていた宇田川町界隈に西武百貨店が開店することで、新たなシブヤとしてその地が変貌を遂げるのであった。

ミチな街

戦後から1970年代へかけて、百貨店や娯楽施設による繁栄が、現在のシブヤの特色の礎を築いた。この頃は建物単体がシブヤのイメージとなったのだが、シブヤのもうひとつの特徴は、道にある。1973（昭和48）年の西武パ

【9-8】観光ガイドマップ（日本交通公社『東京』1970年）
シブヤのイメージがサラリーマンや学生のマチから流行発信地へ移行する。

ルコが開店したのはそのひとつの例である。パルコとは、イタリア語で公園を意味することから、かつての区役所通りから公園通りへと改名するほど、そのインパクトは絶大であった。こうした道路名を改名することがシブヤでは多く、それがひとつの流行でもあった。『恋文』の筆者の丹羽文雄は、恋文横町の場所を説明する際に「大映通りと、東宝通りにはさまった三角地帯がある」と描写している。掲載されたのが１９７４（昭和49）年のことで、大映通りとは栄通り、東宝通りとは道玄坂と名前がすでにあったにもかかわらず、当時のシブヤを連想させる映画館の名前を冠にした。もしかすると、こうした通り名が地元で定着していたのかもしれないが、その場所を象徴する名前が付くことが多い。１９７８（昭和53）年の東急ハンズが完成したことで井の頭通りの一部をハンズ通りへ、栄通りは東急本店通りから文化村通りへ、ファイアーストリートやランブリングストリートなど、道の名前がつくことで、シブヤの街をより一層際立たせることになった。また、オルガン坂やスペイン坂、キャットストリートは、ネーミングの楽しさから、注目をあびる場所にもなっていった。

　シブヤの起伏に富んだ複雑な地形を、シブヤの象徴だった「単体（建物）」から、横に広がる「線（道）」へとイメージの範囲を広げた。こうした現象が功を奏して、シブヤの立地としての価値が高まる一方、商業激戦区として、店舗の入れ替わりが頻繁になるのであった。とくに、公園通りの景観の変化は、凄まじいほど早い【9-10】。公園通りと改名した頃、その当時の区役所通商店街は喫茶店で集中していた。自然食のジュースが飲める「くゆりが」や学生のたまり場の「時

【9-9】渋谷食堂の看板（白根記念渋谷区郷土博物館・文学館）
１９３６年、現在の西武百貨店が位置する場所の様子。渋谷食堂は学生に人気が高かった。

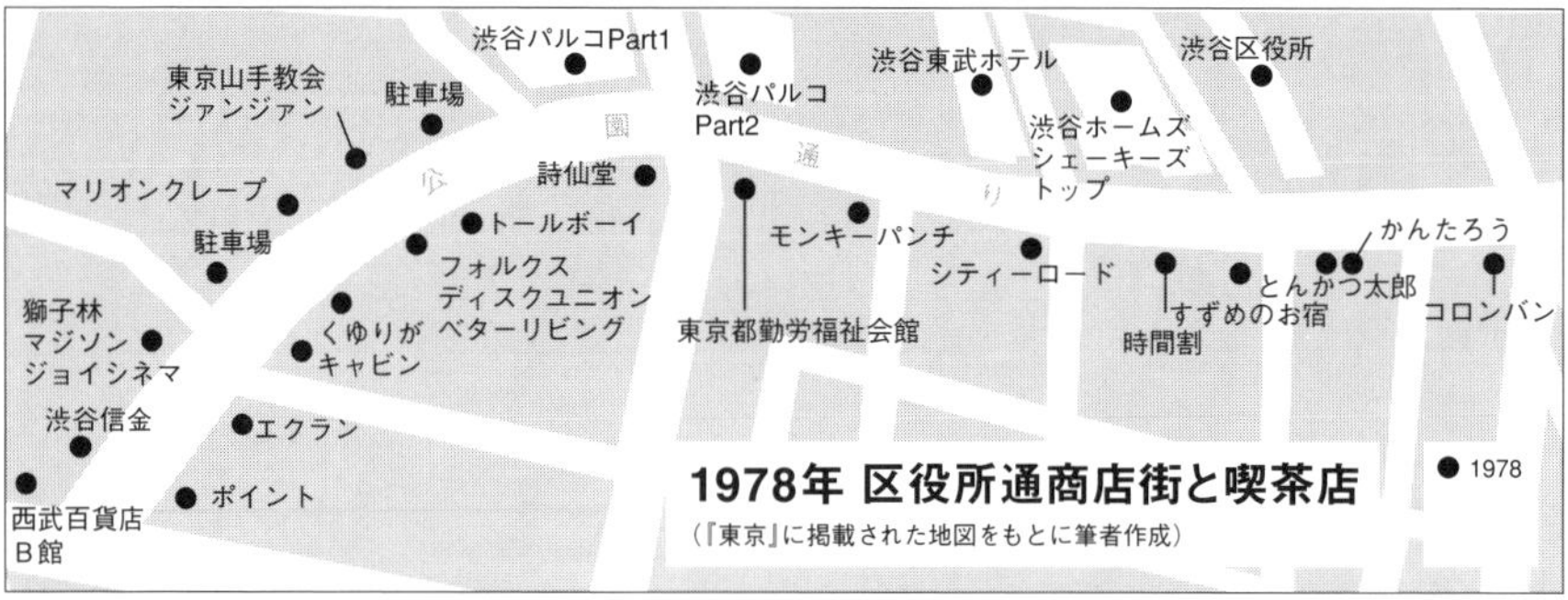

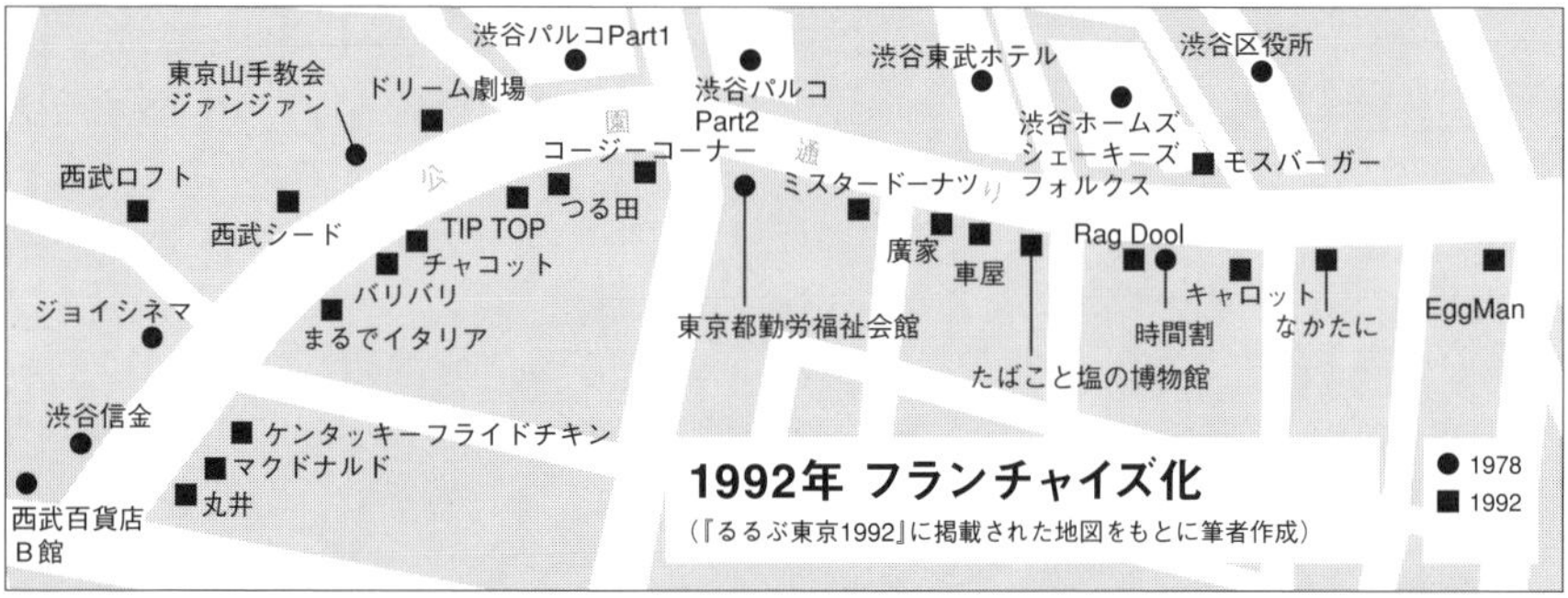

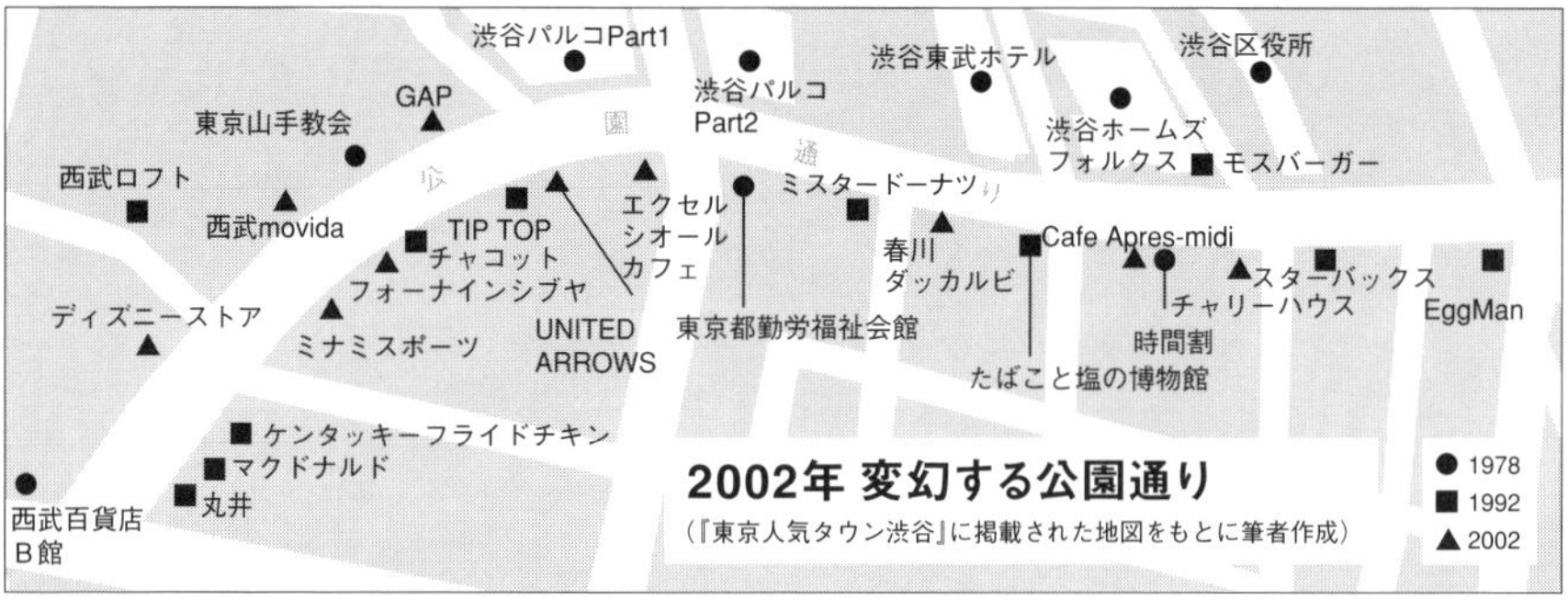

【9-10】公園通りの変遷（筆者作成）
主に、丸井から渋谷区役所までの公園通りの変遷。

間割」、「モンキーパンチ」や「詩仙堂」など、喫茶店が軒を連ねていた。その後、バブル崩壊後の1990年代の地価下落に伴い、公園通りではマクドナルドやケンタッキーを中心にしたフランチャイズ形式の店が立ち並ぶようになり、詩仙堂がミスタードーナッツへ、渋谷ホームズにあったトップがモスバーガーへと入れ替わっている。こうした変化の中でもパルコを筆頭に東京山手教会やたばこと塩の博物館などは、公園通りの景観として維持されている。多様に変化する景観は道のイメージづくりによって支えられている。最近、公園通りの新たな顔的存在になるアップルストアがオープンした【9-11】。シブヤはいったいどこに向かっているのか未知である。

観光ガイドが植え付けるイメージ

さて、ここで少し、シブヤを俯瞰して旅をすることにしよう。シブヤの商業や娯楽、流行の発信地として、そのイメージが定着したのは、1970年後半からである。ここで再度、観光ガイドブックの地図を使って説明する。まず、映画館を中心にしたシブヤの全体像がわかる1969（昭和44）年のガイドマップ【9-12】では、地図の中心を渋谷駅前ビルあたりに、百軒店周辺や東急百貨店、東急文化会館までの範囲で紹介されている。範囲は東西に750m、南北に600mがシブヤのエリアであった。その後、1973（昭和48）年にパルコが開店することで、そのエリアが北へ広がっていく。1978（昭和53）年の地図では、西武百貨店やパルコが中心的存在になり、渋谷駅より北西を上

【9-11】現在の公園通りの風景（2010年1月筆者撮影）
公園通りの看板とアップルストア。10年後は、道の名前やこの風景も違うかもしれない。

にしてレイアウトしていることがわかる【9-13】。地図の範囲は、公園通りの終点に位置する渋谷区役所前まで広がっており、1969年の地図と比べると少し東西の広がりがある。もっともシブヤを大きく紹介している地図は、2006（平成18）年の地図でその範囲は東西にして1800m、南北が2700mである。しかし、渋谷駅を中心にしたレイアウトのためか、そのほとんどの紹介が西武百貨店周辺を取り上げているのである。このことから、シブヤをイメージする境界線は、西武百貨店を中心にした半径600mが商業や娯楽の全体像の範囲であると考えられる【9-14】。すでに40年前のイメージの範囲が定着しているのだが、そう容易いものでないのがシブヤの特徴だろう。

風景〈イメージ〉としての「シブヤ」

1970年後半から現在にかけての観光ガイドを俯瞰的に見ることで、シブヤという大きな生命体の全体像が出来上がってきた。また、北田暁大が80年代のシブヤを、「情報雑誌によって、都市ごとのイメージ（記号的な秩序）が形成され」と述べているように、こうした観光ガイドや情報誌の影響により、シブヤのイメージが形成されていくことが理解できる。しかし、先に述べたように、公園通りの目まぐるしいほどの景観の変化は、シブヤというブランドを維持していくうえで、切っても切れない現象のひとつである。その背景にあるのが、「若者」の出現であろう。シブヤは、サラリーマンの街から若者の街へと

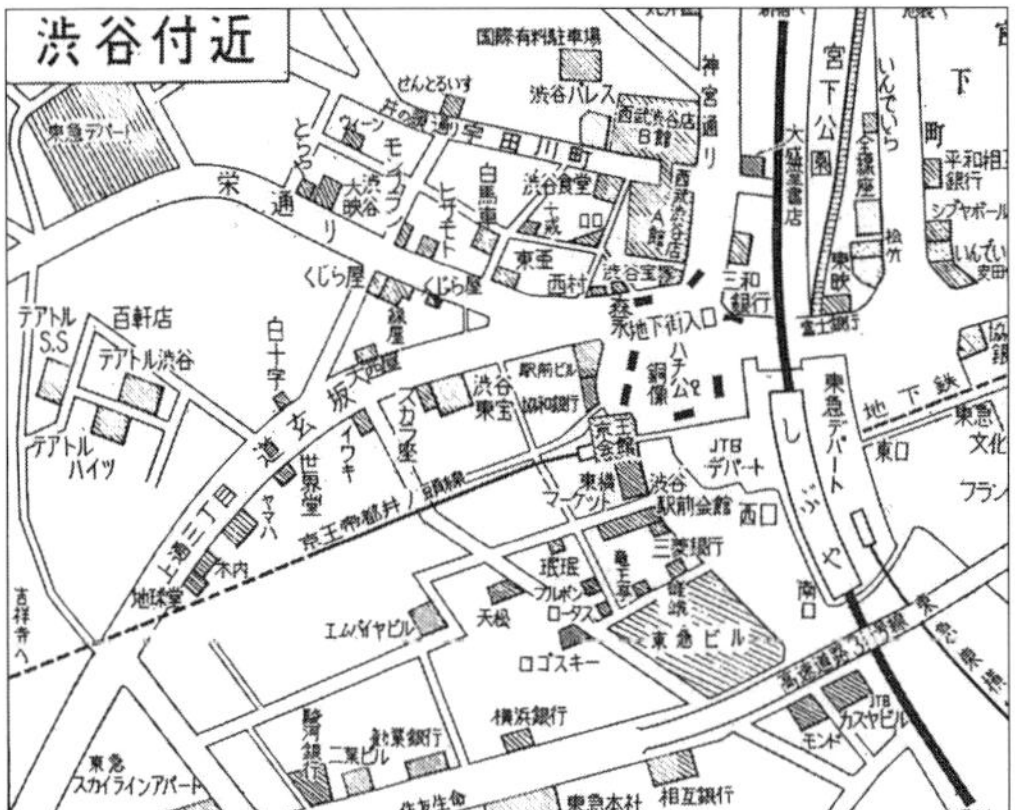

【9-12】シブヤの地図（日本交通公社『最新旅行案内〈第5〉東京』1969年）
駅前ビルを中心にレイアウトされた地図。公園通りはまだ紹介されていない。

変化する。アイビーやアメカジ、渋カジなどのファッショントレンドのなかで生まれた総称は、すべてこの「若者」を指しているのである。

次に、シブヤがどのようにして変化していったか、具体的な対象を用いてそのパターンを説明していこう【9-15】。まず、東急東横店やパルコのような、その場所を開拓してシブヤの中心的存在へとなるパターンである。シブヤの全体像を支えるもっとも重要な存在であり、道玄坂の１０９や東急ハンズなどがそうである。次に、西武百貨店やQFRONTを代表とする、すでにシブヤのイメージとして定着して場所を継承するパターン。西武百貨店は、キャピタル座や渋谷松竹の場所を、QFRONTは渋谷宝塚の跡地に建設された。最近では、文化村通りにあった大型書店のブックファーストが、銀座や原宿で成功を収めた女性ファッション店のＨ＆Ｍへ、新たなシブヤの顔として変化した。また、西武百貨店横のＨＭＶは、もともと文化村通りにあったONE-OH-NINE（現在のマルハンパチンコ）から２００２（平成14）年に渋谷食堂の場所へ移転した。同様に、タワーレコードは、小さなレコード専門店が密集していた東急ハンズ近くの井の頭通りから全館子供専門店キッズフォームパオがあった明治通りへ移転している。

最後に、百軒店のテアトルボーリングセンターや渋谷大映のようにその場所のイメージしていたものが消滅してしまうパターンである。シブヤの中心性は、「開発、継承、移転、消滅」によって変化する特色があると考えられる。シブヤのイメージは、その場所の特色をうまく活用する場合もあれば、すでに定着していた地位を捨て、新たな挑戦の場を求める場合もある。いつの日か、１０

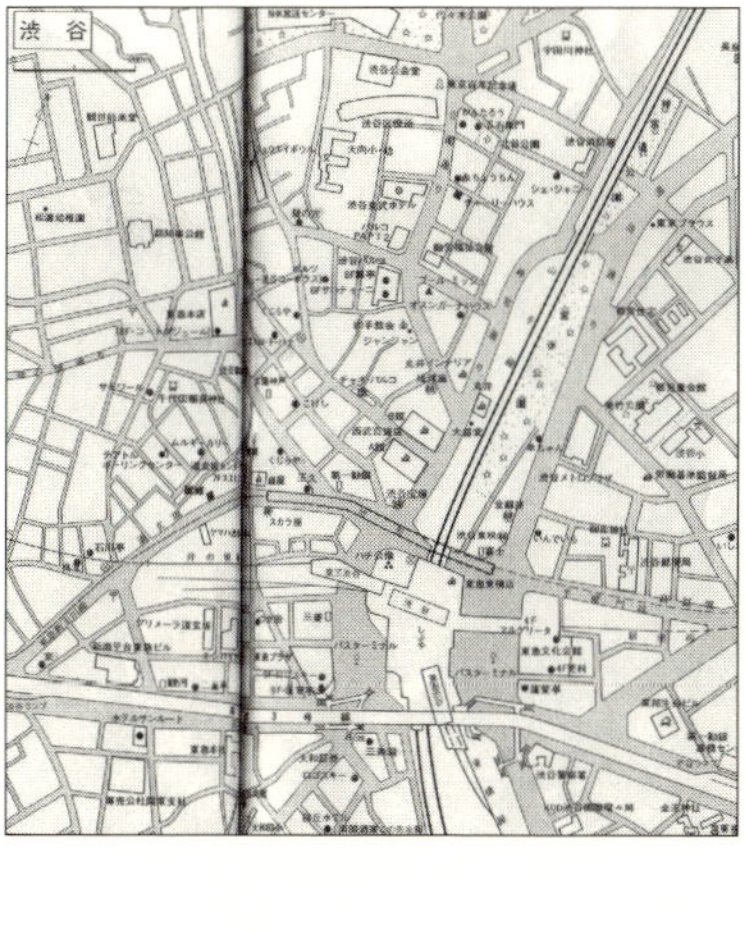

【9-13】シブヤの地図（日本交通公社出版事業局『東京』１９７８年）
西武百貨店を中心にレイアウトされた地図。現在、ほとんどの観光ガイドがこの範囲でシブヤを紹介している。

9がなくなる日が来るのだろうかと思ってしまう。シブヤが新たな都市として変化するのであろうが、たとえそれが移転であっても、何か寂しくなってしまう。とくに利用していたわけではないが、あの場所であの風景がシブヤの特徴だと思うだけに、愛着を感じる。

流れゆく情景

すでに西武百貨店を中心にした半径６００ｍがシブヤをイメージする全体像と述べたが、ちょっとシブヤに行かないと変化に戸惑ってしまう。ここでいう変化とは、風景や景観を指していて、よく目に留まるのは、人と賑わいと工事現場である。人と賑わいは、常に活気を呈しているが、ファッションや髪型、利用者層など、流行によって賑わいの様子がその都度変化する。工事現場は、少し比喩的に言えば、あるひとつの命がその生涯を終え、新たな命へと移り変わる限られた時間の風景だろう。そのような風景を、シブヤに行くとよく目にするのだ。花柳街→ターミナルタウン→流行発信地と変化したシブヤは、新陳代謝を繰り返すように、そのブランドを維持してきた。一世を風靡したコギャル文化のように、シブヤを象徴するさまざまな現象は、シブヤの変化が生んだ結果といえよう。だがしかし、なぜだろうか、日々変化するシブヤの街を歩いていても、いつ訪れても同じような風景と錯覚するのだ。それは、新宿や原宿、銀座とは何か違うものを、シブヤが内包しているからだろうか。矛盾しているこの錯覚がどう

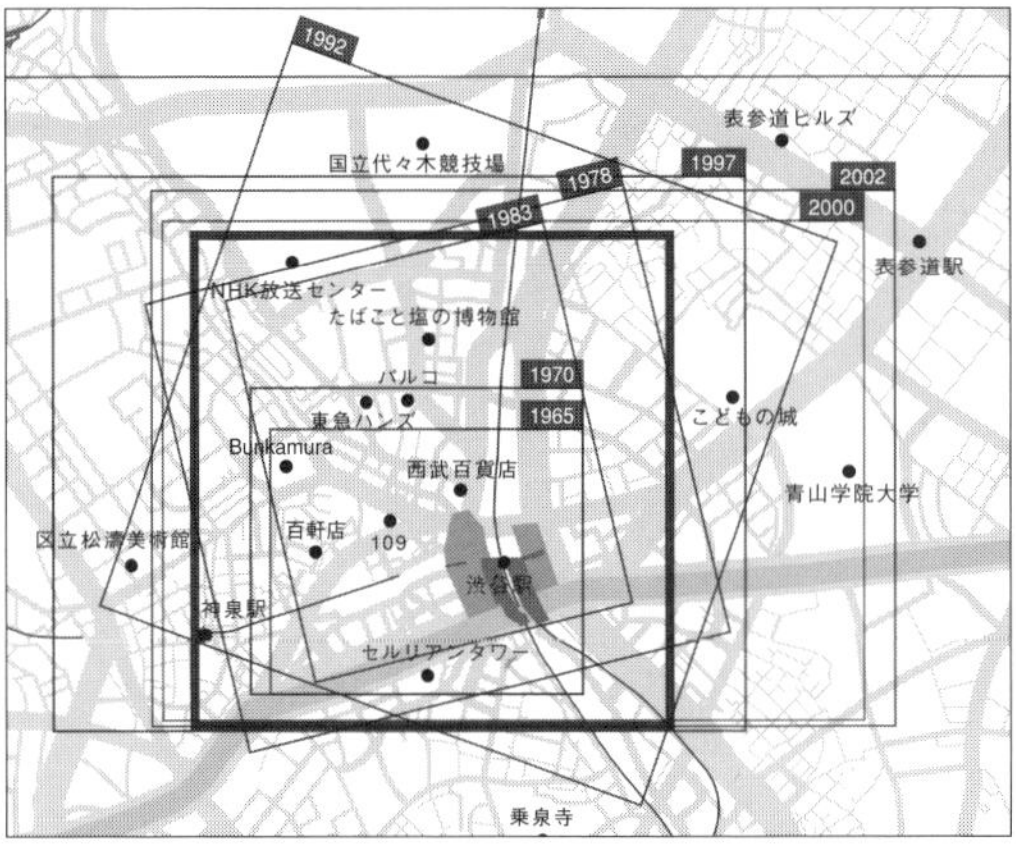

【9-14】シブヤイメージの全体像（２０１０年１月筆者作成）
観光ガイドマップの範囲を年代別に重ねることで、シブヤのイメージの境界を可視化した。

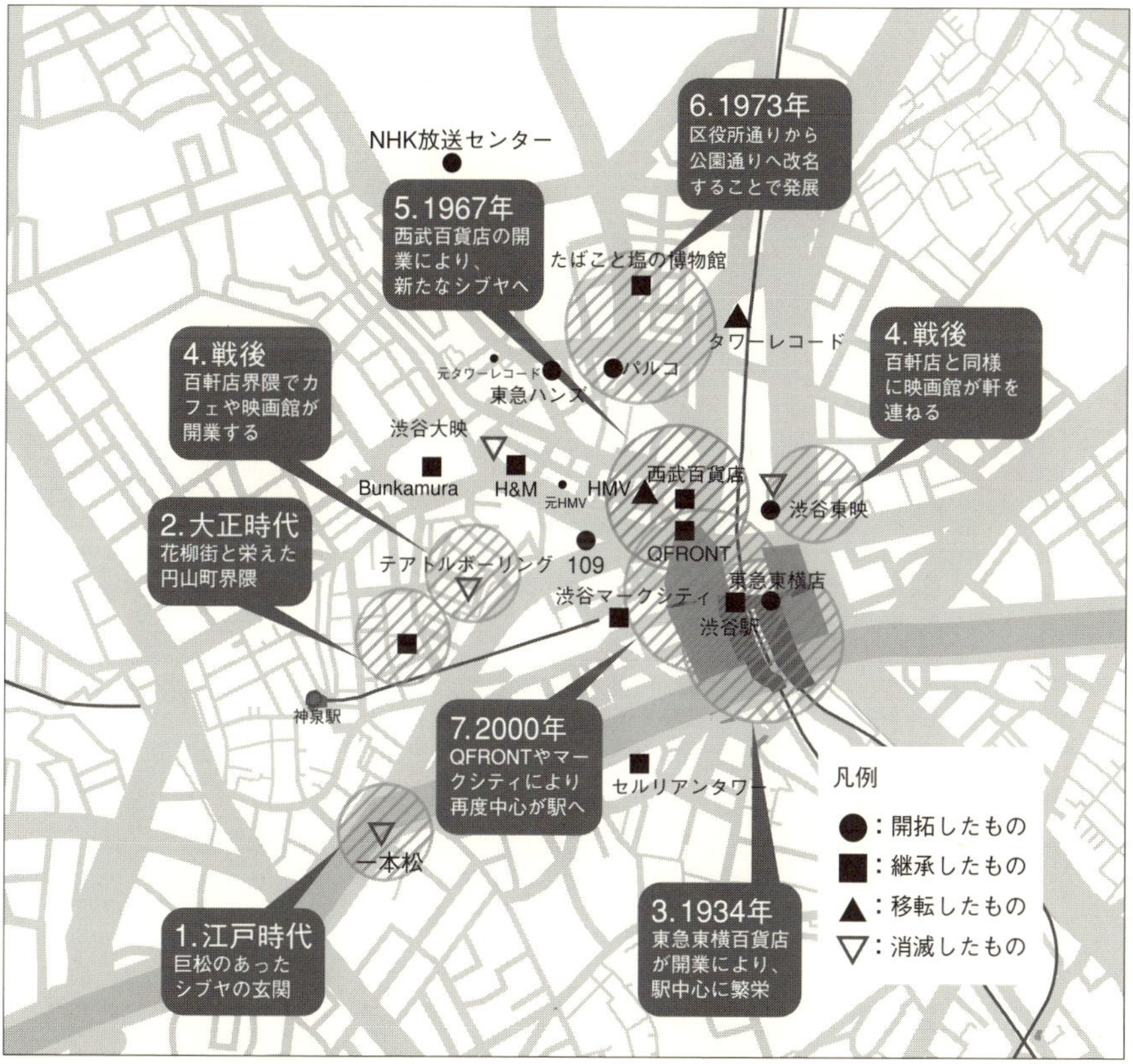

【9-15】シブヤの中心の変遷（2010年1月筆者作成）
シブヤの中心は、4つのパターンの特色によって変化している。

も腑に落ちないのだ。ここにシブヤの中心的存在が深く関係していると思われる。100年前のシブヤの中心は間違いなく円山町、道玄坂であり、その後ターミナルタウンとして東急東横店のある渋谷駅へと移行していった。そして公園通りの発展に伴い、シブヤの全体像としてのエリアが定着する。シブヤにとって娯楽や流行は、そのイメージする風景を支えてきた。そうしたある切り取られた風景が、ぼくらの情景として記憶され、シブヤを持続させているのである。2000(平成12)年のマークシティや1999(平成11)年のQFRONTの建設は、再度渋谷駅周辺に中心が戻ってきたことになる。まさに、流行によって都市の中心が循環しているようだ。シブヤの中心が変化することで、新たなコンセプトを打ち立て、意志があるように進化する。シブヤは新たな新天地として、渋谷駅東口の東急文化会館跡地の再開発によって大きく変化を遂げるであろう。シブヤにはジンクスがある。デパートが道路を挟む通りは繁栄するという。そのジンクスは西武百貨店の井の頭通り、パルコの公園通りやオルガン坂が実証してくれる。シブヤの中心的存在が渋谷駅に集中し始めた現在、東口の再開発は、今後のシブヤのイメージを作る新たな要素として目が離せない。

【参考文献】
JTBパブリッシング『東京』2000年
JTBパブリッシング『るるぶ代官山恵比寿渋谷中目黒』2006年

アクロス編集室『東京の若者』ＰＡＲＣＯ出版、１９８９年
アクロス編集室編『ストリートファッション１９４５―１９９５　若者スタイルの50年史』ＰＡＲＣＯ出版、１９９５年
朝倉治彦、槌田満文『明治東京名所図会　下巻』東京堂出版、１９９２年
今井金吾『江戸の旅風俗・道中記を中心に』大空社、１９９７年
川田寿『江戸名所図会を読む』東京堂出版、１９９０年
北田暁大『広告都市・東京　その誕生と死』廣済堂出版、２００２年
クイックマップル『東京１９９７』昭文社、１９９７年
渋谷区区制施行70周年記念事業準備会『区制70周年記念　図説渋谷区史』渋谷区、２００３年
渋谷公園通商店街復興組合「ＴＯＷＮ ＭＡＰ」〈http://www.koen-dori.com/townmap/〉（２０１０年1月24日）
渋谷区教育委員会『渋谷の記憶 写真でみる今と昔』２００７年
渋谷区教育委員会『新渋谷の文学』２００５年
筑井正義『堤康次郎傳』、東洋書館１９５５年
鉄道省『日本案内記関東編』１９３０年
東京都渋谷区役所『渋谷は、いま』大日本印刷、１９８２年
東京都渋谷区『新修渋谷区史』相原印刷株式会社、１９６６年
日本交通公社『新旅行案内〈第5〉東京』１９５５年
日本交通公社『最新旅行案内〈第5〉東京』１９６９年
日本交通公社『東京』１９７０年
日本交通公社出版事業局『東京』１９７８年
日本交通公社出版事業局『東京みどころガイド』１９８３年
日本交通公社出版事業局『るるぶ東京１９９２』１９９２年
マップル『東京』昭文社、１９８４年
マップル『東京人気タウン渋谷』昭文社、２００２年
マップル『東京遊ビ地図　池袋・新宿・渋谷』昭文社、２００８年

10 猫遺産

五十嵐悠介

「忠犬ハチ公像」

渋谷駅の待ち合わせ場所といえば、まず第一に「忠犬ハチ公像」前である。他にもモヤイ像もあり、モヤイ像は１９８０（昭和55）年に現れる。忠犬ハチ公像は１９３４（昭和９）年に銅像として建立され、戦争時の金属資源不足のため一時シブヤから姿を消すが、１９４８（昭和23）年に再建された。年紀季からいえば、やはり待ち合わせの場所は、長い間、駅前広場に鎮座する「忠犬ハチ公像」前だろう【10-1】。

そんなハチ公の周りには、毎日多くの人が集まり、渋谷の中に蜘蛛の巣のように張り巡らされた道へ消えていく。その糸を彷徨っていくと犬から始まった道は、ちらちらと猫の影が見え隠れし、最終的には猫に辿り着く。神秘的な力を持つとされている猫らしい計らいである。

裏に潜む猫物語

渋谷でもっとも古くから猫とゆかりのある街、それは高級住宅街の松濤である。松濤は、１０９前からのびる文化村通りを東急本店のほうに進んでい

【10-1】忠犬ハチ公像（２００８年７月村松研究室撮影） １９４８（昭和23）年に再建されてから、現在まで渋谷駅前広場に鎮座し、シブヤでいちばん代表的な待ち合わせ場所である。

く、左手にヤマダ電機、右手にH＆Mが現れ、Y字路に突き当たる。そこはドンキホーテと東急本店が道を挟み、老若男女を迎え入れる。Y字路を左に進み、ひとつ目の信号を右に曲がり、Bunkamura の脇を通り抜けると、緩やかなカーブの坂道が目の前に現れる。そこに足を踏み入れると、ここまでの人と車と騒音で道が覆われていた世界とはまったく別の世界になる。犬と散歩する人や、フェラーリやポルシェといった高級車が時々通り、道を囲む建物は、どれも間口が10間（約18ｍ）以上で3階建ての住宅が並び、ゴージャスという言葉がよく合う【10-2】。そんな雰囲気を味わっていると、1本のヒマラヤスギが見え、T字路に突き当たる。その場に近づくと子供の騒ぐ声が遠くから聞こえてくる。その音に誘われるまま歩いていくと、松濤中学校がある。この場所に猫の逸話が眠っている。それを理解するためには、明治時代まで時間を遡る必要がある。明治時代、松濤には茶畑が広がっているだけであった。その茶畑の持ち主は、払い下げを受けた肥前（佐賀）の鍋島家であり、関東大震災後、この場所に豪邸をかまえた。鍋島家と猫には興味深い物語がある。その物語の名は「鍋島化け猫騒動」【10-3】である。

1608（慶長13）年、江戸幕府から鍋島勝茂へ肥前国35万石を安堵することが決まり、鍋島家が統治することになる。それから、時間が流れ、勝茂の嫡孫の佐賀藩2代目藩主、光茂は、家臣である竜造寺又一郎と碁を打っていた。その対局中に口論となり、光茂は又一郎を斬り殺してしまう。側近の小森半左衛門はこれが公になることを恐れ、又一郎の遺体を古井戸に隠した。そして、又一郎は失踪したことにして、この事件をないものとした。しかし、又一郎の

【10-2】松濤の住宅街（2010年1月筆者撮影）
松濤は1924（大正13）年に宅地開発され、このカーブはその時に計画された道で、現在も形を変えることなく残っている。

母お政は、飼い猫である黒猫のゴロが又一郎の首を咥《くわ》えてきたところを見て、事情を知る。母は我が子の復讐を行うため光茂に呪いをかけ、自害してしまう。ゴロは母から流れ出る血をなめ尽くし、姿を消す。そのゴロは光茂の妾を絞め殺し、その姿に成り代わり、そばで徐々に光茂を衰弱させていく。そんな衰弱していく光茂を見た家臣たちは、薬や祈祷を行うが容態は悪くなる一方である。ある日、家臣のひとりである伊藤惣太は、不寝番をかってでたが、真夜中に凄い睡魔に襲われる。睡魔を消し去るべく、太ももに刀を差し、睡魔に耐える。この睡魔こそ猫の妖術であったが、惣太はこの術から醒めるのであった。そして、美女が光茂の寝床に入っていくのを見る。その美女の行動は障子越しに見え、そこには、行灯の油を舐めている猫の影が浮かびあがっていた。それを見た惣太は、光茂の妾が化け猫であることに気付き、退治した。これにより、藩主の容態は回復していった。これが「鍋島化け猫騒動」の全容である。

「鍋島化け猫騒動」は、藩主である鍋島家とそれを嫉む人間、そして、その思いが託された猫の3者により、描かれた物語である。猫には人間の気持ちを代弁する動物として、人間にとって近しい存在ということが伺える。

【10-3】「鍋島化け猫騒動」の浮世絵（Osami Tanaka「猫と浮世絵」〈http://www.cat-city.com/museum/ukiyoe/yakusha04.html〉最終アクセス2010年1月）
1884（明治17）年の楊洲周延作の浮世絵。化け猫が退治される様子が描かれている。

猫道

物語だけでなく、人間と猫との共同生活がよく表れている場所がある。それはキャットストリートである。直訳すれば猫道。ストレートすぎるネーミングだ。そもそも、キャットストリートが出来上がった経緯を辿ると、江戸時代まで遡る。当時ここには、小さな村と畑、渋谷川があり、川による侵食で、ここの地形は、川を底に高低差があった。それから、時代と共に住宅が増えていき、１９６４（昭和39）年の東京オリンピック時に決定的な出来事が起こる。それまでは渋谷川に生活排水を垂れ流し、猫さえもダンボールに入れられ、流されていたが【10-4】、それを暗渠化し、道を造ったのだ。これがキャットストリートつまり、道としての始まりである。

最初からキャットストリートと呼ばれたわけではなく、もともとは渋谷川遊歩道という名であった。当時はまだ猫とは何も関係がない。現在も当時も渋谷川遊歩道周辺は、大きな開発が行われず、一軒家を中心に密集し、道は曲がりくねり、人ひとりがやっと通れるような路地や、Y字路が多かった。大きな空き地や子供達がみんなで遊べるようなスペースがなかったので、遊歩道の一部にブランコや砂場、滑り台などが置かれ、細長い公園が生まれた。そして、この公園に野良猫がいつの間にか集まりだし、猫が多く住む場所へと変貌した。そこから、猫の多い渋谷川遊歩道は、キャットストリートと呼ばれるようになったといわれている。しかし、ただ単に、公園があったから猫が多く住んだのではない。そこには、渋谷川が関与している。キャットストリートは川を暗渠にしてできた道ゆえ、家は川のほうを裏側に配置されている。つまり勝手口に面してキャットストリートがあり、そこには公園もある。そう、人間が猫にご飯として残飯を与える環境が整っていたわけである。それともうひとつ、渋谷川遊歩道という名の通り、遊歩道であったため、歩道が車道と分離されており、安全な場所であったことも猫が多

【10-4】渋谷川（池田信撮影・毎日新聞社提供）
１９６２（昭和37）年時の渋谷川。住宅が密集しており、勝手口などの住宅の裏側が渋谷川に面して配置されている。

く住み始めた要因である。
このようにして、人間の住環境が意図せずに猫の生活に適合し、人間の1日の生活の流れに猫がうまく入り込み、ある一定の距離を保ちながら、猫と人間が暮してきたのだ。これは、昔に限った話ではなく、現在でも人間の住環境が意図せずに猫の生活に適合している箇所を目にすることができる。

街中で猫を見つけ近づくと、猫は1・8m以上の塀の上へと逃げてしまうことがある。猫にとって幅10㎝の塀は塀ではなく、道なのだ【10-5】。また、屋根も人間にとっては雨を凌ぎ、日光を遮るものだが、猫には日焼けサロンである【10-6】。猫は、人間とは別のアフォーダンスを有しており、それを基準に活動している。アフォーダンスとは、環境が動物に対して与える価値であり、物体の形状や変化がそれに対する応答を暗に指示しているという考えがそこにはある。

それとは逆に人間が猫のために意図して造ったものがある。地面から20㎝上の所に、20㎝角の穴が3つ開いている。人間は壁をきれいに見せるデザインだと思うが、これは、猫の入り口である【10-7】。塀の上にギザギザのプレートが置いてある。これは存在すら気付かないが、猫にとっては、塀を歩く上で大きな障害になる【10-8】。その他にも、猫が花壇の上を歩くことを阻止するものもある【10-9】。

このような行動は、現在も街の中で静かに繰り広げられている。猫は人間と同じ場所に住んでいるが、人間には気付かない世界を作り上げている。人間はそれを必死に追いかけているように見える。良くも悪くも人間は猫に惹きつけられていることが伺える。

【10-5】猫道（2010年1月筆者撮影）
猫にとって幅10㎝の塀は、高さとは無関係に道である。

【10-6】猫の日焼けサロン（2009年12月筆者撮影）
雨や日差しを防ぐ屋根の上で猫が気持ち良さそうに日光浴をする。

【10-7】猫門（2009年12月筆者撮影）
壁に開いた20㎝角の3つの穴は、猫だけの入り口である。設計者が猫の入り口としてデザインした。

野良猫の果ての「地域猫」

猫は人間の生活に入り込み、住民はある一定の指針がないまま、住民同士のもつあいまいではあるが、共通する感覚で猫と関わってきた。その関わりが制度に影響を与えた。1980年代後半から渋谷区全域で住民が増加したため、ひとつの大きな問題が発生した。猫と人間の軋轢である。その土地にずっと住んでいる人は、野良猫の糞尿の匂いや夜な夜な繰り返される求愛の声など、すでに存在するものと容認してきた。しかし、マンションの増加により新たな住民が大量に増えたことで、野良猫の行動を疎ましく思う声がシブヤ全域から発せられた。2000年に入り、東京都、渋谷区などの行政もこの訴えをないがしろにすることができなくなる。環境省、東京都は法律、条例などを改正し、動物の所有者の責務や周辺の生活環境の保全、動物による人の生命、身体、財産の侵害の防止などを規定した。さらに、これらの規制の基本原則に、動物が命あるものであること、人と動物の共生に配慮することが加えられた。

このような動きで、猫と人間の関係に明確な指針が立てられた。飼い主に関しては、猫の特性をよく理解し、他人に迷惑をかけず、猫の健康・安全に配慮する飼い方が求められた。猫の飼われ方の違いで対応が2通りに分かれ、ひとつ目は飼い猫に対してのものである。都市では屋内での飼育、不妊去勢手術、身元の表示を行い、猫を交通事故等の危険から守り、糞尿の臭いなどの生活環

【10-8】ギザギザ道（2009年12月筆者撮影）
塀の上に置かれたギザギザのプレートは、塀を道とする猫にとっては大きな障害である。

境への被害を防止する。2つ目は「飼い主のいない猫」つまり、野良猫に対してである。野良猫を不要として排除せず、地域の問題として捉え、地域で飼うという合意ができた場合は、適正に飼育する。「適正に飼育する」とは、不妊去勢手術をし、えさをやり、糞尿の後始末を行い、一生を全うさせることである。このように飼育される猫は「地域猫」と定義されている。野良猫が減少し、その代わりに「地域猫」が出現することになる。

このような規制を背景に渋谷区は、飼い猫の不妊去勢手術に助成金を1993（平成5）年度4月から始めている。1回の不妊手術に対して7000円、去勢手術に対して5000円を助成しており、2008（平成20）年度は、不妊手術が457件、去勢手術が382件行われた。また、野良猫に関しても同様の助成を行っている。野良猫すべてを対象にするのではなく、「地域猫」になる猫にのみ適用され、その認定は区から指定されたひとつのボランティア団体が行い、不妊去勢手術を行っている。この団体によって2004（平成16）年8月から今まで1595件（不妊手術：821件、去勢手術：774件）の手術が行われた。つまり1595匹の野良猫が「地域猫」へ生まれ変わった【10-10】。

この渋谷区の野良猫への不妊去勢手術の助成が行われたきっかけは、住民からの声である。2000（平成12）年度から新宿区、千代田区で都内では初となる野良猫の助成が行われる。これは猫の愛好家の中では、野良猫をガスで処分する方法しかなかった中で、猫が街のなかで生きる方法として、話題になった。それをシブヤに住む愛好家は区に提案し、ボランティア団体が区と委託契

【10-9】剣山の花壇（2009年12月筆者撮影）
花壇一面に配置されたプラスチック製の剣山。人間の視覚からは見分けづらい色と形状である。

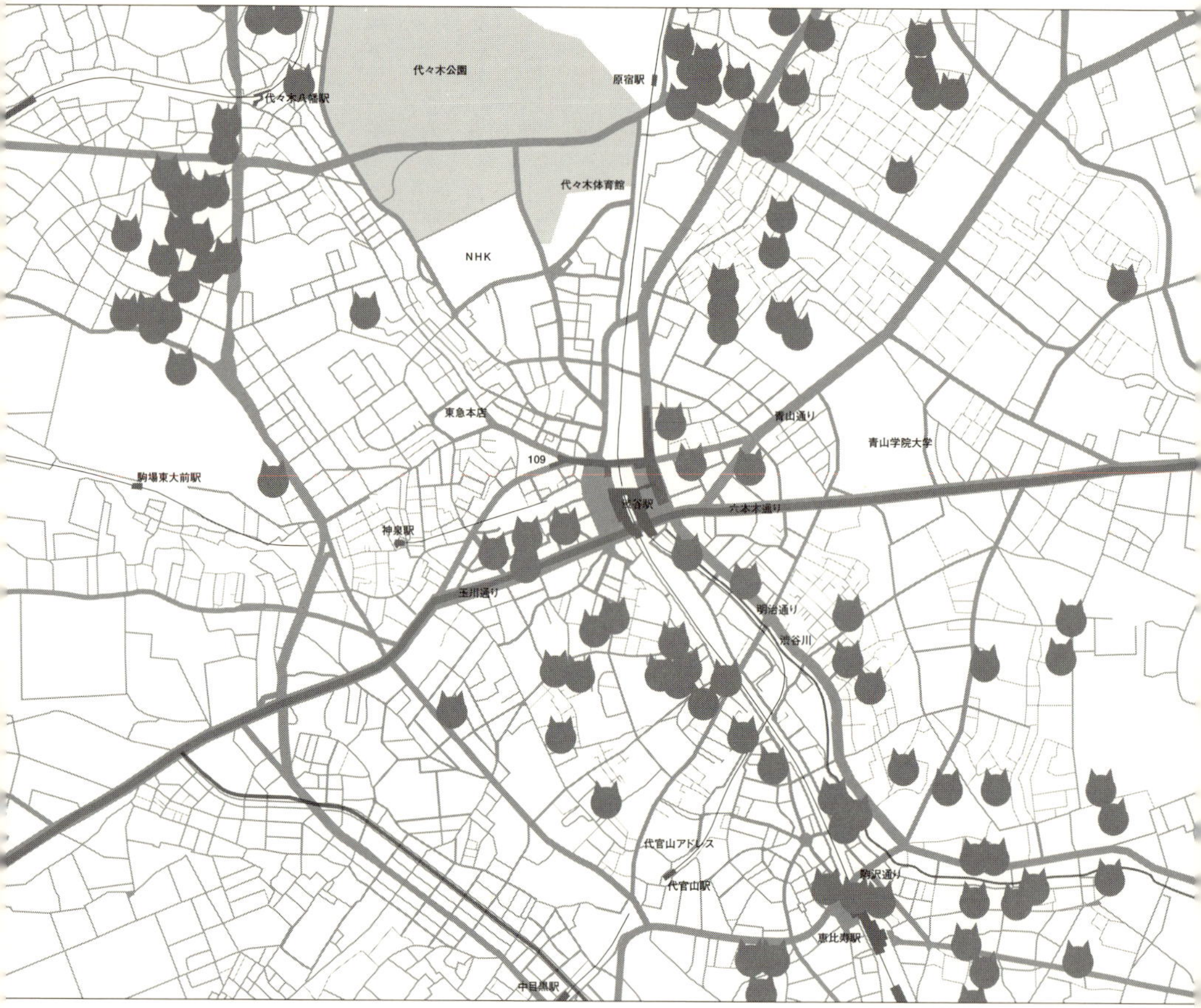

【10-10】地域猫の分布図（2010 年 1 月筆者作成）
渋谷区と委託契約しているボランティア団体が 2004 年から現在までに不妊去勢手術をした猫の住居をプロットしたものである。

約することで、野良猫への助成が行われるようになった。しかし、区のホームページを見ても、野良猫の不妊去勢手術を助成していることは書かれていない。事業概要にも載っていないのだ。しかし、助成はやっている。

シブヤに住む人の手により、野良猫は地域猫として、生まれ変わり、行政を巻き込む形でシブヤの中に浸透し始めている。しかし、それはシブヤという範囲の中でのことで、東京、日本、地球全体が同じことをしているわけではない。だから、シブヤの外から野良猫は侵入し、地域猫に生まれ変わる。これをシブヤは永遠に繰り返すのかもしれない。

とある日の出来事

キー。ガタン。今日も自転車の新聞配達の音で目が覚めてしまった。寝床のある茶色の家には毎朝、新聞が届く。最初はベッドシートが毎朝どこからともなく、届けられていると思っていた。しかし、日差しが心地よいある日の昼、縁側でえさをくれる人がそれを開き、ペラペラと無言で見ているところを発見し、ベッドシート以外の使い方があることを知った。私の寝床は、真っ白い箱で、とっても暖かい。しかし、爪で引っかくと嫌な音がする。暑い日には中に新聞紙が敷かれ、寒い日には、茶色でちょっとフカフカした紙が敷かれる【10-11】。そうそう自己紹介が遅れたが、「私の名前はタマである」と、いいたいところだが、いろいろな人間から好きなように呼ばれ、それなりに恩恵にあずかれるので、これといっ

【10-11】寝床（2010年1月筆者撮影）
最近の猫の寝床は、発泡スチロール製の箱に新聞紙やダンボールを敷いたものである。

た名前を決めないようにしている。

今日もいい天気なので、朝の水はうまいだろう。水を飲むには、ねずみ色の壁を飛び越え、ごつごつとした地面に着地する。そこから少し先にある銀色の柵の間を潜り抜け、自分の背ぐらいの高さの段差を5つ駆け上がれば、水色の皿の中の水にありつける。そして、舌の渇きを潤したら、日向ぼっこをして、ご飯を待とう。朝いちの日向ぼっこには定位置がある。段差を降り、ねずみ色の壁の前まで戻ると、そこには、いつものように3台の自転車が置いてある。その前にすっと座り、ボーっとし始める。

……「トラッ」耳に心地よい高音の音が聞こえる。ふっと目を開けるといつもの人がいる。ほぼ毎日この時間にご飯をくれる。今日は、カツオ風味の半生の固形物が2個。たまに、マグロ風味のこともあるが、朝、軽くつまむにはいい量だ。食べ終わると、その女性は、背中を撫でてくれる。これが気持ちいい。知人と見知らぬ人の見分け方はひとつ、それは匂いである。人それぞれ匂いが違い、それで記憶している。むやみに人を近づけたりはしない。相変わらず日が照っているから、また昼寝でもするか……。

眠りに入ると、昔のことを夢で見ることがある。生まれたばかりのころ、私が欲していたのは、お母さんのミルク。一心不乱に乳を吸う。そして、時々お母さんに咥えられ、違う寝床に移動する。起きてはミルクを飲み、また寝る。そして、気晴らしに笑顔を振り撒く。夜になるとお母さんは私達兄弟4人を連れ、白い家の前に行き、じっと待つ。人間が現れ、お母さんのご飯が出てくる。その人間は

【10-12】気付け薬（2010年1月筆者撮影）
猫は、時々葉っぱをかじる。その顔は険しいので、自分だけの気付け薬だろう。

お母さんが食事中、私たち兄弟を大きな手で撫で回し、すこし低い声でいつも話しかけてくる。
ハッとする。知らないうちに寝てしまった。でも子供のころの暖かい夢を見て、少し懐かしくなる。気分転換に葉っぱを食べる。うーん。不味い【10-12】。そろそろ毛繕いでもしよう。毛繕いの場所は、誰にも邪魔されたくないから、特等席に行こう。そこは、水色の皿がある場所の脇の塀で、人間の手が届かなくて、人間を眼下に眺めることができる場所だ【10-13】。ペロペロ。ペロペロ。ペロペロ。ガサッ。低い音がする。ふと下を見るとスナック状の食べものを手のひらに乗せてこっちに近づいてくる人がいる。こんな人は匂いの記憶の中にない。様子を見るため、一旦先の塀へと走りだす。ここはずっと陰なので涼しく、頭をシャキっとさせるにはちょうどよい道だ。そして、振り返り、相手を確認し、さらに奥へと進む。「おーい」と後ろのほうから呼ばれるが、もう興味がなくなったので違う場所で日向ぼっこをする。見つからないように、私達だけが通れる道を選んで、水色の皿が置いてある家の隣の白い家へと進んだ。白い家の裏手へ回り、白い家の隣に銀色の車があったので、その間からさっきまで日向ぼっこをしていた場所へと顔を出す。周りを見渡すとスナックを持った人はいなくなっていたので、そこで休む【10-14】。そういえば、この白い家には、懐かしい匂いと共に記憶が残っている。

白い家の前でじっと待っている。ずっと待っている。しかし、大きな手で、すこし低い声の甘い匂いの主は出てこない。いつもお母さんと私達兄弟のご飯をくれるのに、今日はいつまでたっても出てこない。次の日も同じ時間、同じ場所で5人揃って待つが現れない。どうしたのだろうか。また、次の日も待ったが何も出てこなかった。甘い匂いの主は住処を変えたのだ。数日後、白い家

【10-13】毛繕い場（2010年1月筆者撮影）日当たりのよく、人間の手が届かない場所で、ゆったりと毛繕いをする。

からは煙の匂いの知らない人が出てきた。それから、白い家の人だけじゃなく、その隣のねずみ色の家や向かいの茶色の家の人からご飯がもらえるようになった。それから、数年が経ち、私達兄弟も大きくなり、妹に子供が3人もでき、平穏でのどかな日を送っていた。

そんなある日、いつものように人間からご飯をもらい、気ままに日向ぼっこをしていたら、ただならぬ匂いを纏った5人の人間が、私達の住んでいるエリアに入ってきた。いつもはえさを片手によってくる人間だが、今日はそれだけでなく、なにやら銀色に輝く箱があった。異様なまでに輝いている箱、ただならぬ匂いの見知らぬ人間、私達8人は逃げ回った。人が近づいて来ない家と家の間に逃げたが、今日はそんな場所にも追ってくる。後ろから来ているはずの人間がいきなり目の前に現れ、捕らわれてしまった。私達8人はそれぞれ、銀色の箱に入れられ、白い車でどこかに連れて行かれた。着いた場所は、多くの猫のたまり場だったが、みんな銀色の箱の中にいて、声しか聞こえず、不気味だ。

近所の猫仲間から、噂を聞いていた。ここは性欲などの衝動が減退させられる場所ではないか。そして、家に帰ってきた猫は性格的に丸くなり、子供が産めなくなると聞いた。不意にチクッと痛みがする。それから、急に体に力が入らなくなり、眠ってしまった。目が覚めると、また、銀色の箱の中だった。すこし足元がふらふらし、お腹の毛が剃られており、少しだが痛みを感じる。そして、また寝てしまう。ガタン。ガタン。という物音で起きた。ここはどこかわからないが銀色の箱の中にはいる。物音と共に揺れが突然止まり、光がさし、

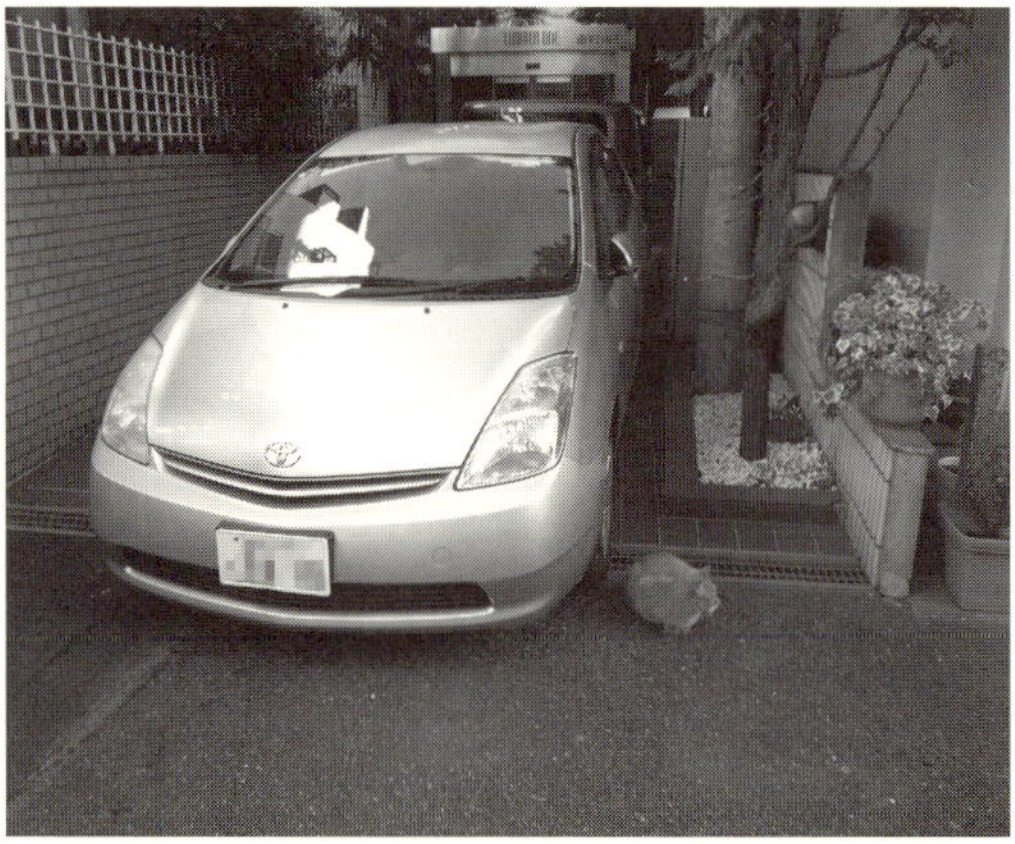

【10-14】日向ぼっこ場（2010年1月筆者撮影）
猫はなぜかガソリンの匂いが好きで、車やバイクの周りで、潜みながら休む。

その先には、見慣れた白い家があった。そこで、私達は箱の中から出され、いつもの日常に戻った。これを機に、性格が温和になり、兄弟同士で争わなくなったし、私と妹からは子供が産まれなくなった。すべてが噂どおりであった。

そんな懐かしく、不思議な体験の思い出に浸り、のどの渇きで知らぬ間に長い時間が経過したことに気付いた。ここからは、ねずみ色の家にある水色の皿よりも、目の前の生垣とバイクの間の水飲み場のほうが近い。いち早く舌を潤したいので、近いほうへ行く【10-15】。ふと周囲を見渡すと日向はなくなっていた。しかし、まだ完全に日向がなくなったわけではなく、取って置きの場所もある。さっきまでいた白い家と車を右手にすると、目の前には白い柵が見える。それをくぐり抜け、3つの段差を上り、前に進むと、左に段差のお化けがいる。普段、段差は5つぐらいのしかないのに、ここは18段以上あり、そこを上ると左に、特等席がある。1日の最後の日光を楽しむ場所である。最後の昼寝でもしよう【10-16】。

涙がポロッと流れた。なにか、悲しい夢を見たような気がする。夢なのでもう思い出せない。しかし、思い当たる節はある。妹の子供が夜中に光を目指し走っていった。光は車から発せられているもので、子供は車と衝突してしまい、亡くなった。ちょうど奥に見えるT字路の場所で起こったのだ。違う場所で同じことが起こり、弟も死んだ。もうひとりの弟と妹の子供は、違う縄張りを見つけ、ここから出て行った。今は3人でここに住んでいる。私達の家族が4人になることはない。それは、いつしか当たり前のようになった。銀の箱で過ご

【10-15】水飲み場（2010年1月筆者撮影）
地面の凹みに溜まった水を飲む。日によって、水飲み場は干上がるときもある。

した日を境に、毎年恒例の赤ちゃんのお披露目会はなくなり、周辺の猫の赤ちゃんも見ることがなくなった。私の子供の世代で私たちの血は途絶えてしまう。そして、街角に私達猫がいなくなってしまう。そんなことがふと頭をよぎった。

久しぶりに昔のことを思い出し、子供について考えたので、今日はご飯の時間まで白い家の玄関で毛繕いをする【10-17】。ご飯の時間は、1か月ごとに変わり、決まっており、いつもはばらばらの家族が一度に集まる時である。ご飯の場所は、1か月ごとに変わり、ご飯の内容も変わる。前回は、白い家、その前は、茶色の家、さらに2つの家を加えた5つの家を順番に回る。今月は、ねずみ色の家の人からご飯が出てくる。そろそろ、ご飯の時間だから集合場所のねずみ色の家の前に行く。そこには、すでに母と妹もおり、ご飯を今や遅しと、落ち着きのない様子で歩き回っている。突然、ドアが開く。ご飯の入った皿を3つ手にした人がそれぞれの位置にご飯を置く。私は水色の皿の横、お母さんは、その隣。妹はお昼過ぎに私が毛繕いをしていた塀の下【10-18】。みんな一斉に食べ始める。早食いの私は、さっさとご飯を済ませ、ひとりその場を離れ、地面に降り、食後の余韻を楽しむ。その後、母と白い家の前に止めてある車の横で、今日の出来事を話し、1日の終わりを迎える【10-19】。それぞれが自分の寝床へと帰っていき、床に就く【10-20】。

猫遺産

シブヤという舞台で猫と人間が織り成す営みを記してきた。猫は時に人間の

【10-16】最後の昼寝場（2010年1月筆者撮影）
縄張りの中でいちばん遅くまで日光が当たる場所。1日の最後はいつもここで昼寝をする。

【10-17】思い出の玄関（2010 年 1 月筆者撮影）
玄関マットの上に座り、毛繕いをする。子供のころ、ここでご飯を貰っていた。

【10-18】食堂（2010 年 1 月筆者撮影）
17 時からの家族水入らずの食事の時間。1 日で家族が集まるのはこの時だけ。

気持ちの代弁者として、また、人間と生活を共にする者、ある意味「住民」として扱われてきた。また、実際の猫は、常に動き回り、隠れているので、出会うのにも苦労する。しかし、出会い、触れ合うと猫から心の平穏を得て、派生的に人間が自然と集まり、そこに人間同士のつながりが出来上がる。こんな魅力をもつ猫を、私は揺れ動きながらあらたな価値を生むものと評価し、「猫遺産」としたい。その反対にいるのが「忠犬ハチ公」だろう。彼は、常に動かず、じっとしていることで人を呼び寄せ、人間同士をつなげていく。

猫を「住民」として扱う。そうすると人間同士の許容範囲というものがあるが、猫と人間の許容範囲も考えなければいけないのかもしれない。今までは、人間の都合だけを押し付けてきたが、猫の立場になって人間が譲歩することも必要な気がする。また、猫が「住民」であるという見方でもう一度街全体を見返すと、私達が生活している街は、人間だけのものでなく、他の生物のものでもある。犬、烏、鳩、鼠、蛙なども同様に街の「住民」であり、ひとつの街のなかに、それぞれの世界を構築している。猫の世界、犬の世界など私達には気付きにくいが、確かにそれらは街の中に存在する。その証拠として、この文章を捧げたい。

【10-19】居間（2010年1月筆者撮影）
食事が終わり、車の近くで1日の出来事を語り合う。

【参考文献】
一志敦子『東京ねこまち散歩』日本出版社、2005年
一志敦子『東京路地猫まっぷ』日本出版社、2007年
一志敦子『東京よりみち猫MAP』日本出版社、2009年

岩崎るりは『猫のなるほど不思議学　知られざる生態の謎に迫る』講談社、２００６年
環境省「家庭動物等の飼養及び保管に関する基準」
〈http://www.env.go.jp/nature/dobutsu/aigo/2_data/laws/nt_h140528_37.pdf〉（最終アクセス２００９年１月）
「動物の愛護及び管理に関する法律」
〈http://law.e-gov.go.jp/htmldata/S48/S48HO105.html〉（最終アクセス２００９年１月）
黒澤泰『「地域猫」のすすめ　ノラ猫と上手につきあう方法』文芸社、２００５年
渋谷区区制施行70周年記念事業準備会『区制70周年記念　図説渋谷区史』渋谷区、２００３年
渋谷区動物愛護推進ネットワーク「渋谷区内の現状報告」
〈http://www.shibuya-animal-net.com/shibuya.html〉（最終アクセス２００９年１月）
渋谷文化PROJECT「キャットストリート―かつて水車が回った遊歩道」
〈http://www.shibuyabunka.com/area.php?id=1〉（最終アクセス２００９年１月）
中西豪『史伝鍋島直茂「葉隠」の名将』学習研究社、２００２年
東京都「東京都動物の愛護及び管理に関する条例」
〈http://www.reiki.metro.tokyo.jp/reiki_honbun/g1013637001.html〉（最終アクセス２００９年１月）
東京都福祉保健局「東京都動物愛護管理推進計画」
〈http://www.fukushihoken.metro.tokyo.jp/kankyo/aigo/horeishiryou/keikaku/files/honbun.pdf〉
（最終アクセス２００９年１月）
東京都福祉保健局「東京都動物愛護推進総合基本計画」
〈http://www.fukushihoken.metro.tokyo.jp/kankyo/aigo/horeishiryou/keikaku/files/h16haithplan.pdf〉
（最終アクセス２００９年１月）
夏目漱石『我輩は猫である』岩波書店、１９３８年
林丈二『猫はどこ？』講談社、２００１年
ポール・ギャリコ『猫語の教科書』筑摩書房、１９９８年
平岩米吉『猫の歴史と奇話［新装版］』築地書館、１９９２年
『新修渋谷区史　上・中・下』東京都渋谷区、１９６６年
『特別展　住まいからみた近・現代の渋谷―郊外生活から都市生活へ―』白根記念渋谷区郷土博物館・文学館、２００７年

【10-20】母の寝床（２０１０年１月筆者撮影）
ご飯を食べ終え、本来は夜行性だが、20時には寝る。

11　音の風景

田口純子

無数の音に囲まれて

あなたは今、渋谷駅前のスクランブル交差点で信号が青に変わるのを待っています【11-1】。その時、あなたの耳には、どんな音が聞こえてきますか?

QFRONTの大スクリーンに流れる広告の音、高架を走る山手線のレールのきしみ、後ろで信号を待つ人の会話の声、目の前を走り抜けていく車やバイクのエンジン音……これらの音は、あなたの耳に多かれ少なかれ「聞こえてくる」のであって、耳を傾けて「聴いている」状態とは程遠いのではないでしょうか。むしろ、これだけの喧騒の中にいながら、あなたの意識は、ヘッドフォンから流れてくるお気に入りのアーティストの曲に向いているかもしれません。

「聴く」ことを非日常化する都市

私たちは、意識して「聴く」という行為を、ある閉鎖的な、限定された環境の中に閉じ込めてきました。たとえばコンサートホールやライブハウスなどの音響空間での音楽がそれにあたります。そして昨今ではオーディオプレーヤー

【11-1】スクランブル交差点（2010年1月筆者撮影）
人、もの、できごとのるつぼで、あなたは何を聴きますか。

を持ち歩くことによって、音楽は私たちの身体に寄り添い移動するようにまでなりました。

　このことは、私たちが音楽と認めるものや、注意を向けるべき音（話しかけられた声、電車の発車ベル、携帯電話の着信音など）以外の音から、耳を閉ざそうとしてきた、ということでもあります。私たちの暮らす都市は、成長するにつれ、さまざまな人やもので溢れかえるのと同時に、さまざまな音でも溢れかえるようになりました。私たちはその大部分を必要のない「騒音」として位置づけ、忌み嫌ってきたのかもしれません。だからこそ、外界の音を遮断した理想空間の中に厳選した音楽を育み、それこそを文化として取り扱ってきたともいえるでしょう。

　シブヤもまた、音楽文化を展開し、あるいは独自に育んだ音楽を発信する中心ともなってきた場所です。このシブヤの音楽文化史を辿るスポットのいくつかを、シブヤという都市そのものが成長し発展を遂げた歴史と重ねて見てみましょう。

音楽を「求めて行く」シブヤから「持ち歩く」シブヤへ

　道玄坂の中腹に、百軒店《ひゃっけんだな》という繁華街があります。ここは1923（大正12）年に起こった関東大震災の直後、復興を兼ねた渋谷開発計画によってできたマチです。昭和期に数々のジャズ喫茶・ロック喫茶が集まってきて、軒を連ねたといいます。当時の様子からは、「音楽喫茶に行く」というモダンな嗜みが流行し、高価な輸入盤レコードに入った音をコーヒー1杯で享受するために

【11-2】名曲喫茶ライオン（2010年1月筆者撮影）
演奏者のいないクラシックホール、会話のない喫茶店です。

通い詰める、といった時代性が伺えます。そして、百軒店で現在も健在なのが１９２６（昭和元）年創業の「名曲喫茶ライオン」です【11-2】。店内は大きなスピーカーから流れるクラシック音楽に静かに耳を傾けるために用意された空間であり、その空間の質を求めて客が集まり、繁華街の賑わいから一転、異世界のような雰囲気を形成しています。

戦後のシブヤを大きく改変するきっかけとなったのが、東京オリンピックの誘致です。１９６４（昭和39）年の開催に合わせ、アメリカ軍の宿舎敷地ワシントンハイツの跡地に選手村ができ、周辺に国立代々木競技場やＮＨＫ放送センターなどの主要施設が誕生しました。そして、オリンピックが終わった代々木公園周辺は、国立代々木競技場の第一体育館、重量挙げ競技会場であった渋谷公会堂（現渋谷C.C. Lemonホール）、１９７３（昭和48）年に落成したＮＨＫホールなどが大人数を収容するホールとしての機能をもち、大きなコンサートやテレビ番組を支える一帯へと変化します。かつて競技の観戦で賑わったこの一帯は、今も何千という人々が同じ娯楽を共有するために集う核をなしています。

シブヤ改変のもうひとつの力は、東急と西武による百貨店開発です。１９３４（昭和９）年の東横百貨店（現東急東横店東館）創業に端を発し、東急文化会館（１９５６年開館）、東急本店（１９６７年開業）、西武渋谷店（１９６８年開業）、パルコ（１９７３年Ｐａｒｔ１開業）、１０９（１９７９年開業）と次々に、大規模商業施設が渋谷駅前、周辺に誕生します。百貨店は多様な商品、サービスを提供するだけでなく、文化を生み出す中心となるように展開され、百貨店開発には文化施設の設立が伴うようになります。そのはしりである

【11-3】Bunkamura（２０１０年１月筆者撮影）
芸術、文化、すべてを取り込んだ「百貨」店ビルです。

東急文化会館は2003（平成15）年に閉鎖、解体の運びとなりましたが、東急本店に併設されたBunkamuraは、昭和の怒濤の百貨店開発に終止符を打つように1989（平成元）年に開業し、大型の複合文化施設としてシブヤで行われる音楽、映像、美術、演劇などを一手に担っています【11-3】。そこでは、コンサートの開演前にカフェに入ったり、劇鑑賞をした帰りにウインドウショッピングをしたりといった、商品、サービス、そして文化をも消費する私たちのトータルコーディネートが、ひとつの建物内で行われるのです。

1990年代に入り、若者の音楽文化の波がシブヤに押し寄せます。昭和のディスコに代わって、クラブという新たな音楽空間が登場し、輸入盤レコードはもはや音楽喫茶に頼らずとも手軽に手に入る時代になったのです。こうして花開き、地名を冠に付けて「渋谷系」と呼ばれた当時の音楽文化を、メディアはこう振り返ります――「まず、『渋谷系』とは必ずしも渋谷本来の音ではなく、むしろ80年代後半から90年代初頭のクラブ文化やレコード店の興隆に伴って流入してきた若者層が外から持ち寄った折衷的な音であったこと、そしてそのような比較的多様な音楽を包摂するある種オルタナティブな音楽空間がその頃の渋谷に生まれつつあったということである。要するに、渋谷が『渋谷系』をつくったのではなく、渋谷系が『渋谷』をつくったのである」（『別冊宝島』771号）。

隆盛する邦楽の情勢を敏感に察知したのが、HMV、タワーレコードといった大型のレコード店です。これらの宣伝戦略に追い風を受け、「渋谷系」の音楽は、レコード業界やメディア業界を巻き込んで大きな市場を築き、シブヤの内外へ発信されるようになります。それから20年の時を経て、もともと「折衷的」と言い表された「渋谷系」の音楽は変化し、1990年代に起こした大きなムーブメントを終息させたかのように見えます。しかし、このムーブメントは、現在もなお注目度の高いシブヤの音楽情勢の基礎を築き上げ、また、商品化され、規格化され、取引される音楽像を強烈に形作ったといえるでしょう。

シブヤの音楽文化史の最後に、商品化され、規格化され、取引される音楽が持ち歩かれるようになったことについて触れなければなりません。CDやMDの普及と対応機器の発達が進んだ90年代、ウォークマン（ソニー株式会社の登録商標、ポータブルオーディオプレーヤーを指す一般名詞となるほど普及した機器）を持ち運び、外出先で好きな音楽を聴く人々が増えだしました。さらに、データとなった音楽は扱いが容易となり、個人のパソコンやデジタルオーディオプレーヤーに取り込まれ、楽しまれるようになります。山のような量のレコード収集から、目に見えずかさ張りもしない膨大なデータのストックへ、私たちと音楽メディアの関係は変わっていきます。この現象を大きくリードしたのが、米アップル社のデジタルオーディオプレーヤー、iPodの登場（2001年）です。さらに同社のiTunes Music Store（2003年開始）が、インターネット上でのデジタル音楽販売市場を活性化します。これを受けて、日本では「着うた」（株式会社ソニー・ミュージックエンタテインメントの登録商標、携帯電話の着信音を楽曲にするサービス）など独自のデジタル音楽文化も誕生します。今や、デジタルオーディオプレーヤーや携帯電話で音楽を持ち歩くようになった私たちは、何千曲、何万曲のお気に入りのプログラムを演奏してくれるコンサートホールやライブハウスを身にまとい、軽々と歩いているようなものなのです。

【11-4】マリー・シェーファー著『騒音の本』挿絵より（鳥越けい子『サウンドスケープ その思想と実践』SD選書、1997年、38頁）騒音は公害であるという認識を人々に訴えかけた自費出版の小冊子より。

体中のアンテナをのばして

こうして、整った音環境をもつ空間や、持ち運びのきく最小限の音環境をつくりだした私たちは、都市の中での音環境を、それらとは異質なものだと認識しているようです。

一方で私たちは、地球環境問題を抱え、目や耳を逸らしていたものに直面せざるを得ない状況に立たされています。しかしこの状況は、問題の所在を私たちの意識に置き換え、否定的に捉えていたものの中から肯定的な発見をする機会にもなるのです。

北アメリカでエコロジー運動の気運が高まった1960年代以降、音楽家としての立場から音環境に向き合ったカナダの作曲家マリー・シェーファーは、著書『世界の調律』の中で「騒音公害は、人間が音を注意深く聴かなくなった時に生じる。騒音とは、われわれがないがしろにするようになった音である」と述べています【11-4】【11-5】。また、シェーファーは「サウンドスケープ（soundscape）＝音の風景」という言葉を提唱し、聞こえてくるすべてのものに耳を傾けることを示唆しています。これは、周囲をとりまくおびただしい数の音に対し無関心である私たちに向かって鳴らされる警鐘であり、都市環境に対して閉ざしてしまった知覚を新たに切り開いていく提案でもあります。

現代社会において多くの情報を視覚で捉えている私たちは、音を聴くことをはじめとして、匂いを嗅ぐ、肌で感じる、舌で味わう、あるいはそれらの五感

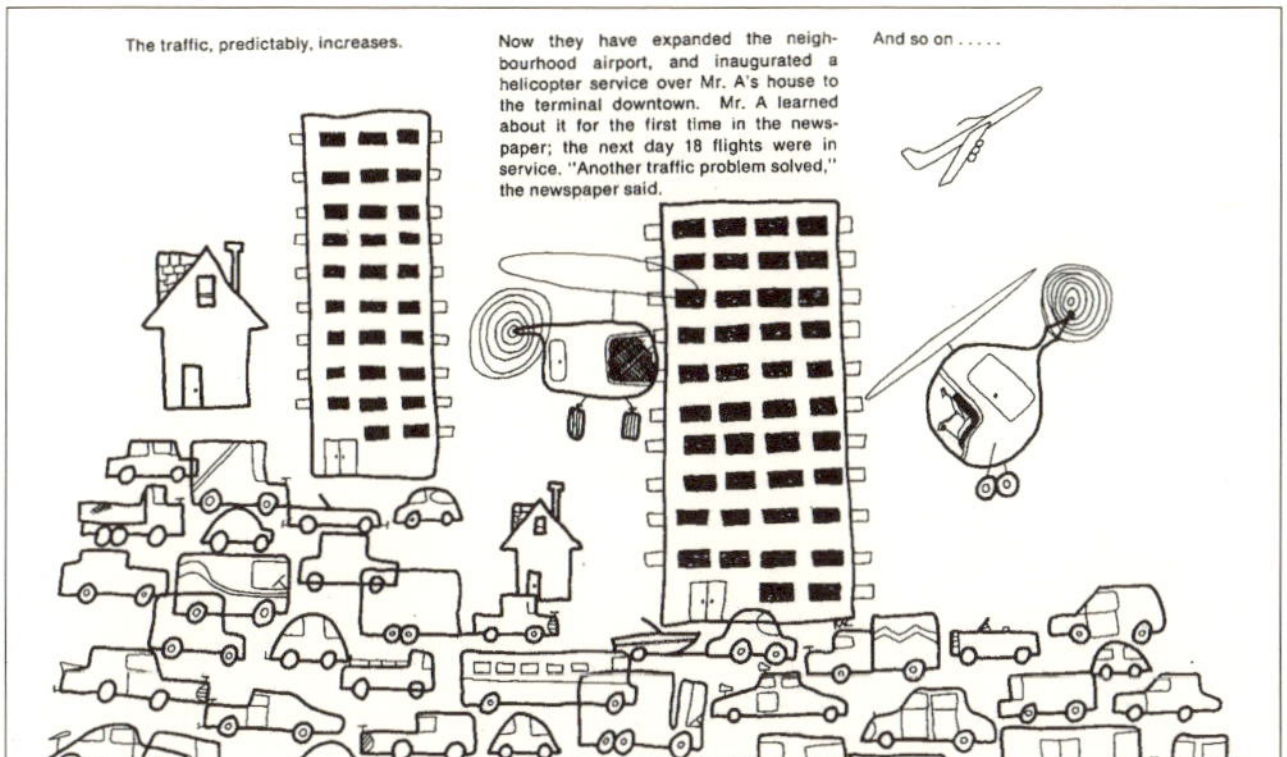

【11-5】マリー・シェーファー著『騒音の本』挿絵より（鳥越けい子『サウンドスケープ【その思想と実践】』SD選書、1997年、38頁）
シェーファーの関心は、増えていく騒音への人々の無関心に向いていました。

をフル活用した複合的な知覚を忘れかけているのかもしれません。晩夏の夕暮れ、オレンジ色の西日に目をしばたかせ歩きながら、生暖かく湿った風がサーッと道端の草むらを揺らすのを聴き、夕飯の準備をする家々から漂う秋刀魚を焼く匂いに思わず唾があふれ出す——体の隅々をアンテナのようにして感じ取る情景は、自身の心の中で鮮やかに捉えられるものです。さらに、その鮮やかな情景の中で、夕日、風、草むら、家々にある生活、焼かれている秋刀魚、記憶の中の秋刀魚の味などといった多くのものごとが自身の周りに「存在すること」に、あらためて気づかされることになるのです。シェーファーはこのように全体的な身体感覚の復権を試み、そのきっかけとして音を位置づけたのではないでしょうか。

音は○デシベル、○ヘルツと表される物理現象であると同時に、聴き手となる主体によって異なるように捉えられ、意味づけられるものでもあります。あなたが聴いたシブヤの音は、あなたが捉えるシブヤを表しています。そして、普段気づかなかったようなものごとが「存在すること」、当たり前のように見ていたものごとが新鮮味をもって「存在すること」を、音を手がかりに探ることが出来るのです。

コンサートホール・シブヤに耳を傾ける

さて、冒頭のスクランブル交差点で、ほんの数十秒、聞こえてくるすべてのものに耳を傾けてみたら、どんなシブヤが感じられるでしょうか？　ただ音を聞き流していた時とは、驚くほどに変わるでしょう。このスクランブル交差点

【11-6】カラス（2010年1月筆者撮影）
高層ビルの谷間に鳴き声を響かせる、シブヤの空の住民です。

から出発して西へ向かい、東京大学生産技術研究所まで、シブヤの音を聴きながら歩いていくことにします。

1階の入り口を大きく開いた電機販売店から、BGMと客引きの声が道端に溢れています。近年賑わいがますます増えたような気がして、ヤマダ電機LABI渋谷（2008年開業）ができる前の様子を思い出します。記憶の中にこびりついた音のイメージが、しばらく離れない、もしくはすぐに思い出せるという経験は、誰にでもあるでしょう。私たちは直接音を聴いている状態でなくとも、記憶の中に音のイメージを取り込んで、そのものに耳を澄ますことができるのです。記憶の中の音というのは時にやっかいなもので、外界の音に耳を澄ませているはずの私たちの意識を悠々と奪っていくだけの力があるので、注意が必要です。たとえば鼻歌を口ずさみたくなった時、頭の中に流れているそれのことです。しかしある時には、自身に内在している記憶の中の音に耳を傾け、目の前に広がるシブヤの「音の風景」と比較をしてみるのも良いでしょう。

「クオッ、クオッ、クオッ」

道玄坂を登ると、坂下に溢れていたスピーカー音や客引きの声が少なくなってきた頃に響きわたるカラスの鳴き声【11-6】。日没前に赤黒く染まったうら寂しい河川敷で聞こえそうな、「カー、カー」という乾いた鳴き声とは似つかない声が、奇妙に大きく聞こえてきます。スクランブル交差点から道玄坂にかけては、都市計画上の容積率が800〜900パーセント（敷地いっぱいに広がる床面積をもつ建物なら、8〜9階の高さまで建てられるということ）に指定

【11-7】室外機（2010年1月筆者撮影）
耳を澄ませて聴いてみれば、ビルも息をしています。

されており（２００８年12月施行）、渋谷区で最高となっています。高層ビルが林立する地区を行き交うシブヤのカラスは、ビルの谷間に鳴き声を響かせ暮らしているのです。後ろを振り返ると、これまで耳に入ってきたスピーカー音も、ビルの谷間で反射し増幅されているようです。

ビルとビルの間の路地には、エアコンの室外機が並びます【11-7】。普段室外機の音が気にならないのは、音が小さいからでしょうか。それとも、ずっと鳴っているからでしょうか。たとえば電源の入ったテレビやパソコンからも小さな作動音がしているのですが、絶えず鳴っている音にはとくに注意が向かないものです。そのような、気づかれにくい、縁の下の力持ちのような音の存在に、室外機の息遣いが気づかせてくれます。一方で、快適な室内を保つために室外から熱などを出し入れし続けなければならない、そのような循環の担い手がいることは、私たちの知覚の及びにくいところに隠されているということも確かです【11-8】。それは、心臓が脈打つおかげで私たちは生きているということを常々確認しないのと同じく、絶え間ない動を続けるために静的に感じられるものが、心臓よりももっと意図的に私たちの意識から外されている結果です。

「カラカラカラカラ……」

道玄坂から百軒店の喧騒を北へ抜けると、先ほどから何か変わったように気づかせてくれるのは、ベビーカーを押す音【11-9】。Bunkamura の前を通り西へとのびる、タイル舗装の歩道のデコボコが、ベビーカーのタイヤを小気味よく鳴らします。そういえば、コンクリート舗装の道を歩いてきた時と、足音も変わったかもしれません。シブヤの地面の表層に、さまざまな表情を感じます。

【11-8】ビルの隙間（２０１０年１月筆者撮影）
聴く必要のないものは、意識の及びにくいところに追いやられています。

一方で、近くの車道のマンホールから聞こえてくるのは、下水の流れる音【11-10】。地名通り「谷」状であるシブヤの地形に沿って、下水もシブヤの谷底へと流れていきます。マンホールを隔ててはしる地上の道と地下の道は、どうやら同じ渋谷駅方面へと向かう下り坂のようです。

鍋島松濤公園では、さまざまな時間にさまざまなシブヤの住み手が集い、一瞬一瞬を彩る豊かな賑わいを生み出しています【11-11】。子供たちの笑い声は、放課後の16時から18時くらいまでの間。土曜日や日曜日の日中は、天気さえよければ、その笑い声の中に大人の落ち着いた会話の声も混ざります。午前中の静かな公園では、湧水池でカモが「サッ、サッ」と羽繕い。カラスの鳴き声も道玄坂ほどの響きはなく、代わりに道玄坂では聞こえなかった鳥の声が耳に届きます。夏はセミ、秋になるとこおろぎ。コンクリートともタイルとも違う、土をこする足音と土埃の匂い。木々や草花は主張をせずひっそりと佇んでいるようですが、風に揺れて葉がこすれる音や、開花した時の香りに存在感を漂わせます【11-12】。公園を小さな都市に例えると、子供や大人といった人間だけではなく、鳥、虫、土、緑、風などさまざまな構成員が、その場一帯をつくりだしています。それらは、1日のうちのひと時に現れては消え、1年のうちのうちのひと時に現れては消え、あるいは、ずっとそこにあるのに、それを知らせる他の要因によって際立って現れては消えていきます。音は時間を伴う現象であるからこそ、変わらないと思っていた風景が、いつも何かしらの変化や動きをもっているということに気づかせてくれるのです。せわしない音のるつぼであるスクランブル交差点では、どれだけのシブヤの構成員が現れては消えるのをつかまえることができるでしょう。それは、この公園で行うよりも難

【11-9】タイルの道（2010年1月筆者撮影）
シブヤの地表の細かな凸凹が、ベビーカーのタイヤにリズムを与えます。

易度の高いことかもしれません。

「ババババババ……」

松濤の閑静な住宅街を抜ける際、突然の音の侵入者の出現に驚き、空を見上げます。ヘリコプターがはるか上空からその存在を知らしめ、あっという間にシブヤを通り抜けていきます。鍋島松濤公園で聴いた、シブヤの住み手がその場をつくり出す一瞬とは異質な何かを感じながら山手通りへ出ると、途切れのない列をなして流れていく車の列が発する音のうねりが通りをかけ抜けていきます。いかにも「騒音」の代名詞として捉えられそうな、主張の強い音の侵入者たちに、今までの道のりで開け放ってきた耳のアンテナを閉じたくなるのも無理はないでしょう。しかし冷静になってみると、そうそう止められそうもない力をもった音の流れが、日本全国、地球全体を駆け巡っている状況と同様、シブヤを通り抜けていくことに、私たちはあまりに慣らされているような気もしてきます。そして、シブヤを通り抜けていくものによる音の置き土産は、シブヤがもっと大きな循環、ものごとのネットワークの中に位置づけられていることを教えてくれているようです。

シブヤの「音の風景」の中に入り込んでは過ぎていく一時の演者たちの存在によって、シブヤの中だけで閉じてしまおうとしていた「音の風景」ならぬ「音の閉空間」にあらたな地平が開かれます。ふと気づくと、私たちの多くも、外からシブヤにやって来て、また過ぎ去るものです。しかも、無関心にシブヤを通過するだけのヘリコプターや車と違って、私たちはシブヤに来て、何かに出会い、ハプニングを起こして過ぎ去っていく主役級の演者に間違いありません。

【11-10】マンホール（2010年1月筆者撮影）
シブヤの谷底へと流れていく水流の音がします。

それらから発せられる音に耳を傾けることで、シブヤ自体というよりも、他者との関係の中で息づいているシブヤ像を顕わにすることができるでしょう。

目に見えない「シブヤ遺産」

これで私たちはひと通りの音聴きを終え、最終目的地に辿り着きました。音の担い手となるものごとは、ここに紹介したものではまだほんのひとにぎり、さらに人によってその意味づけが異なることから無限の広がりを見せます。聞こえてくるすべてのものに耳を傾けるといっても、一度に捉えられるのは限りがあり、歩くたびにその様相を変えるのも次の音聴きへの意欲につながります。

ここまで読んだあなたは、もう気づいているかもしれませんが、シブヤの「音の風景」から見つけたものごとの多くは、この本に書かれた他の10の視点の中に、違う紹介のされ方で登場したり、当てはめたりできるものです。これらを、シブヤが生み出した、現代にあってシブヤを描き出す手がかりとなり、未来のシブヤでもこれらへの気づきを伝えたい、音から探る「シブヤ遺産」と名付けましょう。「シブヤ遺産」への手がかりとなる音は、純粋に音だけとして価値があるものではなく、その背景にある存在に気づくためのツールとなって初めて価値が生まれます。もしくは、別の視点から発見した「シブヤ遺産」に新たな価値の側面を与えてくれるものでもあるでしょう。そうして、都市シブヤの

【11-11】鍋島松濤公園（2010年1月筆者撮影）
その時々に集うもの、起こる出来事によって、様相を変えます。

実体を垣間見たならば、もはや無責任に「騒音」を忌み嫌ったりすることはできないはずです。

さあ、シブヤ中に広がる無数の音の渦に飛び込んで、あなたの耳からこぼれ落ちていった無数の「シブヤ遺産」を発掘しませんか？

【11-12】木々（2010年1月筆者撮影）

風にしなる音が、不動の緑に生を感じさせます。

【参考文献】

渋谷区区制施行70周年記念事業準備会編纂『区制70周年記念　図説渋谷区史』渋谷区、2003年

安田昌弘「地図にない渋谷」『別冊宝島』771号、宝島社、2003年、9頁

アップル　ニュースリリース〈http://www.apple.com/jp/news/〉（最終アクセス2010年1月）

鳥越けい子『サウンドスケープ　その思想と実践』SD選書229　鹿島出版会、1997年

R・M・シェーファー『世界の調律』鳥越けい子他訳、平凡社、1986年、22頁

渋谷区ホームページ〈http://www.city.shibuya.tokyo.jp/〉（最終アクセス2010年1月）

三章　シブヤのひとに聞く

聞き手・村松伸　写真・野村佐紀子

文字通り、シブヤは劇場である。

原広司《はらひろし》さん

シブヤに関する10の質問

1 シブヤにいつから住んでいますか？　働いていますか？
実際は目黒区なんだけど、意識の上では東大の駒場寮にいたときだから、55年前から渋谷にいる。

2 シブヤで、いちばん好きな時間帯は？／嫌いな時間帯は？
人が大勢出て来る夕方。／ないですね。

3 シブヤで、よく行く場所はどこですか？／行きたくない場所は？
毎日同じコースを歩きます。／ないんじゃないでしょうか。

4 シブヤで、いちばん好きな風景は？／嫌いな風景は？
交差点を見下ろした時の人の流れの美しさ。／開発するときに、全部木を切っちゃうんだよね。

5 いまはなくなった、過去のシブヤの思い出の場所、建物は？
音楽喫茶のでんえん。センター街のちょっと入ったところにありました。

6 シブヤから連想する音は、どんな音ですか？
ガードの下を通ると聞こえてくる、電車の音じゃないですかね、渋谷というのは。

7 シブヤから漂ってくる匂いは、どんな匂いですか？
センター街の悪臭。あそこだけは改善しないと。

8 シブヤで思いつく味は、どんな味ですか？
店名をいっていいの？　ロシア料理のロゴスキー。

9 1億円あったら、シブヤで何をしますか？
渋谷駅前の広場、バス停があるところに、木を植えるね。学校で植える木なんて、1本2、3万ですよ。

10 どこで死にたいですか？
働ける間、活動できる間は、やっぱり渋谷にいるんでしょうね。

原広司さん
住所　渋谷区鉢山町
生年　１９３６（昭和11）年
職業　建築家
２０１０年１月25日

僕はもともと川崎の駅前で生まれました。親父が洋服屋をやっていたんですよ。戦争で焼け出されて、小学校3年の時に長野県の飯田市へ移りました。大学の時に東大の駒場寮に2年住んで毎日のように渋谷へ来ていた。学生の時の記憶というか、慣れというか、渋谷は全部知ってるという感じだね。

そのころ渋谷には、ライオンとでんえんというクラシック音楽喫茶があって、僕はでんえん派だったの（笑）。僕の席なんて決まってたもん。中央線沿線のあと、30歳くらいで渋谷へ戻ってきて、伊藤絹子さん（ミスユニバース）も住んでいたメゾネットのアパートに住んだ。それから猿楽町、明治通り沿いにある児童館の近く、槇さんのヒルサイドテラスの一角、そして、ここへ移ってきたの。

渋谷というのは、谷でしょう。だから歩いていてすごくいいよね。その谷の底がスクランブル交差点で、ツタヤから交差点を見下ろした時の人の流れの美しさがいいですね。僕が関わった京都駅の階段にもみんな座るでしょう。あれはなぜかというと、谷底みたいな遠いところをただ人が通りすぎて行く、思い思いの動きと全体を見るのが楽しいから。

建築というのは、住宅であろうが、都市であろうが、人が登場してくるときの美しさを追求するものだと思うんです。僕が渋谷を好きなのは、センター街に変な恰好した若い連中がたくさんいるでしょ。普通のところだったらおかしいんだけど、ここを舞台と思ってみんな出てくる。それがいいんじゃないかなと思うのね。都市は劇場である、渋谷は、まったく文字通り。観客だか出演者だか、その区別がつかない。とても都市的です。あの人たちはどういうことを考えてるのかしら。

この事務所のある道は渋谷区の中でおそらく、いちばんいい道だったんです。１００年以上たったケヤキで覆われていた。でも屋敷がマンションになるなど、開発する時に、みんな切っちゃうんだよね。効率が悪いというのはよくわかるんだけど、残し方ってあると思うんだよね。東大の生産技術研究所を作った時も、僕は大きな木を1本切って、あとは全部移植しました。

渋谷は都会だから、建物は高くてかまわないから、もっと緑を増やしたほうがいい。みんなと共有する近傍と、それぞれが離れた近傍というのをうまく配合して、それを作っていくというのが街というものの基本だと思いますね。渋谷はそういうことに非常に慣れている場所だといえると思います。

渋谷には、鉢山町にある事務所からいつも決まったコースを歩いて行く。渋谷は起伏があるので、歩いていてとても楽しい。買い物はいつも東急プラザ地下にある食料品市場だ。長年御用達なので、ここで知り合いに会うことが多い。隣の銀行でお金を下ろしてセンター街へ。ツタヤ、さくらや、HMV に立ち寄ったあと東急ハンズで模型材料など、仕事に必要なものを買い出す。時々、靴や服を買いにタワーレコード方面に繰り出すこともある。
①は東大、②〜⑤は事務所があったところ。

同じ場所なのに、まるで社会情勢のように、人がいれかわる。

町田《まちだ》勇気《ゆうき》さん

シブヤに関する10の質問

1 シブヤにいつから住んでいますか？　働いていますか？
2003年から。

2 シブヤで、いちばん好きな時間帯は？／嫌いな時間帯は？
金曜の夜の11時ぐらいのスクランブル交差点。／ない。

3 シブヤで、よく行く場所はどこですか？／行きたくない場所は？
QFRONTにあるツタヤ。／取り残されたような百貨店の屋上。

4 シブヤで、いちばん好きな風景は？／嫌いな風景は？
目的もなくただしがみつくように人が集まるスクランブル交差点／いまはなくなった、過去のシブヤの思い出の場所、建物は？

5 スクランブル交差点の現象みたいなもの。法律改正で消えた客引きとかコギャルとか。

6 シブヤから連想する音は、どんな音ですか？
携帯電話からもれてくる声も含めて、人と人の話している声。

7 シブヤから漂ってくる匂いは、どんな匂いですか？
女性の香水が混ざりあったときの匂い。家の扉を開けてエレベーターに乗ったときから毎日違う匂いがする。

8 シブヤで思いつく味は、どんな味ですか？
マクドナルドの味。シブヤに出るとなぜかジャンクフードが食べたくなる。

9 1億円あったら、シブヤで何をしますか？
1億円というのがあまりにも現実的な数字で、ぱっと思いつくことはでなかったですね。

10 どこで死にたいですか？
仕事をしながら、死にたいんですよね。

町田勇気さん
住所　渋谷区代官山町
生年　1980（昭和55）年
職業　サロンLimit代表
2010年1月20日

僕は札幌が出身で15歳からサロンで働き始め、一時ニューヨークにいましたが、22歳の時に日本に帰って来て、代官山にLimitを出しました。

いまはコンビニより美容室が多い時代です。たとえば原宿が美容室として流行ったとすると、次には表参道のブームが必ず来る。飽きた人が流れるんです。そうすると、原宿の竹下通りとかに構えていたお店の売上げがガクンと落ちる。そういうふうに流れが速いところよりも、代官山はマチ自体が大きく変わらないですし、お金はかかりますが、僕はここでやったほうが逆に、やりやすいかなと。僕のお客さんは、全国。ロンドン、ニューヨーク、香港、アメリカ、いろんなところから来てくれます。

僕は1日に7人までって決めていて、お客さんをかけ持たないんですよね。たとえばカラー、カットをすると、1時間半から2時間かかるんですよね。で、7人だったら単純計算でも14時間かかるわけじゃないですか。で、カットが半分だったとしても、僕は7人連続で切っても7時間以上かかるんです。その代わり単価は若干高いんです。

僕のお客さんは半年に1回とか、3か月半に1回とか、ふつうのサロンよりは間隔が長い。でも、テクニックでこの間隔が長いというのが売りなので、1日7人しか切れないですけど、お客は1000人以上いるんですよね。それがたぶん1人1人の髪質やデザインにあわせたやり方だと思うので、量産型のやり方を全部やめてしまったんです。

住まいは渋谷区渋谷なので、どこへ行くにも渋谷を通過点としています。スクランブル交差点のツタヤは待ち合わせ場所として、よく使います。僕はやりたいことにばく進するタイプで、僕とは逆のタイプの人たちなのかもしれませんが、ただしがみついてたり、ただそこにいるだけで目的がない、という人がスクランブル交差点にたくさんいる。美容室ブームが起きたときには、美容師さんが「モデルさん、やってください」と声をかけていました。着ぐるみを着て歩いてる子もいた。NOVAの争議のときは先生たちが集まっていた。幸福実現党も選挙演説をやっている。とても速いサイクルでどんどん人が入れ替わっていく。常に同じ場所なのに、まるで社会情勢と同じように変化していく。それが渋谷なんだと思います。そこが僕にはとてもおもしろいんです。

決まった道しか歩かない。たまに八幡通りを代官山アドレスのほうへ歩き、多くはサロンから渋谷駅、そしてその先へ行き、パルコなどの界隈を図のようなルートで回る。ロボットのように同じルートだけをぐるぐる回り、歩いている時は、考え事や、人間観察をする。ルートに特別な理由はない。また、食事をするときは桜丘へ行く。サロンから駅までの途中に野良猫が多く住む場所があり、そこを通り、猫を眺める時もある。

働きはじめて10年、休日にもシブヤに通っています。

樺《かんば》幸世《さちよ》さん

シブヤに関する10の質問

1 シブヤにいつから住んでいますか？　働いていますか？
入社以来、約10年以上渋谷で働いています。

2 シブヤで、いちばん好きな時間帯は？／嫌いな時間帯は？
マチが動き始め、人がマチの中に出てくる朝の時間です。／終電が終わり人がまばらになってきた時間。

3 シブヤで、よく行く場所はどこですか？／行きたくない場所は？
東急ハンズ。／とくにありません。

4 シブヤで、いちばん好きな風景は？／嫌いな風景は？
渋谷エクセルホテル東急の１９０１号室から見たスクランブル交差点。／殺風景なビルの屋上。

5 いまはなくなった、過去のシブヤの思い出の場所、建物は？
プラネタリウムのあった東急文化会館ですね。映画も見たし、東急ストアによく買い出しに行きました。

6 シブヤから連想する音は、どんな音ですか？
スクランブル交差点で次々聞こえてくる大型ビジョンの音、あと弾き語りの歌。

7 シブヤから漂ってくる匂いは、どんな匂いですか？
やきとり、牛丼、シュークリーム、カレー……歩いているとしてくる食べ物の匂い。

8 シブヤで思いつく味は、どんな味ですか？
子供の頃に最初に食べたケンタッキーフライドチキンの味

9 1億円あったら、シブヤで何をしますか？
代官山、中目黒、代々木上原とか渋谷に自転車で通えるところに住みたいです。

10 どこで死にたいですか？
アップリンクのソファで映画を見ながら、あ、やばい、寝ちゃう、というぐらいの感じで死ねたら最高（笑）。

樺幸世さん
住所　渋谷区桜丘町
生年月日　12月18日
職業　東急急行電鉄（株）社員
２０１０年１月25日

HiT
clarion
TECHNOS COLLEGE

70年代後半から80年代には、よく遊びにいきました。窓からパルコの電飾看板が見え、ケンタッキーを初めて食べた、そういうのが渋谷での体験でした。

渋谷には約10年通っていますが、好きですね。歩いていて景色が変わっていくし、個性的でおもしろいものが散らばってる街です。変わるのも早いので、あれっ、前なんだったっけとわからなくなる。そこもまたおもしろい。

よく行くのは、フードショーとのれん街。どちらも駅に抜けるところにあるので、そこでよく夕飯の買物をします。今日は鮭とキノコにしようとか、時間がないからお惣菜買っちゃえとか、毎日駆け足で抜けていきます。

ランチは45分しか休憩時間がないのですが、結構がんばります。会社近くの桜丘ではカンティプールやアユンテラス。246の地下道を抜けて、道玄坂の清香園やレガート。特別な時はセルリアンタワーのかるめらとスーツァンレストラン陳、鉢山町のシャポンファンに。宮益坂にあるコンコンブルというビストロはちょっと距離があるのですが、外出時がランチに重なるとよく寄ります。食べものの話ばかりですね（笑）。

3歳の子供とくる時には、こどもの城へよく行きます。スプーというキャラクターが好きなのでＮＨＫスタジオパークにも。1人の時は、いろいろ歩きまわります。例えば、マークシティの中をウィンドウショッピングし、Bunkamura の本屋を覗き、それからブックオフで１００円の本を5冊ぐらい買って、カフェマメヒコに立ち寄る、そんな感じです。

仕事は東急電鉄の渋谷開発事業部という部署で、渋谷の開発を担当しています。これからゆっくりと、大きく渋谷は変わっていきます。まずは２０１２年春に東急文化会館の跡地に、地上34階の地下4階の新しい施設が建ちます。中にはミュージカルが見られるような大きな劇場やイベントホール、百貨店、オフィスなどが入ります。また同じ２０１２年度には東急東横線と副都心線の相互直通運転が始まり、利便性も増します。これらの大きな変化をトリガーとして渋谷全体がさらに盛り上がるといいなと。そのためにはどうしたらいいかを、渋谷に関係する人たちと、みんなで一緒に考えていきたいですね。

職場のある桜丘を拠点に動く平日と、休日とで行動範囲は異なる。平日は社外の方との打ち合わせ、施設見学や視察など。ランチの時間には短い昼休みを使って飲食店を開拓し、道玄坂から桜丘周辺のおいしいお店は網羅している。仕事帰りは駅のデパ地下で夕食の準備をするのも定番。仕事のない休日もつい渋谷に足が向いてしまう。子供と一緒の時は、こどもの城やNHKを訪れ、1人で過ごす時は、宇田川町のカフェや好きなお店でゆっくりしながら散歩を楽しむ。

国木田独歩の武蔵野の面影を探して、代々木公園へ。

東松友一《とうまつともいち》さん

シブヤに関する10の質問

1 シブヤにいつから住んでいますか？　働いていますか？
生まれたときから。

2 シブヤで、いちばん好きな時間帯は？／嫌いな時間帯は？
朝がいちばんいいんじゃないですかね。／とくにありません。

3 シブヤで、よく行く場所はどこですか？／行きたくない場所は？
用事がなければ、どこへもいきません。

4 シブヤで、いちばん好きな風景は？／嫌いな風景は？
代々木公園。／ごみごみしているところ。

5 いまはなくなった、過去のシブヤの思い出の場所、建物は？
２４６ができる前の渋谷駅周辺。

6 シブヤから連想する音は、どんな音ですか？
向こうよりこっち（桜丘）は静かです。

7 シブヤから漂ってくる匂いは、どんな匂いですか？
こっちはごく普通の町じゃないですか。

8 シブヤで思いつく味は、どんな味ですか？
向こうは濃い味のイメージですが、こっちはさらっとしてる。

9 1億円あったら、シブヤで何をしますか？
自分がやっぱり写真が好きだから、写真のことでお金を使いたいなと思いますけどね。

10 どこで死にたいですか？
べつにどこってところはないですよ。

東松友一さん
住所　渋谷区桜丘町
生年　１９３６（昭和11）年
職業　写真家
２０１０年1月25日

自転
酒
16-73

もともと名古屋から出てきて、父がたまたま桜丘に土地を買ったと聞いています。畳屋をやっていたんですよ。今は弟が継いでいます。戦争中は父が徴用されていた時に、蒲田に1年ぐらい、集団疎開で1年間、渋谷を離れたことがあります。疎開から帰ってきたら、このあたりも全部燃えていて、バラックしかありませんでした。

まだ246が通っていなくて、私のうちももっと駅の近くにありました。坂道で野球遊びをしてました。今年、区の文化総合施設ができる大和田小学校に通い、中学は松濤中学。ここから道玄坂に抜けて、今の東急本店の脇、または円山町を抜けて松濤に行く。昔は円山は芸者街で、当時からホテルもありました。だんだんそういう形で変わっていったから、それが現実だから、いいとか悪いとか思いませんでした。昔はこの場所から青山方面がよく見えましたよ。

桜丘は昔から桜があったわけではなくて、平成元年植えられたんです。道玄坂に1年限定で桜が植えられて、その桜をもらいうけたんです。で、今年で、20年ちょっと。ずいぶん大きくなりました。

246ができたおかげでこちら側は僻地というか、そんなにうるさい場所ではないですね。みなさんがいう渋谷というイメージは道玄坂周辺の宇田川町やスクランブル交差点のことですね。あそこを渋谷としか考えてない。桜丘を知ってるという人は少ないと思います。

渋谷は国木田独歩が明治29年の秋から翌年の春まで住んで、武蔵野を推して世の中に出たというその発想の土地なんですね。僕は大岡昇平の『少年―ある自伝の試み』でそれを知りました。大岡さんも宇田川町に住んでいたんですね。氷川神社や渋谷駅の近くにも居たことがあるらしい。私は雑木林が好きで、48年以上も写真に収めていますが、国木田独歩の『武蔵野』が渋谷で発想されたと聞いて、そこはかとない縁を感じました。だから代々木公園にもしばしば通って、武蔵野らしいところを探しています。武蔵野を撮っていて、自分のところを撮ってないというのもあれなんで熱心に通ったんですよ（笑）。西門のところにいくらか、武蔵野らしさが残っています。でも、あまりにも長く渋谷にいるので、雑木林のあるところに越そうとは思わないですね。桜丘に文化施設が建ちますが、若い人たちにここにどんどん住んでもらって、人が住んでるという町にしてもらいたいというのが希望です。

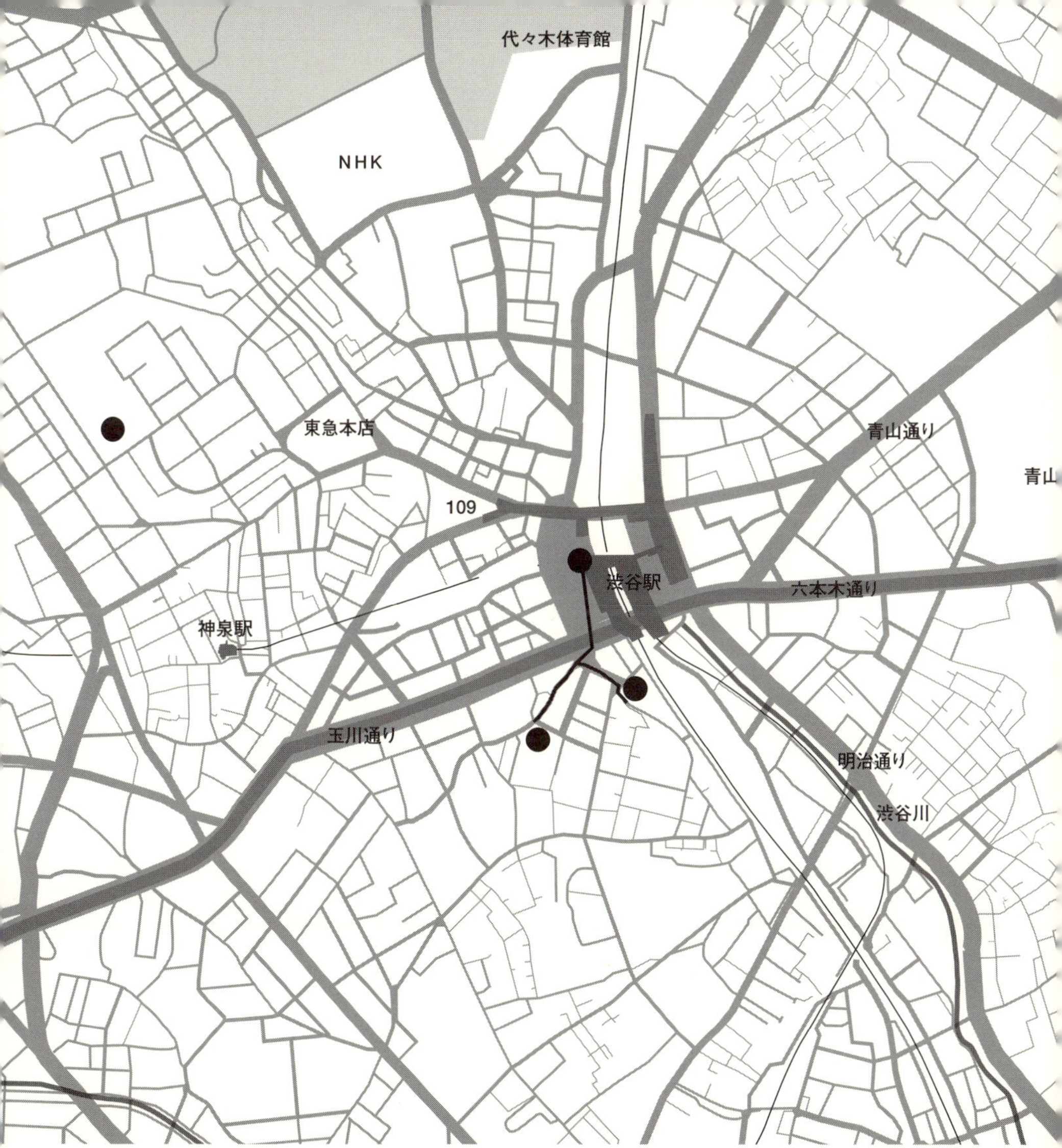

家にいることが多いため、渋谷に住みながらも、生活はほぼ桜丘で完結している。買物は近所にある八百屋か、鶯谷のスーパーマーケットですませ、たまの外食も、馴染みの食堂だ。246を越えて出かける先は、東急東横店の地下街くらい。木々の写真を撮るために代々木公園に行ったり、松濤にある松濤公園に行くこともあるが、渋谷の街を散策することはない。

お兄さんの代わりにヨガを教え、いつのまにか40年。

ブッダデブ・チョードリーさん

シブヤに関する10の質問

1 シブヤにいつから住んでいますか？　働いていますか？
1971（昭和46）年10月20日。

2 シブヤで、いちばん好きな時間帯は？／嫌いな時間帯は？
静かな時間帯、お昼頃がいちばんいいね。／夜は混んでいて落ち着かないから好きじゃない。

3 シブヤで、よく行く場所はどこですか？／行きたくない場所は？
とんかつ屋とインド料理店。／センター街。あと道玄坂ね。

4 シブヤで、いちばん好きな風景は？／嫌いな風景は？
東急本店の近く、松濤町のほう、けっこうきれいね。／人込みが嫌い。

5 いまはなくなった、過去のシブヤの思い出の場所、建物は？
ハチ公ちょっとずれちゃったね。さびしいね。109のとこにいっぱいお店があった。小さい、小さいお店ね。

6 シブヤから連想する音は、どんな音ですか？
昔、学生デモがよくあった。けっこうおもしろかったよ。はんたーい、……はんたーいって。

7 シブヤから漂ってくる匂いは、どんな匂いですか？
昔は日本のお料理の匂いが多かったね。いまはファストフード。

8 シブヤで思いつく味は、どんな味ですか？
宇田川町にいっぱいお店あったね。ガラガラ、ドア引っ張って、自動ドアはなかった。その時代おいしかったよ。

9 1億円あったら、シブヤで何をしますか？
学校をもっと広くする。ここの10倍ぐらいかな。

10 どこで死にたいですか？
人間は自分の生まれたところで死にたいね。

ブッダデブ・チョードリーさん
住所　渋谷区渋谷
生年　1948（昭和23）年
職業　インドヨガカレッジ校長
2010年2月2日

生まれたのは、インドのカルカッタです。学校に行って、ヨガを習ったね。１９７１（昭和46）年からずっと日本にいます。いちばん初めに住んだのは表参道。次が宇田川町、それからこっちに引っ越した。昭和45年にまず僕のお兄さんが来て、お兄さんは日本の天気に合わなくて、疲れるから、その代わりに私が来て、じゃ、ちょっとやってみようかなって思って、もう何十年になっちゃった（笑）。

その頃日本にヨガの学校はなかった。全然なかったね。でも私の学校、みんなの健康にとてもいいので、絶対みんなに受け入れられる、そう思って続けました。前に銀座のほうに学校を作ったことがあるけれど、銀座の人間と僕と性格的に合わなかった。渋谷にはとても慣れています。知り合いも多い。今残っている学校はここと、あと自由が丘と2つね。

私が来日した時は、日本の食べ物おいしかったよ。宇田川町にいっぱいお店があった。みんな家族でやっていて、１０９のところにも小さいお店、お洋服の店とか、靴の店とか、よく買物に行ったの。おじいさんおばあさんが、１人でやってる。そのお店がなくなったのがさびしいな。野菜だけではなくて、とんかつも食べますよ。好き嫌いをいっていたら、外国で暮らせないよね。

ヨガにはいろいろ種類があります。ホットヨガ、フィジカルヨガ。僕はあまり瞑想とか教えてない。とにかく身体を動かせば、どんどん身体もココロもやわらかくなっていくし、部屋の温度が上がれば汗が出るし、汗が出ると血の循環がよくなる、関節痛もよくなる、内臓が丈夫になるし、気持ちも楽になる。日本の場合は国民の病気、便秘とか肩こりとか、あれけっこう治りますね。

我々ビジネスマンでしょう。この国はビジネスマンにちょっと厳しいね。私の周りのインド人みんな、アメリカ、イギリス、香港、シンガポールとかに行っちゃった。私はラッキーでした。私のヨガは宝くじみたいで、当たっちゃったんだから。私も当たらないと帰ったかもしれないね。

ヨガはビジネス。宗教じゃない。私、宗教が大嫌い。ビジネスでインドのカルチャーを教えるね。日本のお茶、お花、日本舞踊、書道と同じです。私は日本人みたいに本音と建前を分けるのは、好きじゃない。はっきり、私はビジネスマンだというのがいちばんいいと思う。

ほとんど渋谷を歩かない。インド人は歩くと貧乏くさいという考えがあるので極力歩かない。渋谷は坂が多く、歩くと疲れるのでさらに歩く機会が減る。基本、車に乗って行動する。家から車で環七を練馬方面に進み、246にぶつかったら、シブヤ方面に曲がり、渋谷警察署近くの仕事場に行く。帰りは、同じ道を通って車で帰る。昔、宇田川町のパルコの裏に仕事場があったが、その時も車で行き来をした。仕事（ヨガ）も移動もすべて座っている。

違う路面店がたくさんあるところが、渋谷っぽい。

浅井隆《あさいたかし》さん

シブヤに関する10の質問

1 シブヤにいつから住んでいますか？　働いていますか？
90年代から。

2 シブヤで、いちばん好きな時間帯は？／嫌いな時間帯は？
休日の午後3時。／ない。

3 シブヤで、よく行く場所はどこですか？／行きたくない場所は？
アップリンクの周りのランチを食べる店。／交番。

4 シブヤで、いちばん好きな風景は？／嫌いな風景は？
公園通りとかファイアーストリートなど、路面店のある通り。／あんまりないですね。

5 いまはなくなった、過去のシブヤの思い出の場所、建物は？
並木橋の天井桟敷館。

6 シブヤから連想する音は、どんな音ですか？
渋谷固有の音は、ないと思うね、僕は。しいていえば、ドラッグ購入の囁き（笑）。

7 シブヤから漂ってくる匂いは、どんな匂いですか？
ケバブ屋の前を通ればケバブだし、ラーメン屋の前を通ればラーメン屋の匂いで、それは渋谷固有の匂いじゃないでしょ。

8 シブヤで思いつく味は、どんな味ですか？
味についても固有なものはないと思う。

9 1億円あったら、シブヤで何をしますか？
駅のすぐ近くの路面店に映画の情報と献血ルームが一緒になったものをオープンしたいですね。

10 どこで死にたいですか？
死にたくない（笑）。死に場所は選べないでしょ。

浅井隆さん
住所　渋谷区宇田川町
生年　１９５５（昭和30）年
職業　アップリンク社長
２０１０年2月20日

UPLINK
2F UPLINK
石油戦争から
水戦争の時代へ

僕は天井桟敷という劇団にいたから、東京に出てきたのは、1974（昭和49）年。その当時、並木橋に粟津潔さんが外壁をデザインした天井桟敷の劇場があって、天井桟敷が解散して、アップリンクを作ったのが、1987（昭和62）年。映画の配給会社としてスタートして、デレク・ジャーマン監督の『エンジェリック・カンヴァセーション』を最初に配給しました。1995（平成7）年に神南にアップリンク・ファクトリーを作りました。2005年（平成17年）に宇田川町に引っ越し、現在のカフェ、映画館、ギャラリー、イベントスペースを一か所に設けました。

生まれたのは大阪の豊中です。大阪だといちばん大きなターミナルは梅田、あと南に心斎橋があって、南と北の2つの軸しかない。最初に上京した時、東京には、新宿、渋谷、池袋、銀座、秋葉原、なんか梅田がいっぱいあるなと思いました。

天井桟敷で活動していて、ジァンジァン、シードホール、パルコ劇場、今シネクイントになった元スペースパート3など、まあ西武文化ですよね。それらでイベントや上映をやってきた経験があるので、渋谷に拠点を持つというのは自然でした。

先ほど、好きな時間帯を聞かれたけれど、休日の渋谷の午後3時頃は、僕が自由というより、街が自由なんですよ。いろいろなところから人が渋谷に集まってくるし、お店も活気がある。渋谷は路面店が多いところが新宿と違う。

渋谷駅からここアップリンクに来るまで、毎日数十人の外国の人とすれ違います。要するに英語でいえば、渋谷はダウンタウンだから、路面店というのは外国の人には入りやすいし、ウインドウショッピングしやすいじゃないですか。

1億円あったらですか？　駅前の路面に、渋谷の映画館の案内書と前売り券とかを売っているプレイガイドと献血ルームを作りたいですね。父が献血で命を救われたので献血は重要だと思っているので。

僕は自転車、歩き、車、3パターンで、渋谷は隈なく歩いてますね。歩きか自転車かは、その日の気分で決めます。地図に通った場所を今描いていて気づきましたけど、国学院大学の周りは、僕は行ってないですね。今度その空白を埋めに行きます。よくわかってないエリアが渋谷にあったというのを、今日発見しました。

街を闊歩するときは、その時の気分で徒歩、自転車、車のどれかを選ぶ。普段、パトロールのように面的に街全体を歩く。その時は、物件を探しながら建物を見る。基本的に街を歩くこと、探検することが好きである。印がしてあるところ以外の道は1、2か月の間で1回は通る。歩いたことがない場所は、国学院大学や白根記念渋谷区郷土博物館の周辺などである。食事は、アップリンクの周辺ですませる。

ギャルの頂点をMAX極め系で、シブヤに来たんかね〜！

浜田《はまだ》ブリトニーさん

シブヤに関する10の質問

1 シブヤにいつから住んでいますか？ 働いていますか？
プチ家出したのが、中2ん時で、本格的にイエガネーゼ生活したのがトリマーの専門学校に行ってた時。

2 シブヤで、いちばん好きな時間帯は？／嫌いな時間帯は？
ギャルが活性化される夕方以降ですね。／早朝4時とか、6時ぐらいの間。ちょい寂しい時間帯なんで。

3 シブヤで、よく行く場所はどこですか？／行きたくない場所は？
ギャルの最新情報が集まる渋谷のマルキューっス。／早朝のクラブ周辺。腐ってるヤカラが多いんで。

4 シブヤで、いちばん好きな風景は？／嫌いな風景は？
宮益坂のホープくん。渋谷の穴場的な場所。／やっぱ早朝のラブホ街。かなりネガティブスポットっス。

5 いまはなくなった、過去のシブヤの思い出の場所、建物は？
これはもうダントツでコンサートホールっつうパチスロ屋。今置いてある機種の1個前の4号機があったんスよ〜。マニアックですいやせん。

6 シブヤから連想する音は、どんな音ですか？
やっぱりオニパネ〜っつう感じっスね。オニのようにハンパない都会。若い子みんながそう感じ取ってる。

7 シブヤから漂ってくる匂いは、どんな匂いですか？
おでんっスね。いろんな具が詰まっているっつうか。おでんはコンビニのおでんス。

8 シブヤで思いつく味は、どんな味ですか？
渋谷の味はバーガーっスね。やっぱりファーストフードがいちばん食されるマチなんじゃないスか。

9 1億円あったら、シブヤで何をしますか？
ギャルが集うパギャル御殿、建てヤスね。センター街の中心に。ギャルが集う場所があんまりないんで。

10 どこで死にたいですか？
ギャルは自分が死ぬっつうことを考えたことないんスよ。明日のことも考えてない。かなり「場面」っス。

浜田ブリトニーさん
生存地　渋谷区センター街
生年月日　自称20歳の4月7日
職業　ギャル漫画家です。元ホームレス漫画家ッス。
2010年1月25日

ARCO

出身は超千葉っス。渋センはインパクト強いっスね。一瞬でトリコになって、渋谷のホームレスになったんスよ。渋谷は流行好きな子たちが集まってるんで、ギャルの頂点をMAX極めるしかないっしょ〜！って思ったんス。

同じような格好をしてると、ギャルは普通に声かけてきて、これどこで買ったの？　みたいな。そういうフレンドリーな感ぢなんで、ある意味ちょっとジャパンから離れた文化なんじゃないスかね（笑）。友達すぐできヤスよ。

リアル100％『パギャル！』のようです。パギャルっつうのは、中途半端なギャルっつうことで、渋谷の先輩たちに出会って、スパギャ、スーパギャルになるのを目指すみたいな、そういうストーリーなんスよ。ギャルの定義は、やっぱツケマ（つけまつげ）とカラコン（カラーコンタクト）スね。あと盛り髪（髪の毛をたくさん盛っている）。やっぱ盛りはギャルの基本なんで。そして、最先端の若者のファッションを装着するとギャルになるんスよ。

いちばんはじめ宮下公園とかに住んで、ホームレスの人たちにやさしくしてもらったりしてたんスけど、ナニゲちょっとカネが入ってきたんでぇ、ネカフェ（ネットカフェ）が中心になりヤシた。マンボーっつうネットカフェ、そこにパックで8時間1050円でいられて、シャワーも浴びれるんで、そこで暮らしてヤシた。マンガもそこで描いて、あとオケ系（カラオケボックス）でも描いてヤシた。

ネットカフェにフラットシートっつう寝れるタイプのシートができたんスよ。それができてからプチ家出してる人が増えたんで、超田舎系とかから出てきても全然生活できちゃう。それくらいの便利さが渋谷にはあるんスよ。アッシもホームレス生活は渋谷でしかできないと思ってるっス。地元千葉だとセット料金が安くなかったり、ドライヤーとかアイロンを貸してなかったり。部屋が埋まってても、渋谷なら次に行くネカフェがあっしね。

テレビに出るようになってどんどんモテなくなってるんスけど。敷居が高くなっているっつうことぢゃなくて、なんかいろいろ明らかになってきたからじゃないスかね。風呂入ってないとか。先生、今度、ギャルを集めるんで。合コン46っス〜!!

中2から24時間渋谷で生活してきただけあって、行動範囲が広いだけでなく、深い。109とセンター街のマック、ドンキホーテの3つが主な活動の拠点。もちろん、周辺の漫画喫茶事情も完璧。端は上京してすぐお世話になった宮下公園や、宮益坂の漫画喫茶から、円山町やBunkamuraの裏の方まで。中でも、クラブ、ホテル、パチンコ……いつも通っている道玄坂の地理には詳しい。

好きなところと嫌いなところは、ほぼ同じ。愛憎のよう。

寺井《てらい》元一《もとかず》さん

シブヤに関する10の質問

1 シブヤにいつから住んでいますか？ 働いていますか？
2003年の6月にシブヤに事務所を作りました。

2 シブヤで、いちばん好きな時間帯は？／嫌いな時間帯は？
シブヤならではだなと思うのは、真夜中ですよね。

3 シブヤで、よく行く場所はどこですか？／行きたくない場所は？
いちばん居心地いいのはマークシティの裏側。／ギャルは面白いと思っていますけど、109とか西武近辺には行かない。

4 シブヤで、いちばん好きな風景は？／嫌いな風景は？
シブヤだなと思うのは、マークシティの連絡口から見ていて、ハチ公の交差点の信号が変わった瞬間ですね。

5 いまはなくなった、過去のシブヤの思い出の場所、建物は？
宮下梁山泊って勝手な自治体ができて、電気も引かれ、郵便物も届いていた、以前の宮下公園です。

6 シブヤから連想する音は、どんな音ですか？
マンガで言うとガヤガヤとした音。雑踏から聴こえてくるノイズに近いものです。

7 シブヤから漂ってくる匂いは、どんな匂いですか？
圧倒的に人がいる場所なので、人いきれの匂いですね。

8 シブヤで思いつく味は、どんな味ですか？
お酒の味ですかね。僕は泡盛ばっかり飲むんですが。

9 1億円あったら、シブヤで何をしますか？
渋谷で1億円あっても、意味がないというか、個人的にくれるんだったら、旅行に行きます。

10 どこで死にたいですか？
好きな場所は渋谷と宮古島。死にたいのは宮古島のほうですね。葬式で全員酔っぱらってるだろうなと。

寺井元一さん
住所 渋谷区南平台町
生年 1977（昭和52）年
職業 NPO KOMPOSITION代表
2010年1月30日

大学院に在学中にこのNPOを立ち上げました。音楽、映像、スポーツ、まあ文化的自己表現者を後押ししていきたいともともと思っていて、彼らに場所やチャンスを提供する活動をしています。事務所の場所を渋谷にしたのは、自分たちが活動していった時に、渋谷という場所がいちばん情報が流れる上流にあるからですね。

渋谷でまずしていることは、リーガルウォールという活動です。街中の壁を僕らが清掃してメンテナンスする代わりに、そこを絵描きのキャンバスとして使わせてもらうという、街ごとを美術館やギャラリーにしていくというような活動です。NHKエンタープライズのビルの横の壁、税務署の横の道を入ったところの壁とか、いろいろあります。海外からのアーティストも参加してくれます。あとは、代々木公園でストリートバスケの大会を開催したり、世界でもとてもマイナーなスポーツ、セパタクローの大会を開催したりしています。

もともと道玄坂の中腹のノア道玄坂というマンションに事務所を構えていました。円山町のクラブ街にも近いし、家賃がそれなりに安い。ビルの中でヤクザが抗争してるという『殺し屋1』というマンガのモデルになったという噂があって、実際に発砲事件が何年かに1回起きる。もう少し落ち着いた場所へ移ろうということで、その後、南平台へ移りました。

正直言うと、僕は渋谷が大好きってわけじゃ、たぶんない。渋谷の中で人がものすごく集まっていて活気がある部分、そこは好きなんですよ。だけど、その裏側に圧倒的に消費されていく、流れていくみたいな部分がおそらく一対としてあって、そこは嫌いなんですよね。たぶん愛憎が入り混じっている。だから結局自分がいる場所としては、ちょっと忘れ去られた、渋谷の中のエアポケットみたいなところのほうが好きですね。

今「脱東京ゼミ」という名前のイベントをしかけて、千葉の松戸でも仕事をしています。渋谷だけではなくて、もうひとつ場所がほしい。好きな場所は以前に行った宮古島、そして渋谷だといつも答えるようにしているんですが、宮古島はある種、自分にとってかなり理想的な場所です。ただ宮古島には夢とか希望をもって人が集まる要素が足りなくて、それを日本でいちばん持ってるのが渋谷なんですね。両極端な場所ですが、両方とも自分には必要だと思っています。

最近は、仕事が埼玉まで広がり、渋谷滞在時間は以前に比べて減っている。それでも、渋谷全域を仕事の対象にしているので、行動範囲は広く、渋谷の地図は完璧に頭に入っている。区役所に話し合いに行ったり、以前近くに住んでいた円山町や思い出の宮下公園に近いのんべい横丁でもよく呑んだりしている。公園通りや桜丘、神山町のカフェで仕事をすることも多く、センター街や明治通り沿いのラーメン屋に繰り出すこともある。
大きめの点は NPO 法人 KOMPOSITION でこれまで活動を行ってきた場所を示している。

毎日、オレンジ色の夕日を眺めています。

ななな

シブヤに関する10の質問

1 シブヤにいつから住んでいますか？ 働いていますか？
生まれてからずっと、この場所に住んでいます。

2 シブヤで、いちばん好きな時間帯は？／嫌いな時間帯は？
夕暮れ。／真夜中。

3 シブヤで、よく行く場所はどこですか？／行きたくない場所は？
線路の中。／特にない。

4 シブヤで、いちばん好きな風景は？／嫌いな風景は？
クリーム色の台から眺める夕日。／弟が線路で轢かれた時の風景。

5 いまはなくなった、過去のシブヤの思い出の場所、建物は？
うーん。わかりません。

6 シブヤから連想する音は、どんな音ですか？
ゴー！！シャリン。シャリン。という電車の音。

7 シブヤから漂ってくる匂いは、どんな匂いですか？
マグロの匂い。

8 シブヤで思いつく味は、どんな味ですか？
マグロの味。

9 1億円あったら、シブヤで何をしますか？
線路を渡るキャットウォークを造りたい。

10 どこで死にたいですか？
わからない。だけど、電車には轢かれて死にたくない。

なな
住所　渋谷区猿楽町
生年　2000（平成12）年
職業　猫
2010年1月30日

私は、生まれて9回の寒い冬を過ごし、ずっとここに住んでいます。私を産んでくれた母は小さい頃この場所に連れて来られ、それ以来ここで暮しています。もちろん今も健在ですよ。私の個人史を披露すると、母から私と妹と弟の３人が産まれ、その後、私達は大人になり、私は娘と息子を２人ずつ産みました。しかし、息子を含めた４匹が今回の夏に他の食事の場所を見つけたためいなくなり、弟は電車に轢かれちゃいました。今は女３世代で暮しています。男は独り立ちする傾向があり、女は固まって住む傾向があるんですよ。

この場所は、夕日がきれいで気持ちがいい。日が昇るほうに土や建物があり、壁のようになっていて、日が沈むほうは線路があり、平らになっています。私は、お気に入りのクリーム色の台に乗って、夕日を眺め、日向ぼっこをするのが好きです。その時の風景は、オレンジ色の世界が広がっていて、それが私の世界のすべてだと思ってしまいます。あと、苦手な水がないのがいい。飲み水と降ってくる雨があるだけ。

私の生活には、ＢＧＭがあります。それは、毎日朝から晩まで電車のゴー！シャリン。シャリン。という音。朝、それを聞きながら、私は寝床のある材木屋の片隅から這いでて、材木屋の前の広場を通り、その先の線路に出ます。そこで１日中日向ぼっこをします。マンホールの上で日向ぼっこをすると、どこからか水の流れる音が聞こえるんです。このときばかりは、ＢＧＭは少し変わりますね。

ここは材木屋の隣で３方向から建物に囲まれており、食事をする場所でもあります。１日に１回材木屋の人が、毎回マグロのにおいのネチャネチャした食感のものを２皿置いてくれ、母と私が、先にご飯を食べて、その後に他の子たちが食べるんです。これが美味しい。たまに四角い固形の食べ物をくれる人が来ますが、いつものご飯のほうが美味しいから食べません。私は味にうるさいから。そうそう、家の近くで大声を出した人間がたむろしていて、真夜中にうるさくて起きることがありますね。それは、迷惑ですね。

いつも眺めている夕日へ向かっていきたいと思うときがあります。でも、このままこの場所にいたいという思いも、同時に持っています。とにかく、この場所は、ずっとこのままでいてほしい。そして、いつも美味しいご飯がでてきてほしい、そう思っています。

基本的に毎日同じ行動をする。寝起きは毎日、材木屋の作業場の片隅でする。(■の場所) 時間帯によっている場所が違うが一日中日向ぼっこして過ごしている。(○の場所) 朝から昼過ぎまで、ほとんど線路の中。時々車の横でも日向ぼっこをする。夕方になるとクリーム色の台のところにいく。(★の場所) そこで、夕日を見て、18時になったら、ご飯がこの場所に来るので、家族で食べる。そして、寝るまでその場所で休憩し、眠くなったら、寝床に帰る。

都市型のおしゃれさで、農業の普及をねらいたくて。

嶋村千夏《しまむらちなつ》さん

シブヤに関する10の質問

1 シブヤにいつから住んでいますか？ 働いていますか？
渋谷で農業を始めて、ちょうど1年です。

2 シブヤで、いちばん好きな時間帯は？／嫌いな時間帯は？
朝早い時間。人がいなくて静かでいいですね。／休日の昼間ですね。人が歩けないぐらい多い時。

3 シブヤで、よく行く場所はどこですか？／行きたくない場所は？
恵比寿にある畑近辺です。／センター街とか、もうずっと行ってない。

4 シブヤで、いちばん好きな風景は？／嫌いな風景は？
代々木公園。緑があるところが好きですね。／センター街（笑）。あえていわないようにしてたんですけど。

5 いまはなくなった、過去のシブヤの思い出の場所、建物は？
昔のシブヤを知らないので、よく行くカフェはなくなってほしくないですね。

6 シブヤから連想する音は、どんな音ですか？
ガヤガヤした雑踏というイメージですね。あまり肯定的な音ではありません。

7 シブヤから漂ってくる匂いは、どんな匂いですか？
最近は渋谷での朝市やサマーズマーケットの存在を知ったので、意外と新鮮な野菜の匂いをイメージできます。

8 シブヤで思いつく味は、どんな味ですか？
畑仕事が終わったあとのビール。

9 1億円あったら、シブヤで何をしますか？
土地を買います。農園にしてみんなに貸す。

10 どこで死にたいですか？
将来は田舎に行きたいと漠然と思っているんですが。

嶋村千夏さん
住所　世田谷区
生年　1985（昭和60）年
職業　会社員
2010年1月25日

東和

毎週渋谷にある、畑に通っていて約1年になりますね。普段は新橋で会社員として働いています。大学が環境学科だったのですが、渋谷区区議会議員で、ソーシャルプロデューサーの長谷部健さんが講演に来てくださって、それにたまたま出席しました。とくに興味もなくて、いちばん後ろの席で聞いた。講義の中で長谷部さんが「環境」「エコ」「ボランティア」という単語を連発する。私とは違う世界の人がやるものと思っていたんですが、こんなファンキーなお兄さんが関わっているんだと、イメージが変わりました。一回NPOグリーンバードに行ってみようと思いました。そしてボランティアでマチの中のゴミ拾いをやるようになったんです。そこからNPOシブヤ大学の人たちに声をかけてもらって、渋谷で畑をするようになったんです。シブヤ大学はシブヤにあるいろいろな施設を使って、生涯学習をする試みなのですが、あらゆるジャンルのことを学ぶことができるんです。

シブヤには区民農園が4つあって、シブヤ大学のスタッフが抽選で当てた区画を使わせてもらっています。畑は体育館の跡地を整備することから始まったので、掘っていたら水道管は出てくるわ、瓦礫は出てくるわ。秋の収穫祭でお鍋をやるというのが1年間の目標だったんですが、白菜は全滅して1個もとれなかったんですよ。都内は鳥がすごいですね。もう芽が出るとすぐ食べちゃって。

大学の卒業旅行を兼ねて熊本の農家を転々とする旅をしたんです。その時百姓は大変だっていうことは身にしみてわかった。将来農家の嫁になるって言い張っていた時期もあるんですよ。でも、種を畑に蒔いて、1年間やってみて、これは本当にきついもんなんだっていうのを実感しました。じゃ、私なりの農業との関わり方はないだろうか、と思うようになりました。

農業に対してとっつきにくいなと思っている人たちがいて、そこを変えてみたいと思っています。ハイヒールを履きながらでも農業はできるんだよってところを見せたら、農業のブームがくるんじゃないかなと。実際には、そんなことといっていられないですけど（笑）。

渋谷でやるからこそ、みんなが注目してくれる、というねらいはあります。もっと広げたいです。農業合コンとかどうでしょうか。畑をやった後は、必ずみんなで1杯飲んで帰ります。体を使ったあとの1杯はとてもおいしいです。

渋谷駅周辺に行くことはほとんどなく、行動範囲は渋谷の周縁地域ばかり。人ごみが嫌いなので、今まで渋谷を訪れることはなかった。NPO 法人グリーンバードでの清掃活動を始めて表参道近辺に行くようになり、NPO 法人シブヤ大学に参加して、授業やイベントを通して青山方面も開拓している。最近、恵比寿で畑を始めてからは、恵比寿のお店には詳しくなってきた。

ほとんど、山の上の円山で、過ごしています。

喜利家鈴子《きりやすずこ》さん

シブヤに関する10の質問

1 シブヤにいつから住んでいますか？　働いていますか？
1976（昭和51）年から。

2 シブヤで、いちばん好きな時間帯は？／嫌いな時間帯は？
やっぱり夜です。／考えたことないですけどね。

3 シブヤで、よく行く場所はどこですか？／行きたくない場所は？
山の上（円山）、ハハハハッ。／麓（渋谷駅周辺）ですね。

4 シブヤで、いちばん好きな風景は？／嫌いな風景は？
やっぱりこの円山が好きですね。落ちつきますね。／円山を囲むようにできた、オフィスビルです。

5 いまはなくなった、過去のシブヤの思い出の場所、建物は？
見番。料亭と置屋の間に入って、中継ぎをするところ。舞台もついていた。

6 シブヤから連想する音は、どんな音ですか？
人のざわめき。

7 シブヤから漂ってくる匂いは、どんな匂いですか？
危険な匂いはないんですね、渋谷って。人が遊びやすい匂いがする。

8 シブヤで思いつく味は、どんな味ですか？
居酒屋の味。ふっと行って、ぱっと帰れる。相手を待たせても、待っても負担に感じない気さくな店がいいです。

9 1億円あったら、シブヤで何をしますか？
歌舞音曲できる小屋を作りたい。寄席ホールみたいな感じ。

10 どこで死にたいですか？
たぶん円山でしょうね。でも、玉の輿に乗るかもしれないし、アハハッ。それは死ぬ時のお楽しみにします。

喜利家鈴子さん
住所　渋谷区円山町
生年　1959（昭和34）年
職業　芸者
2010年1月20日

喜利家は置屋の名前をいただき、鈴子は置屋の娘の名前を継いだという感じです。うちのおばが円山で置屋をやってい
て、芸者だったんです。18歳の時に遊びに来て、その頃もう若手が少ない時代だったので、なんとなく手伝ってみないかみたいな感じで、そのまま渋谷、この円山町に居ついたというか、居させられちゃった。出身は下関です。芸事もやっていましたから。

109のあるところは、まだちっちゃいお店の寄り集まりで、アメ横みたいでした。今のように若者の街というんではなくて、サラリーマンも来る、若い子も来る、松濤に行けばお屋敷町だし、花柳界があるし、なんでもある街でした。

神泉の駅の踏切の横に階段があるのをご存じですか。あそこを上ったところの通りはずらっと料亭でした。その裏に置屋があり、見番もすぐそばにありました。最盛期には、芸者は400人いたと聞いています。いまは三味線の音もかき消されていますけど、前はしょっちゅう聞こえてました。

バブルの地上げでみんながどんどん土地を売り、私が30代のときに、見番がなくなりました。それは、組合が解散したということです。出て行く人もいたけれど、私はこの円山で生かさせてもらったから、ここで頑張ろうじゃないかと思って、まあ今もやってるわけです。うちには若い子が2人います。先輩は80歳。私は中間管理職ですね。毎日仕事をしています。今はメインで呼ばれるところは、良支《よしき》さんというふぐ屋さんとおでん割烹ひでの2軒。私の芸は踊りと鼓です。またすこしカジュアルに日本の文化に触れてもらおうと、「音姫と太郎の会」をやっています。三味線や鼓、笛、小唄、長唄などの演奏やお座敷遊びなども体験してもらう。

ほとんどこの山の上、この円山にいますね。休みには、お稽古があって、今も若い子を教えています。ほんと1日があっという間終わる。麓にはたまにしか、降りていきません。東急東横店に行くぐらい。

円山にはまだまだ人が住んでいます。そうすると町を守ろうと思ったり、きれいにしようと思ったり。朝起きると仲居さんがばーっと打ち水して。クラブにしても、水商売にしても、渋谷というのは雑居ビルばっかりなんです。だから居酒屋から酔っぱらった学生が出てきたり、風俗店があったり、雰囲気がいいわけではない。でも、なんでもアリみたいなところが、逆におもしろいんじゃないですか。

仕事の日は、髪をセットするため美容院に行き、仕事場の円山町の料亭へ行く。食事は、駅近くのなじみの居酒屋で食べることが多く、気楽だという点で、居酒屋という形態が好きである。食品を買うには、東急東横店へ歩いていく。渋谷の外に出るには、基本的に渋谷駅まで歩き、銀座線や井の頭線を使う。渋谷駅に行くときの決まりがひとつある。それは、マークシティを通ることで、理由は雨に当たらないからである。

街って変貌するもの、あまりノスタルジーでは考えないですね。

佐藤豊《さとうゆたか》さん

シブヤに関する10の質問

1 シブヤにいつから住んでいますか？　働いていますか？
生まれたときから。

2 シブヤで、いちばん好きな時間帯は？／嫌いな時間帯は？
とくにありません。

3 シブヤで、よく行く場所はどこですか？／行きたくない場所は？
どこでもよくいきます。

4 シブヤで、いちばん好きな風景は？／嫌いな風景は？
スクランブル交差点の方向から１０９の上に夕焼けがかかり、１０９のネオンも光っている、そんな風景が好きですね。

5 いまはなくなった、過去のシブヤの思い出の場所、建物は？
ワシントンハイツ。

6 シブヤから連想する音は、どんな音ですか？
雑踏の音かな。

7 シブヤから漂ってくる匂いは、どんな匂いですか？
スクランブル交差点に立った時、足下から臭ってくる下水の匂いですね。地元民としてなんとかしたいですね。

8 シブヤで思いつく味は、どんな味ですか？
直接の味ではないのですが、昔井の頭線の渋谷駅ホームがオープンだった頃、ホームに漂ってくる焼き鳥の匂い。

9 1億円あったら、シブヤで何をしますか？
本格的な街づくりをするとなると、莫大なお金がかかります。１億円ならばバイク置き場を増やすのはどうでしょう。

10 どこで死にたいですか？
自宅で死にたいです。

佐藤豊さん
住所　渋谷区円山町
生年　１９５１（昭和26）年
職業　ラ・フォンテーヌ店主・写真家
２０１０年1月20日

CAFÉ
CAFÉ DE
LA FONTAINE
OPEN
COFFEE
Kilimanjaro
YA ME RU KU
LA FONTAINE

生まれも育ちもここ、神泉です。現在東急本店の立っているところにあった大向小学校、そこから松濤中学を出ました。子供の頃は、父の実家が「弘法湯」というお風呂屋をしていました。

神泉には『江戸名所図会』にも出ている湧水がありました。江戸時代にそれを利用して上豊沢村17戸の共同浴場「弘法湯」が建てられていました。当時は江戸市中から湯治に来る人もいたそうです。明治になって、うちのご先祖が弘法湯の経営権をゆずり受けました。その後隣接地に「神泉館」という料理旅館を併設して開業したのがきっかけで、神泉谷に料理屋、芸子屋が次々とでき、それが道玄坂上から大和田横町まで広がっていきました。日露戦争後、1905(明治38)年世田谷の陸軍部隊、明治42年には代々木に練兵場ができ、神泉谷が社交場としてにぎわうようになります。明治40年に、二業組合ができ、1914(大正3)年に三業地の許可を得ます。大正の10年には円山には芸者屋135軒、芸子は400名以上いたそうです。当初はこの場所は「ヤマ」と呼ばれていましたが、1928(昭和3)年に正式に円山と呼ばれるようになります。

私が学生の頃はまだ弘法湯はやっていました。1976(昭和51)年に弘法湯は閉店します。1985(昭和60)年に父が亡くなり、当時自宅を建築中だったものですから、女房のアドバイスもあり、この店を開店しました。私自身は学校を出てからは広告のカメラマンをしています

それとは別に趣味で昔の写真を集めていました。もう子供の頃からですね。父が写真を好きだったんです。神泉館には写真室もあったそうです。父が撮りためていた写真を捨てるのがもったいないと思い保存していました。いろいろなつながりから、渋谷区の仕事を手伝うことになり、そんな流れから写真集『渋谷の記憶　写真でみる今昔』の制作につながっていきました。

自分の体験として、渋谷が劇的に変わったと感じるのは、やはりオリンピックの時ですね。まずワシントンハイツがなくなってしまった。

ワシントンハイツには門ごとにMPが立ち、中には入れないんです。小学生の時ですが、野球をする時に僕らは普通の運動靴にグローブですが、中の子供たちはユニフォームを着ていました。学校の校庭だってまだ芝生などないのに、ハイ

ツの中は全部が芝生なんですから。夢の世界でした。

僕らがフェンス越しに見ていたあこがれの場所が、全部なくなって、更地になって、そして自転車で通るたびに、建物がどんどん建っていくんですね。オリンピックの競技場ですが、子供にしてみれば、宇宙基地みたいな建物に見えました。これがいちばん大きな体験ですね。渋谷の駅の周辺ですが、街のベースはオリンピックで形作られたと思います。

住民として住んでいると、渋谷は「山と谷でできている街」で、土地の力といったものが昔からあるようで、街の根は、何も変わっていないように思えるんですよ。もちろん一部は変わっていますが、遊び場だった路地がきれいになったり、昔のパチンコ屋さんがスロットになり、飲み屋さんがカフェバーになったり、建物や業種は変化していくのですが、土地のもつ癒し系の力といったものがもとにある中で移り変わったといった感じです。

このことがベースにあるように感じるので、私は渋谷の街の移り変わりは、私がどうこういえるものではないなというふうに思います。全部とはいいませんが、自分が撮影した場所も、2、3年で変わっていく。街って変貌するものですから、あんまりノスタルジーでは考えないですね。街づくりについては、まあ、こうするといいなーというアイデアはたくさんありますが。

1日何回も渋谷をぐるぐる回ります。交通手段はエコと環境を考え撮影資材など荷物の多さで交通手段をかえ、少ないときはバイクで、多いときは車を使います。以前若い時は自転車も使っていましたが、下町と違い渋谷は山坂が多いので自転車で移動するのはきついです。年を取ったので最近は自転車の出番はあまりありません。今はバイクのほうが使用する頻度が高い。仕事で白根記念渋谷区郷土博物館や、渋谷区役所へ行く機会が多く、その道順は、時間や、道路の混み具合によってその都度変えます。大通りが混んでいたら、裏道をよく知っているので、そちらを選び、たとえば、シブヤ駅前のスクランブル交差点を通らず、西武の近くのトンネルを通り、東側に抜けるというように。

【著者紹介】

鮎川慧（あゆかわ・けい）一九八三年生まれ
東京大学大学院工学系研究科建築学専攻博士課程
東京大学生産技術研究所　村松研究室
修士論文「RIBA会員の19世紀から20世紀にかけての世界的な移動とその影響」

飯田晶子（いいだ・あきこ）一九八三年生まれ
東京大学大学院工学系研究科都市工学専攻環境デザイン研究室博士課程
飯田晶子・野口翠・大澤啓志・石川幹子「流域圏を基盤とした持続的土地利用に関する研究」都市計画論文集（45）、二〇一〇年
飯田晶子・石川幹子「幕末・明治期の横浜旧居留地・外国人歩道における文化的景観に関する研究」都市計画論文集（43）、二〇〇八年

五十嵐悠介（いからし・ゆうすけ）一九八四年生まれ
東京大学大学院工学系研究科建築学専攻修士課程
東京大学生産技術研究所　村松研究室

嬉野綾香（うれしの・あやか）一九八六年生まれ
東京大学大学院工学系研究科建築学専攻修士課程
東京大学生産技術研究所　村松研究室

亀井由紀子（かめい・ゆきこ）一九八一年生まれ
東京大学大学院工学系研究科建築学専攻博士課程
東京大学生産技術研究所　村松研究室
修士論文「歴史的町並みの保全意義—今井町・御所町におけるケーススタディ」

田口純子（たぐち・じゅんこ）一九八五年生まれ
東京大学大学院工学系研究科建築学専攻修士課程
東京大学生産技術研究所　村松研究室

辻　香（つじ・かおり）一九七〇年生まれ
東京大学生産技術研究所協力研究員
共著『世界のSSD100—都市持続再生のツボ』東京大学CSUR-SSD研究会、彰国社、二〇〇八年

西村弘代（にしむら・ひろよ）一九八一年生まれ
東京大学大学院工学系研究科建築学専攻博士課程
東京大学生産技術研究所　村松研究室
共著『イスラム建築がおもしろい！』深見奈緒子編、彰国社、二〇〇九年

三村豊（みむら・ゆたか）一九八一年生まれ
東京大学大学院工学系研究科建築学専攻博士課程
東京大学生産技術研究所　村松研究室
共著『Rumah Panggung, Perahu di kota』acetate 二〇〇三年

林憲吾（はやし・けんご）一九八〇年生まれ
総合地球環境学研究所プロジェクト研究員
共著『千年持続学の構築』東信堂、二〇〇八年

原田萌（はらだ・もえ）一九八六年生まれ
東京大学大学院工学系研究科建築学専攻修士課程
東京大学生産技術研究所　村松研究室

白孝卿（べく・ひょぎょん）一九七九年生まれ
東京大学大学院工学系研究科建築学専攻博士課程
東京大学生産技術研究所　村松研究室
修士論本「撤去という保存—旧朝鮮総督府庁舎の撤去からみた韓国における近代植民地文化遺産の保存に関する研究」

あとがき――都市を地球の友として！

村松伸

戦後、日本での都市論は、70年代、80年代、90年代、00年代と、10年毎に様相を変えて盛んになった。いずれもそれぞれの時代に即応し、都市問題への関心、人文学的関心、社会学的関心、都市開発的関心から生まれたものだった。今回のこの『シブヤ遺産』はこれまでの4回の都市への関心に、地球環境問題という現在喫緊の課題を加え、さらにそれらを統合する方法を考えようとする意図から生まれた。

都市を知的対象物として消費つくすのではなく、都市のよさと不具合の両面を発見し、それをもとによりよい都市にすることへの貢献をめざしている。ただ、よさと不具合は常にオセロのように入れ替わる。都市の騒音も若者たちの荒ぶる振る舞いも、ある意味で都市の躍動の結果、あるいはそれを保証するものでもある。「美しいもの」、樹木、水が、常に「都市の正義」を創りだしているわけでもない。都市は、地球を破壊する主要な原因でもあるけれど、文明を推進する駆動装置でもある。

建築史、都市史という過去を観察する学問を、現在の都市、地球環境とどのように連関させるかが、ぼくのここ5年ほどの関心事だった。現在、ぼくは、京都の総合地球環境学研究所と東京大学生産技術研究所の2つを拠点として、「都市を地球の友として！」というスローガンを掲げ、メガシティについて研究プロジェクトを進めている。今後5年にわたるその研究プロジェクトの成果は、形を変え、継続して、いろいろな場所で出てくるはずだ。この本は、そんな大きな研究的挑戦に対するささやかな第一歩の成果だと言っていい。次は、総合地球環境学研究所がある京都で、『キョウト遺産』にチャレンジしたい。

本書は、東京大学生産技術研究所村松研究室の学生たちと、助っ人の飯田晶子さんのコラボレーションによって生まれた。インタビューをさせていただいたシブヤの方々、その撮影を担当した写真家の野村佐紀子さん、装丁の佐藤直樹さんと中澤耕平さん、谷陽子さんに感謝する。最後に、前著『象を飼う』に引き続き、編集を担当してくださった足立恵美さんに、本当にありがとう、ごくろうさまとお伝えしたい。ややこしい本の編集を、時々プールで頭を冷やして、最後まで音を上げずにやってくださる姿は、頭が下がる思いであった。次の『キョウト遺産』もよろしく。

なお、本書は、総合地球環境学研究所、「メガシティが地球環境に及ぼすインパクト—そのメカニズム解明と未来可能性に向けた都市圏モデルの提案」(代表：村松伸)、および、財団法人旭硝子財団「都市環境文化資源の総合的評価手法の構築とその循環モデルの検証」(代表：村松伸)の成果の一部である。末尾であるが、記して謝したい。

2010年2月14日

村松伸（むらまつ・しん）

総合地球環境学研究所教授＋東京大学生産技術研究所教授（兼務）。一九五四年静岡県生まれ、一九七八年東京大学工学部建築学科卒業、一九八〇年東京大学工学系大学院建築学専攻博士課程進学。一九八一年中国政府留学生として、清華大学（北京）留学。一九八七年東京大学工学系大学院建築学専攻博士課程満期退学。二〇〇八年東京大学生産技術研究所教授を経て、二〇〇九年四月一日から現職。専門はアジア都市・建築・空間史、アジア近代建築および町並みの保存と再生。著書に『象を飼う――中古住宅で暮らす法』（晶文社）、『中華中毒――中国的空間の解剖学』（ちくま学芸文庫）、『図説　上海――モダン都市の150年』『図説　北京――3000年の悠久都市』（河出書房新社）など。

シブヤ遺産

二〇一〇年三月二十五日　初版第一刷発行

著　者　村松伸
発行人　長廻健太郎
発行所　バジリコ株式会社
〒一三〇-〇〇二二
東京都墨田区江東橋三丁目一番三号
電話　〇三-五六二五-四四二〇
ファックス　〇三-五六二五-四四二七
印刷製本　惠友印刷株式会社

ISBN　978-4-86238-162-0
http://www.basilico.co.jp